Mit ihrem fünfjährigen Sohn Benjamin radelt Helene Wagner über den Friedhof. Die Mutter hört, wie er immer wieder Zahlen aufsagt: 86, 22, 64, 80, 3, 77 –, bis sie begreift, daß der kleine Schlauberger das Lebensalter der Verstorbenen ausrechnet. Mit einem Schlag wird Helene Wagner bewußt, daß sie ein hochbegabtes Kind hat.
Der kleine Benjamin ist kein Einzelfall: Zwei bis fünf Prozent eines jeden Jahrgangs gelten als hochbegabt. Doch bei vielen Kindern wird die überdurchschnittliche Intelligenz gar nicht erkannt. Die Konsequenz: Sie scheitern in der Schule – und oft auch im Leben. Sie sind objektiv unterfordert und ziehen sich zurück oder werden verhaltensauffällig und aggressiv. Nicht selten landen hochbegabte Kinder in der Sonderschule, weil sie in der Regelschule nicht klarkommen. Michael Hollenbach berichtet über hochbegabte Kinder, ihre außergewöhnlichen und oft kuriosen Fähigkeiten und ihre Schwierigkeiten, damit zu leben. Er setzt sich mit der Frage auseinander, wann und warum ein Kind hochbegabt ist, mit welchen Problemen die Kinder, deren Eltern, Geschwister und Lehrer zu kämpfen haben, welche Beratungsangebote es gibt, wie die bislang einzige Kindertagesstätte für Hochbegabte in Hannover funktioniert und wie sich die Schule dieser Kinder annehmen könnte.

Michael Hollenbach ist freier Journalist bei Zeitungen und Rundfunk.

Michael Hollenbach

Die unbeachteten Genies

Das Schicksal hochbegabter Kinder

Fischer Taschenbuch Verlag

Originalausgabe
Veröffentlicht im Fischer Taschenbuch Verlag GmbH,
Frankfurt am Main, Oktober 1998

Gesamtherstellung: Clausen & Bosse, Leck
Printed in Germany
ISBN 3-596-14086-2

Inhaltsverzeichnis

Vorwort

Mit vier Monaten begann Michael Kearney zu sprechen – nicht nur einzelne Worte, sondern schon kleine Sätze: »Mama, was gibt es zum Essen?« Mit acht Monaten las er bereits Worte aus dem Fernseher vor, kurz darauf auch aus der Zeitung. Im zarten Alter von zehn Monaten schockte das Windelkind die Leute im Supermarkt, als Michael seiner Mutter berichtete, welche Sonderangebote auf den Plakaten angepriesen wurden. Und es ging weiter so: Mit drei Jahren begriff er das Wesen identischer Gleichungen, mit fünf kam er zur High-School, mit sechs war er bereits fertig mit der Schule. Dann folgte die University of South Alabama und mit zehn Jahren, als seine Altersgenossen gerade die vierte Klasse besuchten, beendete er als jüngster Absolvent in der Geschichte der USA das College. Michael ist hochbegabt, ein Wunderkind, vermutlich ein Genie. So sind eben die Hochbegabten.

Die Realität sieht dagegen meist ganz anders aus: Michael Kearney ist unter den Hochbegabten die große Ausnahme, denn auch den kleinen Schlaubergern, deren Intelligenzquotient über 130 liegt, fliegt nicht alles automatisch zu. Viele von ihnen leiden schon im Kindergarten, noch mehr in und an der Schule, manche gehen an ihr zugrunde.

In der Bundesrepublik gibt es nach Schätzungen ca. 400 000 Kinder und Jugendliche, die über eine herausragende Intelligenz verfügen. Doch rund die Hälfte dieser Kinder hat große soziale und emotionale Probleme. Sie kommen in der Schule nicht klar und oft auch nicht zu Hause. Und häufig kennen weder die Eltern noch die

Kinder und Jugendlichen die Ursachen für Schulangst, Isolation und das Gefühl, anders als die anderen zu sein. An eine Hochbegabung denken die Kinder, ihre Eltern und vor allem die Lehrer meist zuletzt. Denn das Thema Hochbegabung ist in der Bundesrepublik jahrelang tabuisiert worden. Belastet durch die nationalsozialistische Herrenmenschen-Ideologie kam die Forderung nach einer Förderung hochbegabter Kinder schnell in den Verdacht einer undemokratischen Elitenbildung. Doch langsam, ganz langsam scheint sich die Einsicht durchzusetzen, daß auch hochbegabte Kinder eine besondere Förderung benötigen. Zu offensichtlich ist das Scheitern von Kindern mit einem Intelligenzquotienten von 145 (der Durchschnitt liegt bei 100), die nur Fünfen aus der Schule mit nach Hause bringen und auf der Realschule oder sogar auf der Sonderschule landen.

Dieses Buch erzählt das Schicksal vieler dieser Kinder und Jugendlichen, die gescheitert sind, weil ihre besonderen Fähigkeiten ignoriert wurden und sie nicht gefördert wurden. Kinder, die nicht nur an der Schule scheiterten, sondern auch am Leben – wie Elke Rosemeier, die sich mit 18 Jahren das Leben nahm.

Doch das Buch erzählt auch von den hoffnungsvollen Ansätzen, diese kleinen Schlauberger zu unterstützen, sie ernst zu nehmen mit ihren unkonventionellen Fragen, mit ihrer selbstbestimmten Art, mit ihren Ecken und Kanten. Zu diesen hoffnungsvollen Projekten gehört der Förderzweig für hochbegabte Kinder in Braunschweig oder die integrative Kindertagesstätte in Hannover. Anlaß zu Hoffnung gibt aber auch, daß sich immer mehr Eltern und auch Pädagogen mit dem Thema Hochbegabung beschäftigen, daß der Druck auf die Bildungspolitik wächst, Förderkonzepte für die rund 400 000 Schülerinnen und Schüler zu entwickeln, die sich sonst in der Schule zu Tode langweilen.

Dieses Buch handelt vor allem von diesen faszinierenden Kindern selbst, die so phantasievoll sind und über alles nachdenken. So wie der vierjährige Tom, der seiner Mutter plötzlich erklärte: »Mama, wenn ich sterbe, dann bleibt nur noch die Haut und die Zunge von mir übrig.« Als die Mutter erstaunt nachfragte, warum gerade die Haut und die Zunge, erklärte der Junge ihr ganz ruhig:

»Das ist deswegen so, weil ich doch so gern rede und so gern schmuse.«

Die Eltern hochbegabter Kinder stehen schnell unter dem Verdacht, ihre Tochter oder ihren Sohn unter Druck gesetzt zu haben. Doch bei meinen Recherchen stieß ich nicht etwa auf jene »Eislaufmütter«, die mit allen Mitteln versuchten, daß ihre Kinder überall die besten sind, sondern vielmehr auf Eltern, die sich zwar über die Begabungen ihrer Kinder freuten, die aber möglichst nicht in der Öffentlichkeit darüber reden möchten. Zu negativ waren ihre Erfahrungen selbst bei Freunden und Bekannten, die nicht wahrhaben wollten, daß hochbegabte Kinder auch Probleme und einem schlaflose Nächte bereiten können. Deshalb wurden fast sämtliche Namen der betroffenen Familien geändert.

Bei diesen Familien, die trotz ihrer negativen Erfahrungen bereit waren, mir ausführlich über ihre Erfahrungen zu berichten, möchte ich mich herzlich bedanken.

Wer ist hochbegabt?

Rechenaufgaben auf dem Grabstein

»Ich habe mir nicht vorstellen können, daß es solche Probleme machen würde, hochbegabte Kinder zu haben. Man kann seine Kinder nicht mit einem Fragezeichen versehen, die sind eben so, wie sie sind. Es sind Geschenke, und man muß sie so akzeptieren, wie sie sind. Man tut es ja auch gerne. Aber daß man damit so viele Probleme hat, das ist schon bitter, und wenn man die Probleme nicht lösen kann, ist es auch sehr traurig.« Helene Wagner hat vier hochbegabte Kinder und mit ihnen viele Höhen und Tiefen erlebt. Lange Zeit wußte sie nicht, warum es so schwierig mit ihren Kindern war. Hochbegabung – und was sich dahinter verbirgt, das war lange Zeit tabu in der Bundesrepublik. Helene Wagner stand mit ihren Kindern und deren herausragender Intelligenz allein da. So konnte sie es nicht verhindern, daß ihre älteste Tochter kurz vor dem Abitur die Schule schmiß und nach England ging.

Kindern steht bei ihrer Geburt nicht auf der Stirn geschrieben, daß sie hochbegabt sind. Falls die Eltern nicht schon eindeutige Erfahrungen mit älteren Geschwistern haben, gehen sie kaum davon aus, daß sie ein besonders begabtes Kind bekommen haben. Hochbegabung wird erst langsam ein Thema, das auch die Öffentlichkeit beschäftigt. Doch noch immer rümpfen viele Menschen die Nase, wenn es um die vermeintlichen Wunderkinder geht. Schnell stehen Eltern im Verdacht, ihren Kindern etwas »Unkindliches« antrainiert zu haben: Da hat man sie also identifiziert, jene Eislaufmütter, die täglich stundenlang mit ihren angeblich frühreifen Kleinen alles Mögliche üben, damit ihr Kind überall das erste sein wird. Eltern hochbegabter Kinder können über diese Reaktion ein Lied singen, allerdings ein trauriges. »Ich habe nur mit *einer* Freundin darüber reden können, die selbst Erzieherin war. Mit anderen haben wir so gut wie gar nicht über die Hochbegabung unserer Tochter gesprochen«, erzählt Ruth Carl. »Zuerst haben wir nicht davon gesprochen, weil man damit nicht angeben und sich nicht präsentieren will. Aber nach den ersten Erfahrungen haben wir dann aus rationalen Gründen darauf verzichtet, weil es keinen Sinn macht.« Die Carls haben vor allem in der Schule ihrer Tochter schlechte Erfahrungen gemacht. Als es in der sechsten Klasse für ihre Tochter sehr schwierig wurde, versuchten sie bei den anderen Eltern und auch den Lehrern Verständnis dafür zu wecken, daß auch hochbegabte Kinder Probleme haben und gefördert werden müssen. »Es war überhaupt keine Diskussion möglich. Wir stießen nur auf blankes Unverständnis. Außerdem produziert das bei vielen Eltern auch Neid.« Thomas Carl erinnert sich nur ungern an die unfruchtbaren Gespräche. »Es gibt keine Alternativen. Man muß gegenüber anderen Eltern schlucken und den Mund halten. Wer ein minderbegabtes Kind hat, der fragt nach, welche Fördermöglichkeiten es gibt, ob das Kind in eine Integrationsklasse kann usw. Das ist ja richtig so, aber so etwas würden wir für uns niemals wagen.« Der gesellschaftliche Boden sei nicht dafür bereitet, daß man solche Ansinnen auf Förderung bei den Schulen oder den Schulbehörden stellen könne.

Ein hochbegabtes Kind zu haben, das ist die Erfüllung eines Traumes – meinen viele Eltern, die nicht solch ein Kind haben. Ruth Carl ist bei einem Elternsprechtag von einer anderen Mutter angesprochen worden: »Na, ich würde ja gern mit Ihnen tauschen. Sie müssen es ja gut haben. Sie haben sicherlich keine Probleme mit Ihrer Tochter.« Ruth Carl schießen sofort die Tränen in die Augen, weil sie denkt: »Wenn die nur wüßte, was wir für Probleme mit Silke haben.«

Die Kollegen von Heidi Kriegel müßten es eigentlich besser wissen. Die 46jährige ist Mutter von drei hochbegabten Kindern und Lehrerin. Doch bei ihren Lehrerkollegen stößt sie mit dem Thema

Hochbegabung nur auf Ablehnung. »Die fragen höchstens mal spöttisch nach: ›Na, wie geht's denn deinen drei Wunderkindern?‹« Heidi Kriegel fühlt sich abgestempelt als die mit dem Hochbegabtentick. »Da erzähle ich nichts mehr. Da ist jetzt Sendepause. Die können sich einfach nicht in meine Situation reinfühlen.« Auch die eigenen Eltern reagieren distanziert. »Mein Sohn ist eben nicht nur helle und clever, sondern auch kritisch. Er hinterfragt alles, und dafür haben meine Eltern wenig Verständnis.« Heidi Kriegels Eltern stammen aus einfachen Verhältnissen und sie kommen sich schnell minderwertig vor, wenn ihre Enkelkinder alles in Frage stellen, und das in einer Sprache, die Oma und Opa nicht als sehr kindgerecht empfinden. »Meine Kinder wollen nicht das Gefühl der Arroganz vermitteln, aber es passiert so leicht«, meint Heidi Kriegel.

Viele Eltern hochbegabter Kinder ringen lange mit sich, ob sie ihrem »Verdacht« nachgehen sollen, daß ihre Kinder womöglich hochintelligent sind. Die Erfahrungen von Schmähungen, Neid und Ignoranz haben sie noch vor sich, aber sie scheinen zu ahnen, was da an Reaktionen auf sie zukommen könnte. Ruth Carl kann es irgendwann nicht mehr aushalten: Ihre Tochter Silke kommt in der fünften und sechsten Klasse fast jeden Tag weinend nach Hause, weil die Schule für sie ein Horror ist, obwohl sie glänzende Noten mit nach Hause bringt. »Es war grausam für sie. Aber ich hatte solche Hemmungen, bei der William-Stern-Gesellschaft anzurufen, die Eltern hochbegabter Kinder berät. Ich dachte immer nur: ›Die denken, du spinnst. Die denken, du bist auch so eine ehrgeizige Mutter. Die verstehen das bestimmt nicht, weil das auch kein anderer verstanden hat.‹« Doch die Beratungsstelle verstand die Sorgen der Mutter und die Probleme der Tochter, denn häufig kommen zweifelnde Eltern, die sich sehr unsicher sind, was mit ihren Kindern denn eigentlich los ist.

Hochbegabung ist auch nicht immer eindeutig festzustellen. Es ist keinem anzusehen, ob er hochbegabt ist oder nicht, auch wenn manche Leute meinen, besonders intelligente Kinder würde man sofort erkennen. In der Wissenschaft gibt es weit über 100 verschiedene Definitionen, was denn nun eigentlich unter Hochbegabung zu verstehen sei. Die Amerikaner haben sich höchst offiziell mit dem Thema beschäftigt und Hochbegabung in einem Bericht für den amerikanischen Kongreß, der sich mit staatlichen Programmen für Hochbegabte befaßte, folgendermaßen definiert: »Hochbegabte und talentierte Kinder sind jene von berufsmäßig qualifizierten Personen identifizierten Kinder, die aufgrund außergewöhnlicher Fähigkeiten hohe Leistungen zu erbringen vermögen« (Marland-Report). Vor allem die Folgerungen, die die Kommission zog, waren positiv: »Um ihren Beitrag für sich selbst und für die Gesellschaft zu realisieren, benötigen diese Kinder die Bereitstellung differenzierter pädagogischer Programme und Hilfestellungen, die über die normalen regulären Schulprogramme hinausgehen.«

Hochbegabung – und darauf verweist auch der Marland-Bericht – erstreckt sich auf verschiedene Bereiche wie intellektuelle, künstlerische, psychomotorische und soziale Begabung. Sehr zweckdienlich erscheinen die Ausführungen der Deutschen Gesellschaft für das hochbegabte Kind (DGhK) zur Begriffsklärung: »Bei der *intellektuellen* Begabung ist Hochbegabung als besonders hohe Ausprägung von Intelligenz, als herausragende Denk- und Problemlösefähigkeit anzusehen. Kennzeichnend sind ferner eine sehr gute Lernfähigkeit, schnelle Auffassungsgabe sowie außerordentliche Gedächtnisleistungen – Konsequenzen einer besonderen Informationsaufnahme- und Verarbeitungskapazität.«

Neben den intellektuellen Fähigkeiten spielen allerdings Kreativität, Motivation und eine gelungene soziale Einbindung eine ganz entscheidende Rolle bei der Entwicklung der Hochbegabung. Bei der Kreativität ist nicht nur das Lösen von Problemen entscheidend, sondern gerade auch das Entdecken und Finden von Problemen und neuen Fragen.

Hochbegabung ist mehr als ein phantastischer IQ, doch der IQ ist immer noch die verläßlichste Meßgröße, soweit eine Einordnung der Intelligenzhöhe sinnvoll oder notwendig ist. Wer nun zu den Hochbegabten zählt, ist eine reine Definitionsfrage. Sind es die intelligentesten ein, zwei oder fünf Prozent einer Gesellschaft? Wer zieht wo die Grenze? Die durchschnittliche Intelligenz wird mit einem IQ von 100 angegeben. Rund zwei Drittel aller Testpersonen erreichen einen IQ-Wert von 90 bis 110. Manche Wissenschaftler setzen die unterste Grenze für eine Hochbegabung schon bei einem IQ von 120 an, andere erst bei 140. Allerdings dürfte ein IQ-Wert von 120 kaum in Frage kommen, denn danach müßten beispielsweise fast die Hälfte aller College-Abgänger in den USA als hochbegabt gelten. In der Mitte liegt zwar nicht immer unbedingt die Wahrheit, aber die meisten Wissenschaftler haben sich auf einen unteren Grenzwert von 130 geeinigt. Das entspricht in etwa einem Anteil von zwei bis drei Prozent der Bevölkerung. Das bedeutet für die Bundesrepublik, daß man von eineinhalb bis zweieinhalb Millionen Hochbegabten ausgehen kann. Die Zahl der hochbegabten Kinder und Jugendlichen dürfte in Deutschland bei rund 400 000 liegen. Allerdings ist hochbegabt nicht gleich hochbegabt: Wenn man bedenkt, daß die Grenze zum Schwachsinn schon bei einem IQ von 80 beginnt, so trennen den Hochbegabten (IQ 130) gerade mal 50 Punkte vom beginnenden Schwachsinn. Andererseits lassen sich Höchstbegabte finden, deren IQ über 180 liegt. Allerdings dürften – statistisch gesehen – nicht mehr als ca. 40 Genies in Deutschland diesen Wert erreichen.

Doch viel gravierender als die Probleme der Definition und der IQ-Messung ist die Tatsache, daß zahlreiche Hochbegabungen nicht erkannt werden und verloren zu gehen drohen. Denn wo keine Förderung stattfindet, haben es Hochbegabte sehr schwer, ihre Fähigkeiten entwickeln zu können. In der wissenschaftlichen Literatur geht man davon aus, daß rund die Hälfte aller potentiell Hochbegabten ihre Fähigkeiten nicht voll entfalten können, weil sie nicht gefördert werden. Das bedeutet: In Deutschland leben rund eine Million Menschen, die zwar die Anlagen zu einer Hochbegabung haben (oder hatten), deren Potential aber verkümmert(e). Das bedeutet auch: In Deutschland drücken ca. 200 000 Kinder und Jugendliche die Schulbank, ohne daß ihre besondere Begabung entdeckt wird. Der häufig auf dem Schulmobiliar eingeritzte Spruch »Hier verblödete ein Genie« ist gar nicht so abwegig, wie man zuerst denken mag.

Nun melden sich die potentiell hochbegabten Säuglinge und Kleinkinder nicht von sich aus und verweisen auf ihre enormen Fähigkeiten, wie dies einmal in einem netten Bilderwitz skizziert wurde: Ein Wissenschaftler kommt in einen Saal mit lauter Neugeborenen und ruft: ›Die Hochbegabten bitte melden!‹ Die beste Methode, besondere Fähigkeiten früh zu erkennen und zu fördern, ist das Wissen der Eltern sowie der professionellen Erzieher und Begleiter kleiner Kinder (auch der Kinderärzte!) um die Möglichkeit einer Hochbegabung. Die folgenden Punkte, die Hinweise auf eine Hochbegabung liefern und auf einer Kategorisierung des Erziehungswissenschaftlers Klaus Urban basieren, erheben keinen Anspruch auf Vollständigkeit. Außerdem müssen keinesfalls alle Punkte bei Kindern vorhanden sein, um von einer Hochbegabung ausgehen zu können.

Ausgeprägte Neugierde und ein selbständiges Erkundungsverhalten. Eltern hochbegabter Kinder berichten immer wieder, daß ihre Töchter und Söhne sich frühzeitig auf den Weg machen, um ihre Umwelt zu inspizieren – dies gilt sowohl im geistig-theoretischen Sinne als auch ganz praktisch. Dabei gehen sie häufig auf eigene Faust los. Sie verfügen dabei – wie der vierjährige Björn – über einen phantastischen Orientierungssinn. Auf einem Campingplatz in Dänemark zeigt seine Mutter ihm einen Lageplan des Platzes, damit er einen Spielplatz findet. Der Junge guckt sich den Plan kurz an und zieht los. Eine dreiviertel Stunde später kommt er wieder zum Wohnmobil der Eltern zurück und fragt: »Kann ich den Plan noch mal haben. Vier Spielplätze habe ich gefunden. Aber wo ist der fünfte?« Er hat sich den Plan genau im Kopf gemerkt und in die Realität umgesetzt.

Sie verfügen über ein schnelles und effektives Auffassungsvermögen. »Der alte Pettersson und seine Katze Findus wohnten auf einem kleinen Hof draußen mitten in der Natur. Im Hühnerstall hatten sie einige Hühner ...« Hochbegabte Kinder können »lesen«, bevor sie auch nur einen Buchstaben kennen. Sie sitzen vor einem Buch und erzählen den Text, schlagen an der richtigen Stelle die Seite um, und der ahnungslose Betrachter könnte meinen, das zweijährige Kind liest ihm etwas vor. Doch dieser Eindruck täuscht – meistens. Denn die Kinder lesen nicht, sie können aber den Text auswendig. Der kleine Björn ist noch nicht einmal zwei Jahre alt, als er die Bücher vom alten Pettersson und seinem Kater Findus auswendig kann: Immerhin Bücher mit über zwanzig Seiten und relativ viel Text für ein Bilderbuch – geschrieben eher für Kinder ab vier Jahren. »Ich durfte nicht ein Wort verändern, sonst protestierte er. Er kannte den Text ganz genau«, berichtet seine Mutter Gesa Janssen. »Ich hatte einmal etwas überschlagen, um abzukürzen, aber das hat er sofort gemerkt und protestiert. Aus Spaß habe ich auch mal einzelne Worte verändert, aber das ist ihm auch sofort aufgefallen.«

Ein schnelles Auffassungsvermögen bedeutet auch, daß besonders begabte Kinder meist flotter als die gleichaltrigen sind, und das hat zur Folge, daß sie später vor allem während des Unterrichts oft warten müssen, bis die anderen fertig sind.

Sie haben ein frühes Interesse an Buchstaben, Wörtern und Zahlen sowie eine Vorliebe für gliedernde und ordnende Tätigkeit.

Man geht davon aus, daß über die Hälfte aller hochbegabten Kinder bereits lesen kann, bevor sie in die Schule kommen. Buchstaben, Wörter und Zahlen üben eine starke Faszination auf diese Kinder aus, ohne daß die Eltern einen entsprechenden Einfluß auf die Vorlieben der Kinder nehmen. Björn beginnt mit vier Jahren zu rechnen, kann bald addieren und ist mit fünf Jahren bei der einfachen Bruchrechnung angekommen. »Das war uns schon fast peinlich, als Björn bei einer Familienfeier seinem neunjährigen Cousin an Hand einer Torte erklärte, was ein Achtel und ein Viertel ist und wie man das zusammenzählen kann. Der Cousin konnte das nicht«, erinnert sich Gesa Janssen. Obwohl die Eltern es eher vermeiden, daß ihr Sohn mit Buchstaben und Zahlen in Kontakt kommt, damit er nicht vor der Schule schon zu viel kann, ändert das nichts an Björns Neigungen.

Auch der kleine Benjamin ist von Zahlen begeistert. Sein Übungsfeld: ein Friedhof. Dort entziffert er, wenn er mit seiner Mutter die ältere Schwester zur Schule bringt, die Geburts- und

Sterbedaten der Toten. Daß ihr Sohn aber nicht nur die Zahlen lesen kann, sondern auch addieren und subtrahieren kann, merkt Helene Wagner eines Tages, als sie mit dem Fahrrad unterwegs ist. Benjamin ist fünf Jahre alt und sitzt noch hinten im Kindersitz. Die Mutter hört, wie ihr Sohn immer Zahlen murmelt und dann offensichtlich zu einem Ergebnis kommt: 86, 22, 64; 80, 3, 77; … »Ich dachte, was ist das, was er da rechnet. Dann habe ich gemerkt, daß er immer das Lebensalter ausgerechnet hat. Das waren ja Zehnerübergänge und teilweise auch Hunderterübergänge. Also, das sind schon Punkte im Leben, wo man dann auch stolz darauf ist, daß ein Kind das so bewerkstelligt.«

Ähnlich auffällig verhielt sich die kleine Anja, wenn ihre Mutter Heidi Kriegel mit ihr einkaufen ging. »Wenn ich zum Beispiel dann an der Kasse mit hundert Mark bezahlt habe, dann hat sie sofort ausgerechnet, wieviel ich zurückbekomme. Sie war oft schneller als die Kassiererin mit ihrer Kasse. Das war für sie mit fünf Jahren kein Problem, aber später, als einfache Rechnungen in der Schule im Zehnerbereich an der Reihe waren, das hat sie nicht gekonnt.«

Hochbegabte Kinder sortieren und gliedern gern: So findet man nicht selten Kids im Kindergartenalter, die Briefmarken sammeln oder Ordner mit eigenen Dateien über alle Tiere, die sie schon kennen, anlegen. Doch diese Kinder brauchen häufig auch für sich eine genaue Ordnung und Struktur im Ablauf ihres Alltags. Der fünfjährige Jonas beispielsweise gerät schnell durcheinander, wenn sich gewohnte Dinge im Tagesablauf ändern. »Wenn man von zu Hause wegfährt, dann muß man ihm das klar und deutlich vorher sagen, damit er Bescheid weiß. Jede Änderung muß für ihn logisch sein. Er ist nicht gerade ein Sponti.« Sein Vater Stephan Hogrefe muß über die Ordnungsliebe seines Sohnes lachen, versteht er sich selbst doch eher als einen Alt-Achtundsechziger. »Neulich stand ich mit Jonas neben einer Demonstration, und der Demonstrationszug ging natürlich weiter, auch als die Ampel auf Rot sprang. Das war für Jonas vollkommen irritierend, weil es gegen sein Ordnungsbedürfnis verstieß.« Mit einem Grinsen fügt er hinzu: »Das war für mich natürlich ein harter Schlag, daß mein Sohn erwartet, eine Demo solle bei Rot anhalten.« Wichtig ist für Jonas, daß alles erklärt wird, alles logisch ist. Er läßt sich sogar bereitwillig darauf ein, geimpft zu werden, aber nur wenn man ihm zuvor genau erklärt hat, warum das notwendig und wichtig ist. Seine Ordnungsliebe zeigt er auch auf einem ganz anderen Gebiet: bei den Feuerwehrautos. Für Jonas sind nicht alle Feuerwehrwagen gleich, sondern er unterscheidet sie fein säuberlich nach ihren Fahrzeugnummern. So wußte er schon als Vierjähriger, daß der Feuerwehrwagen K 40 in der Wache 5 stationiert ist und vierzig Tonnen heben kann. Jeder Wagen gehört zu einer der fünf Wachen in der Stadt, das weiß Jonas, und das ist ihm wichtig.

Sie zeichnen sich durch eine besondere Schnelligkeit im Denken aus, entwickeln neue und originelle Ideen.

Hochbegabte Kinder denken oft sehr unkonventionell, »denken um die Ecke«, oder – wie die Wissenschaft es nennt – es kennzeichnet sie ein divergentes, ein abweichendes Denken. Dieses divergente Denken kann dazu führen, daß Hochbegabte anderen Kindern zwei Schritte voraus sind und daß sie ohne Zwischenschritte oder auf (den Lehrern) unbekannten Wegen zu richtigen Ergebnissen kommen (die dann in der Schule oft nicht anerkannt werden, weil der Lösungsweg nicht nachvollziehbar ist). Manchmal führt dieses Denken aber auch zu ganz banalen Ergebnissen, die eher unter dem Niveau der anderen Kinder zu liegen scheinen, so zum Beispiel, wenn sie ganz einfache Schlußfolgerungen nicht ziehen, weil diese nicht ausdrücklich genannt werden oder nicht logisch erscheinen. Der sechsjährige Jan hat in der ersten Klasse einen Text zu bearbeiten, bei dem in der Vorlage alle Wörter klein geschrieben sind. Im Unterricht verbessern alle Schüler den Text und schreiben alle entsprechenden Wörter groß – auch Jan. Zu Hause soll er den Text noch einmal aus dem Buch sauber abschreiben. Die Arbeitsaufgabe im Schulbuch lautet: »Nun wird es dir keine Probleme bereiten, diesen Text fehlerfrei abzuschreiben.« Was macht Jan: Er schreibt alles »klein«, weil er denkt, er solle *diesen* Text fehlerfrei abschreiben. Trotz der Intervention der Mutter beharrt der Junge darauf, daß im Buch eindeutig stehe, er solle *diesen* Text so abschreiben.

Wenige Tage später bringt Jan einen Arbeitsbogen mit nach Hause: Er soll auf der ganzen Seite die Zahlen 2 und 3 abschreiben – immer abwechselnd. In der letzten Zeile – so hat der Lehrer gesagt – dürfen die Kinder das reinschreiben, was sie wollen. Der Lehrer hat dabei natürlich an eine beliebige Reihenfolge von Zahlen gedacht. Jan denkt dabei aber an seine Mutter. Also schreibt der Junge in die letzte Zeile: »Mama ist lieb, Mama ist lieb …« Die Mutter ist zwar sehr gerührt über das Kompliment, kann ihren Sohn jedoch abermals nicht davon überzeugen, daß hier doch offenbar etwas anderes gemeint sei. Jan bleibt bei seiner Interpretation der Lehrerworte. »Auch wenn alle anderen das anders machen, ich habe das richtig gemacht, weil der Lehrer das gesagt hat«, erklärt der Sechsjährige selbstbewußt.

Die etwas andere Art zu denken ermöglicht es hochbegabten Kindern, Lösungen zu entwickeln, auf die auch Erwachsene nicht so schnell kommen würden. Benjamin ist zweieinhalb Jahre alt, als seine Mutter plötzlich erkrankt. Sie liegt zu Hause im Bett. Der Vater benachrichtigt einen Notarzt, der kurz darauf kommt und Benjamins Mutter untersucht. Als der Junge den Arzt sieht, kommt er angelaufen und springt auf das Bett: »Was machst du da mit meiner Mama?« will er wissen. Der Mutter ist das Du etwas zu direkt und sie sagt ihrem Sohn, er könne zu einem Fremden ruhig Sie sagen. »Wenn wir von jemanden den Vornamen nicht kennen, Benjamin, dann sagen wir Sie«, erklärt sie ihrem Sohn. Der überlegt eine Weile und fragt dann den Arzt: «Wie heißen Sie?« Als der dann entgegnet: »Rudolf Walther«, ist die Sache für den Schlauberger geklärt: »Und was machst du mit meiner Mama?« Benjamin hat seine Mutter ausgetrickst, ohne daß irgend jemand dem Jungen böse sein kann.

Die Originalität im Denken hindert die Kinder aber auch manchmal daran, auf die naheliegenden Sachen zu kommen. Gerade in praktischen Dingen tun sich viele hochbegabte Kinder recht schwer. Das hat auch Heidi Kriegel bei ihren drei hochbegabten Kindern entdeckt. »Wir saßen zum Beispiel beim Frühstück und es gab gekochte Eier. Meine Tochter sitzt vor ihrem Ei, überlegt und fragt dann ihren Bruder, ob das Ei heiß, warm oder kalt sei. Mein-

Sohn hat dann ihre Hand genommen und gesagt: ›Faß mal an! Dann weißt du, wie warm das Ei ist.‹ Da wäre meine Tochter selbst nicht drauf gekommen. Das war ihr zu einfach. Sie hätte vielleicht überlegt, wie man eine Maschine bauen könnte, um zu testen, welche Wärme dieses Ei hat. Wenn es etwas Einfaches ist, dann ist es für sie schwierig, manchmal zu schwierig.«

Sie beginnen schon früh, nachzudenken und logische Schlußfolgerungen zu ziehen, auch auf der Metaebene.

Logik spielt für hochbegabte Kinder eine herausragende Rolle. Manche Dinge können noch so merkwürdig klingen, doch solange sie auf einer bestimmten Ebene logisch sind, glauben Hochbegabte sie. Jonas glaubt zum Beispiel mit seinen fünf Jahren noch an den Weihnachtsmann. Dieser Weihnachtsmann lebt in Finnland. Er hat viele Wichtel, die ihm helfen. Er verfügt über viele Flugzeuge, hat Faxgeräte und ist im Internet erreichbar. Zum Glück für Jonas' Kinderglauben an den Weihnachtsmann existiert im Internet tatsächlich die Adresse: www: weihnachtsmann. nordpol. com. »Das war für ihn super und eben auch logisch. Damit war für ihn quasi bewiesen, daß es den Weihnachtsmann gibt«, erläutert sein Vater. Jonas hat ein eigenes e-mail-Konto und so hat er dem Weihnachtsmann per e-mail geschrieben. Zwei Tage später erhält Jonas auf seinem Computer eine Message vom Weihnachtsmann mit dem Hinweis, er solle am Heiligen Abend drei Möhren rauslegen für die Rentiere des Weihnachtsmannes. Bevor Jonas dann am Heiligen Abend mit seinen Eltern zum Gottesdienst geht, legt er die drei Möhren raus. »Er hat fest damit gerechnet, daß die drei Möhren nachher weg sind, und das waren sie dann auch.« Alles ist aus Jonas' Sichtweise logisch. Er hat nur leise Zweifel, ob der Weihnachtsmann wirklich mit Rentieren gekommen ist. Eigentlich hat er eher mit einem LKW gerechnet, weil der Gute doch so viele Geschenke verteilen muß. Nach der Bescherung gibt es dann allerdings doch noch ein kleines Problem. Denn Jonas hat seinen Eltern ein Geschenk gebastelt. Dann fällt ihm auf, daß es eigentlich ungerecht sei, daß er seinen Eltern etwas schenkt, diese ihm aber nichts, denn seine Geschenke hat er ja vom Weihnachtsmann bekommen.

Es war nicht mehr logisch. Die Eltern sind vollkommen platt und geraten in Erklärungsnot. »Wir haben dann gesagt, daß wir die Geschenke beim Weihnachtsmann bestellt hätten und insofern kämen die Geschenke von uns und vom Weihnachtsmann.« Obwohl Jonas immer wieder kritische Fragen in Richtung Weihnachtsmann stellt (»Wo hat der eigentlich das viele Geld für die Geschenke her?«), bewahrt er sich den Glauben an den Weihnachtsmann. Doch die Eltern vermuten, daß Jonas nicht mit seiner ganzen rationalen Schärfe an die Sache herangeht, wie er es sonst üblicherweise macht. »Er will sich wahrscheinlich diese schöne Illusion nicht zerstören.«

Bei hochbegabten Kindern läuft viel über den Kopf, was bei anderen Kindern viel stärker über den »Bauch« läuft. Sie reflektieren sehr stark und analysieren ihre Beobachtungen genau. Bei emotionalen Reaktionen dagegen sind sie sehr zurückhaltend, hat Heidi Kriegel beobachtet. »Die werden montags geärgert und freitags gehen sie hin und sagen: ›Jetzt haue ich dir eine runter, weil ich mir das überlegt habe.‹« Allerdings wäre eine solche Reaktion eher untypisch, da hochbegabte Kinder körperliche Auseinandersetzungen meist vermeiden. »Hochbegabte versuchen Konflikte rein sachorientiert zu lösen«, meint Sabine Platzer, Schulpsychologin der Förderschule für Hochbegabte in Braunschweig. Hochbegabte kontrollieren sich selbst: Ist ihr Verhalten logisch oder nicht? Sie neigen stark dazu, Emotionen auszublenden. »Wenn jemand seine Handlung nicht rational begründen kann, dann erscheint dem Hochbegabten diese Handlung und damit der Akteur als ein bißchen dumm«, hat Sabine Platzer beobachtet. Doch mit solch einem (Vor-)Urteil machen sie es sich zu einfach. »Da müssen sie selbst noch einiges lernen, wenn es darum geht, Gefühle zu akzeptieren und zuzulassen, auch wenn man sie nicht rational begründen kann.« Die Schulpsychologin erlebt immer wieder, wie die Jugendlichen häufig fürchterlich ins Schleudern kommen, wenn sie sich in der Pubertät das erste Mal verlieben. Denn dann können auch die intelligentesten ihre Gefühle nicht immer rational begründen. »Sie stellen dann manchmal fest, daß irgendwelche Gefühle ohne Berechtigung da sind, und das verwirrt sie sehr.«

Sie verfügen über hervorragende Gedächtnisleistungen und hohe Konzentrationsfähigkeit.

Immer wieder faszinierend ist für alle, die mit hochbegabten Kindern zu tun haben, das außergewöhnliche Gedächtnis. Scheinbar alles, was sie einmal aufgenommen haben, können sie abspeichern und wieder hervorholen. Besonders hilfreich ist diese Fähigkeit zum Beispiel später, wenn es darum geht, Vokabeln zu lernen: oft genügt es, die fremden Wörter einmal durchzulesen und dann sind sie in den grauen Zellen abgespeichert.

Die Konzentrationsfähigkeit dieser Kinder hat für manche Beobachter, auch für die eigenen Eltern, sogar etwas »Autistisches«. So kann Jonas stundenlang allein da sitzen und ganz in sich gekehrt spielen. Er redet nur mit sich selbst. Auf dem Spielteppich entsteht dann die Autobahn A 7 bis zum Nordkreuz, er baut die A 2 mit den verschiedenen Abfahrten, dann gibt es einen Stau wegen eines Unfalls. »Damit kann er sich stundenlang beschäftigen, ohne daß er mitbekommt, was so um ihn herum passiert«, hat sein Vater beobachtet. »Ich habe mal in einem Heim Autisten gesehen und da habe ich mich richtig erschreckt, weil ich bei bestimmten Szenen meinen Sohn wieder erkannt habe.« Natürlich ist auch Jonas' Vater klar, daß sein Sohn kein Autist ist, aber er habe eben so etwas »Autistisches« an sich.

Sie eignen sich oft selbst das Lesen an und sprechen sehr früh in komplexen Sätzen.

Als Benjamin mit fünf Monaten das erste Mal »Mama« sagt, geht Helene Wagner darüber hinweg: Mit fünf Monaten – das kann gar nicht sein; da haben die Mutterohren wohl etwas vernommen, das sie nur gern hören wollten. Aber wenige Tage später hört eine Freundin das gleiche Wort aus dem Mund des Babys – jetzt besteht kein Zweifel mehr: Der Junge kann zumindest sein erstes Wort. Bald kommen weitere Worte hinzu und ganze Sätze. »Mit eineinhalb Jahren hat Benjamin nur in kompletten Sätzen gesprochen«, erinnert sich Helene Wagner. Zugleich entwickelt er eine Vorliebe für Zahlen. Benjamin komponiert sich seine eigenen Liedchen: Zahlenlieder. »Mit zweieinhalb Jahren saß er immer auf dem

Wohnzimmerteppich und hat bis 120 gesungen. Aber komischerweise hat er sich immer bei 78, 79 verheddert.« Spielzeug interessiert den kleinen Benjamin fast gar nicht. Sein Spielzeug ist in seinem Kopf: Zahlen, Worte, Sätze. »Der hat immer in Gedanken und Überlegungen gespielt. Er hat schon mit zwei, drei Jahren richtige Wortwitze gebildet. Eigentlich war das schon in den Windeln ein Intellektueller.«

Sie fallen durch ausgeprägte Eigenwilligkeit und ein starkes Bedürfnis nach Selbststeuerung und Selbstbestimmung auf.

Jans Mutter kann ein Lied davon singen: Kein Tag ohne endlose Diskussionen, warum irgend etwas gemacht werden muß, und vor allem, warum etwas anders gemacht werden muß, als Jan es vorhat. »Warum muß man sich die Haare kämmen, wenn es draußen windig ist, und die Haare auf dem Weg zur Schule ohnehin durcheinander geraten?«

Dieses Bedürfnis nach Selbstbestimmung ermöglicht es ihnen, ihren eigenen Ideen konsequent nachzugehen und ihre Fähigkeiten auszuprobieren und auszuleben. Doch zugleich kann ihre selbstbestimmende Art zu Konflikten mit den Eltern und anderen Kindern führen: So zeigt sich im Kindergarten häufig, daß diese Kinder in schwierige Situationen geraten, wenn sie vor der Alternative stehen, ihren eigenen Weg zu gehen und ihre Begabungen zu entfalten oder aber sich zurückzunehmen und sich auf die Spiele der anderen Kinder einzulassen. Viele hochbegabte Kinder finden zwischen diesen beiden Alternativen keinen Kompromiß.

Sie haben ein starkes Gerechtigkeitsempfinden.

Der achtjährige Martin ist eindeutig ein Linkshänder. Sein drei Jahre jüngerer Bruder Tom macht bislang alles mit rechts, aber als er anfängt zu schreiben und zu zeichnen, da benutzt er nur noch seine linke Hand. Die Eltern sind irritiert über den plötzlichen Wechsel vom Rechts- zum Linkshänder. Sie gehen mit Tom zu einer Ärztin, und die stellt eindeutig fest, daß Tom ein Rechtshänder ist. Nach dem Besuch bei der Ärztin fordert die Mutter Tom auf, in Zukunft alles wieder mit rechts zu machen. Da kommen dem Jungen die Tränen: »Mama, ich habe zwei Boxhandschuhe in meinem Bauch, die boxen gegen mein Herz. Ich mache das mit dem Linksschreiben ja nur, damit Martin in unserer Familie nicht allein Linkshänder ist.«

Sie haben ein geringes Schlafbedürfnis.

Wegen ihrer zahlreichen Aktivitäten werden hochbegabte Kinder auch manchmal als hyperaktiv eingestuft, was dann dazu beitragen kann, daß ihre Hochbegabung noch leichter übersehen bzw. falsch »eingeordnet« wird. Immer wieder hört man auch von Eltern, daß ihr Kind sehr früh ohne Mittagsschlaf ausgekommen ist, daß das aufgeweckte dreijährige Kind noch nachts um zwölf putzmunter war oder schon morgens um fünf topfit ins elterliche Bett krabbelte. Doch andererseits gibt es auch etliche Eltern, die nachweislich ein hochbegabtes Kind haben, das ganz normal nachts von acht bis morgens um acht durchschläft.

Sie interessieren sich für »Erwachsenenthemen«.

»Keiner versteht mich.« Ein oft belächelter Spruch ist für viele hochbegabte Kinder Wirklichkeit, wenn sie sich mit gleichaltrigen Kindern unterhalten wollen. Häufig finden sie keine gemeinsame Ebene, keine gemeinsame Sprache. Die Folge: Sie reden lieber mit älteren Kindern oder mit Erwachsenen. Der Sohn von Heidi Kriegel zieht sich bei Kindergeburtstagen immer schnell aus der Schar der fröhlich-lärmenden Kinder zurück und setzt sich lieber zu den Müttern und Vätern an den Tisch. Die Spiele der Kinder findet er kindisch. Er will nicht unbedingt zu seiner Mutter, aber mit den Erwachsenen diskutieren. »Die anderen Mütter haben mich dann nachher oft kritisiert, was ich für ein merkwürdiges Kind hätte, daß der nicht mit den anderen Kindern spiele. Aber das war ja keine Arroganz oder böse Absicht von ihm; es war ihm unter Kindern einfach zu langweilig und deshalb hat er sich halt Ältere gesucht.«

Hochbegabte Kinder sind oft quirlige kleine Menschen, die nicht nur gern mit Erwachsenen reden, sondern auch über Themen, die viele als nicht kindgemäß einstufen würden. »Man steht morgens um sieben auf, und es geht sofort los, daß sie über Jesus als Messias diskutieren wollen«, berichtet Heidi Kriegel über ihre drei hochbegabten Kinder. »Und sie sind ganz gekränkt, wenn ich dann sage: ›Nein, ich will erst mal mein Brot schmieren und einen Kaffee trinken.‹ Aber sie haben es immer wieder geschafft, mich auf die Schiene zu kriegen, mit ihnen zu diskutieren.«

Als Erwachsener sollte man allerdings nicht vergessen, daß beim hochbegabten Kind die geistige Entwicklung oft schneller voranschreitet als die emotionale Reife. Eltern oder Erzieher tendieren dazu, vom Kind ein Verhalten zu erwarten, das seiner Intelligenz und seiner oft eloquenten Sprache entspricht, sie rechnen aber nicht unbedingt mit einem Verhalten, das eigentlich seinem Alter gemäß ist. So reagieren Erwachsene dann manchmal überrascht, wenn Achtjährige sich doch noch ziemlich kindlich oder auch kindisch benehmen.

Sie sind sehr sensibel.
Die Intelligenz und Rationalität hochbegabter Kinder kann Eltern dazu veranlassen, ihren Söhnen und Töchtern auch schon schwierige Themen zuzumuten, was durchaus sinnvoll sein kann. Doch Bilder vom Krieg in der »Tagesschau« oder Zeitungsberichte über ein Erdbeben können das Kind emotional überfordern und zu inneren Konflikten führen. Die Psychotherapeutin Barbara Schlichte-Hiersemenzel hat bei hochbegabten Kindern schwere Angstzustände beobachtet, die darauf zurückzuführen waren, daß die Kinder Katastrophenmeldungen nicht emotional verarbeiten konnten. Oft ahnen Eltern gar nicht, was ihr Kind schon mitbekommt. So hat ein fünfjähriger Junge über mehrere Tage hinweg Katastrophenmeldungen von einem Vulkanausbruch gelesen, aber nicht mit den Eltern darüber gesprochen. Das Kind bleibt mit diesen Informationen und Eindrücken allein, die seine kindliche Seele noch nicht verarbeiten kann. »Erwachsene haben Verdrängungsmechanismen, um Schlimmes auszublenden«, erläutert die Psychotherapeutin. »Kinder entwickeln dagegen Ängste, und sie wissen dann nicht, wohin mit der Angst.« Das Kind fürchtet nicht nur, daß im Keller ein Vulkan ausbrechen könne (es hat gelesen, daß es auch in

Deutschland Vulkane gäbe). Es hat auch Angst davor, weitere Horrormeldungen zu lesen – schließlich will es überhaupt keine Bücher oder Zeitschriften mehr lesen oder Filme sehen. Als es vor Angst nicht mehr einschlafen kann, gehen die Eltern zur Therapeutin. Vier Jahre lang ist es in Behandlung, bis die kindlichen Ängste überwunden sind.

Doch die Sensibilität dieser Kinder bezieht sich natürlich nicht nur auf gesteigerte Ängste, sondern zugleich auch auf das Gerechtigkeitsempfinden und auf ein feines Gespür für zwischenmenschliche Interaktionen.

Sie haben oft einen perfektionistischen Anspruch.

Der sechsjährige Helge freut sich riesig auf die Geburtstagsfeier seines besten Freundes, zu der er eingeladen ist. Ansonsten hat er wenig Kontakt zu seinen Schulkameraden. Kurz bevor er aufbrechen will, schreibt er noch eine Geburtstagskarte für seinen Freund. Doch schon bald verzweifelt er, weil es ihm nicht gelingt, die Worte »Herzlichen Glückwunsch« so zu Papier zu bringen, wie er sich das vorgestellt hat. Weil der Bogen des e etwas zu hoch gerutscht und der untere Strich des z ein wenig zu weit nach unten geraten ist, wird Helge total wütend. Er weint und schreit, er könne jetzt unmöglich zu dem Geburtstag gehen, obwohl er so gern hingegangen wäre. Nur mit größter Mühe und viel Geduld gelingt es den Eltern, Helge zu überreden, auch ohne Geburtstagskarte zum Kindergeburtstag zu gehen.

Wie hochbegabte Kinder sich selber sehen

»Das ist manchmal wie eine Behinderung.«

»Für mich ist es eine Art Krankheit wie andere Krankheiten auch, eine Art Lernbehinderung. Ich bin schon darauf angewiesen, daß ich eine besondere Förderung bekomme, damit ich mein Lernpotential auch ausleben kann.« Der 17jährige Lars hatte eine Klasse übersprungen, gehörte aber in der neuen Klasse auch schnell wieder zu den Besten. Je länger er in der Klasse blieb, desto langweiliger wurde es und desto schlechter waren auch seine Noten. Seine Eltern entschlossen sich, den Jungen auf die Förderschule für Hochbegabte nach Braunschweig zu schicken. Eine richtige Entscheidung, wie Lars im nachhinein meint.

Denn ohne Förderung gehen viele Kinder vor die Hunde. Das mußte auch Helene Wagner, Mutter von vier hochbegabten Kindern, erfahren. Ihre älteste Tochter schaffte nie einen Abschluß und lebte später von der Sozialhilfe. »Diese Kinder brauchen genauso viel Zuwendung und Förderung wie die Kinder auf der anderen Seite der Intelligenzverteilung. Sie brauchen es, daß man auf ihre persönlichen Schwierigkeiten und ihre persönlichen Stärken eingeht. Das klingt vielleicht für manche Leute irritierend oder lächerlich, daß diese Kinder, die mit ihrer hohen Intelligenz ohnehin schon so privilegiert zu sein scheinen, eine spezielle Förderung bräuchten. Aber diese Kinder verzweifeln, sie vereinsamen, weil sie nicht wissen, woran es liegt, wenn sie Probleme bekommen.«

Hochbegabte Kinder und Jugendliche erleben sich als »anders«. So empfindet es Lars als sehr schwierig, »sich als Hochbegabter in soziale Strukturen einzufügen. Man hat nicht so die Interessen anderer Leute, und deshalb ist man mit bestimmten Leuten auch gar nicht zusammen«. Lars hat einfach das Gefühl, daß er mit anderen oft keine gemeinsame Ebene findet. »Ich denke einfach anders. Ich denke schneller und komplizierter, teilweise auch so kompliziert, daß ich selbst nicht mehr hinterherkomme. Dann verstricke ich mich in meinen eigenen Gedanken.«

Auch der 19jährige Faramarz kennt dieses Gefühl, anders zu sein. Manchmal erlebt er sein Verhalten als eine Art Schizophrenie. Nach einem Umzug in eine andere Stadt hält er zwar den Kontakt zu seinen alten Freunden, aber eigentlich weiß er gar nicht genau, warum. »Ich schreibe denen noch Briefe, daß ich sie vermissen würde, aber ich könnte auch in Klammern schreiben, daß das gar nicht stimmt.« Er fühlt sich mit seinen alten Freunden verbunden und doch zugleich isoliert, wenn er mit ihnen etwas unternimmt. »Die Freunde merken nicht, daß ich mich nicht so ganz zugehörig fühle. Diese Isolation findet dann mehr in meinem Kopf statt. Ich fühle manchmal eine soziale und emotionale Nähe, aber eine intellektuelle Distanz. Ich mag die teilweise von Herzen gern, kann aber nicht viel mit denen anfangen.« Mittlerweile fühlt sich Faramarz am wohlsten, wenn er mit anderen Hochbegabten zusammen ist und dort soziale, emotionale, aber eben auch intellektuelle Nähe möglich ist.

Viele haben auch eine große Scheu, anderen Menschen von ihrer Hochbegabung zu berichten. »Ich versuche dem Thema immer auszuweichen«, berichtet die 17jährige Andrea. Auch Carmen wollte sich anfangs nicht mit dem Thema Hochbegabung auseinandersetzen. »Ich konnte das anfangs selbst für mich nicht so recht akzeptieren.« Carmen hatte einfach Angst, von außen einen Stempel aufgedrückt zu bekommen und in eine Schublade gesteckt zu werden. Und sie befürchtete, daß der Erwartungsdruck sehr hoch würde nach der Devise: »Na, du als Hochbegabte mußt das doch wissen«.

Die Psychologin Sabine Platzer warnt davor, den Kindern das

Etikett Hochbegabung zu früh anzuheften. Gerade für Grundschüler ist die Integration in eine Gruppe ganz wichtig für die Entwicklung ihrer Persönlichkeit. »Die Kinder brauchen Bewältigungsstrategien, wenn sie Probleme in der Schule haben. Aber wenn Kinder beginnen, darauf herumzureiten, daß sie hochbegabt sind, dann bedeutet das häufig eine weitere Abgrenzung von den anderen, und damit können sie eigentlich nur Schiffbruch erleiden.« Für die Eltern kann dies eine Gratwanderung bedeuten: Wissen sie um die Hochbegabung ihres Kindes, dann sollte das Kind auch davon erfahren, allerdings dosiert mit dem Hinweis, daß das Kind für sein Alter schon sehr viel begreife oder daß es sehr talentiert sei. Der Begriff Hochbegabung sollte möglichst vermieden werden, da er in der Regel eher negative Assoziationen weckt: bei den Lehrern, bei anderen Eltern und meist auch beim Kind selbst.

Vor allem jene hochbegabten Jugendlichen, die schon eine Leidensgeschichte in ihrer Schulkarriere durchgemacht haben, erleben ihr Potential nicht nur als ein Geschenk der Natur und der Umwelt, sondern manchmal auch als eine Behinderung. »Diese Hochbegabung geht vielleicht in eine positive Richtung, aber es ist trotzdem eine Behinderung«, meint Andrea. »Wir entsprechen auch nicht der Norm. Oft wäre ich gern normal. Ich bin ja noch froh, daß ich nicht noch intelligenter bin.« Und ihre »Leidensgenossin« Carmen ergänzt: »Manchmal wünschte ich mir auch, ich müßte nicht über alles so viel nachdenken. Es ist gar nicht so toll, wie alle sich das vielleicht vorstellen. Viele Leute sind auch ganz schön unglücklich damit.«

Die Jahre im Kindergarten

Wenn das Schreiben, Lesen oder Rechnen verboten wird

Eigentlich hätte Helene Wagner ahnen können, was da auf sie zukommt. Immerhin hat sie bereits drei Töchter, über deren Hochbegabung sie allerdings erst wenig weiß, als Benjamin zur Welt kommt. Hochbegabung ist für sie kein Thema – noch kein Thema. Doch bald merkt die Mutter, daß Benjamin über außergewöhnliche Fähigkeiten verfügt: Er beginnt sehr früh zu sprechen, redet schnell in komplexen Sätzen, liebt Zahlen und Rechenoperationen.

»Ich habe mir anfangs sehr viele Gedanken über seinen Charakter gemacht«, berichtet Helene Wagner. »Ich wollte, daß er in den Kindergarten geht, damit er mit anderen Kindern zusammen ist.« Helene Wagner will ihren Sohn langsam an die neue Umgebung gewöhnen: Sie geht zunächst einmal in der Woche mit ihm in den Kindergarten. Doch Benjamin bleibt immer eng bei seiner Mutter und beobachtet aus sicherer Entfernung, was da vor sich geht. Nach dem dritten Besuch steht für ihn fest, daß er niemals in einen Kindergarten will. Der gerade einmal dreijährige Knirps stellt sich vor seine Mutter hin und erklärt ihr ruhig und bestimmt: »Ich finde das ausgesprochen dumm, wenn in einem Raum 25 Kinder sind, die sich dann um das Spielzeug streiten. Da muß ich nicht dabeisein.« Damit ist die Sache erledigt: Benjamin ist nicht zu bewegen, einen Kindergarten zu besuchen.

Vermutlich hat Benjamin die richtige Entscheidung getroffen, denn oft tun sich hochbegabte Kinder sehr schwer, im Kindergarten Fuß zu fassen. Sie werden häufig isoliert und ziehen sich zurück. Zu den anderen Kindern finden sie keinen richtigen Zugang, und die Erzieherinnen, die in der Regel noch nie etwas über hochbegabte Kinder gehört haben, wissen nicht, wie sie mit den kleinen Schlaubergern umgehen sollen. Auch für den dreijährigen Helge fangen die Qualen an, als er in den Kindergarten kommt. Davor ist er ein lebendiges Kind gewesen, das seinen Eltern »immer Löcher in den Bauch gefragt hat«, erinnert sich seine Mutter Dörte Weinert. Er hat »bis zum Exzeß Fragen gestellt, bis an die Schmerzgrenze«, erzählt der Vater lachend. »Wir dachten ja, das wäre normal. Helge war ja unser erstes Kind, und wir hatten keinen Vergleich.« Feinmotorisch ist Helge sehr geschickt: Ein kleiner »Legostheniker«, der stundenlang mit den kleinen bunten Steinchen bauen kann. Er ist sehr kreativ und phantasievoll. Er sammelt zu Hause alles an Müll, was er finden kann, und baut sich sein eigenes Spielzeug. Alles wird auf seine Art verwertet. Doch im Kindergarten entwickelt er sich genau in die andere Richtung: Statt kreativ zu sein zieht er sich immer mehr zurück. Der tägliche Stuhlkreis ist für den blonden Jungen ein Greuel. Am liebsten würde er sich in eine Ecke verkriechen, um dort seine Ruhe zu haben. »Sein Selbstbewußtsein sackte immer mehr ab. Das war ganz extrem«, meint Dörte Weinert. Helge ist nur noch mit größten Schwierigkeiten zu überreden, morgens in den Kindergarten zu gehen. Mittlerweile ist Helge zehn, aber an die Kindergartenjahre kann er sich noch gut erinnern. »In den größeren Gruppen habe ich mich nie wohl gefühlt, da war mir immer zu viel Trubel.« Die Erzieherinnen in der Kindertagesstätte verfolgen den Anspruch, daß sie bei den Kindern Defizite ausgleichen wollen. Ein Ansatz, der bei einigen Kindern ganz sinnvoll und hilfreich sein kann, aber bei Helge nur zu noch größeren Problemen führt. Der Junge ist bereits mit vier Jahren ein richtiger Umweltexperte: Im Kindergarten will er deshalb auch gern in der Umwelt-AG mitmachen, doch die Erzieherinnen entscheiden, daß Helge besser in die Indianer-AG passe, weil sich ein Indianer so richtig durchboxen müsse. Noch heute erregt sich Manfred Weinert über dieses Vorgehen: »Das Schlagwort hieß immer Defizitausgleich. Heute bin ich mir sicher, daß es für Helge viel besser gewesen wäre, wenn man seine Stärken gefördert hätte und nicht immer nur versucht hätte, seine Schwächen auszugleichen.« Die Eltern wissen einfach nicht, was mit ihrem vierjährigen Sohn los ist. Er wird im Kindergarten immer unglücklicher, sein Selbstvertrauen sinkt zusehends. Zu Hause dagegen ist er meist ausgelassen und fröhlich; nachmittags kommt des öfteren eine Studentin, um mit Helge zu spielen, da die Eltern beide berufstätig sind. Und mit dieser Studentin versteht sich das Kind blendend. Nachmittags ist nichts zu spüren von einem mangelnden Selbstvertrauen; da ist der Junge glücklich, doch abends steht schon wieder der nächste Morgen bevor.

Nicht daß hier ein falscher Eindruck entsteht: Hochbegabte Kinder können im Kindergarten auch sehr glücklich und zufrieden sein. Sie müssen nicht zwangsläufig daran scheitern, sich isoliert und mit ihren speziellen Fähigkeiten nicht akzeptiert zu fühlen. Die anderen Kinder sind zwar in der Regel wesentlich kindlicher, bevorzugen oft andere Spiele und auch – zumindest die Jungen – eine andere Art der Konfliktaustragung. Entscheidend für ein gelingendes Zusammenleben und Zusammenspielen im Kindergarten ist aber das gegenseitige Akzeptieren, die Toleranz: Hochbegabte Kinder müssen tolerieren,

- daß andere Kinder manchmal etwas länger brauchen, bis sie zum Beispiel bestimmte Spielregeln verstanden haben;
- daß andere Kinder nicht so gut sprechen können und Begriffe nicht so exakt definieren;
- daß andere Kinder sich prügeln und raufen, obwohl das hochbegabten Kindern häufig unlogisch erscheint und zuwider ist.

Ebenso gilt der Lernprozeß für die normal begabten Kinder. Sie nehmen in der Regel nicht wahr, daß die hochbegabten Kinder besonders intelligent sind. Sie stellen aber fest, daß sie oft anders sind. Auch sie müssen tolerieren,

- daß hochbegabte Kinder keine Lust haben, bestimmte Spiele zum x-ten Mal zu wiederholen;
- daß Kinder auch dann liebenswerte und gleichberechtigte Spielkameraden sind, wenn sie Angst vorm Klettern oder Rutschen haben und sich bei Streitereien heraushalten;
- daß es ganz »normal« sein kann, wenn man sich öfter mal aus-

klinkt, um seine eigenen Interessen wie Lesen oder Zeichnen zu verfolgen.

Die wichtigste Rolle in diesem Prozeß der Toleranz und des gegenseitigen Akzeptierens spielen natürlich die Erzieherinnen. »Eine gewährende Haltung gegenüber der Verschiedenheit aller Kinder kommt auch hochbegabten Kinder zugute: Sie dürfen abweichen, ohne Ausgrenzung fürchten zu müssen, und finden ein Klima, das die Persönlichkeitsentfaltung und das soziale Miteinander fördert«, schreibt die Psychotherapeutin Barbara Schlichte-Hiersemenzel. Problematisch wird es vor allem dann, wenn ein zu hoher Normierungsdruck auf den Kindern lastet und sie in ihrer Andersartigkeit entwertet werden. Dann stehen die Kinder häufig vor der Alternative, entweder dazu gehören zu dürfen oder sich entfalten zu können. Doch noch immer haben viele Erzieherinnen ein genormtes Bild in ihrem Kopf, was Kinder können dürfen und was nicht. Das Lesen, Rechnen und Schreiben gehört meist nicht zu dieser Norm. Manche Erzieherin reagiert geradezu doktrinär auf die Bedürfnisse hochbegabter Kinder: Was nicht sein darf, kann auch nicht sein.

An dieser Erfahrung ist Sandra in ihrem Kindergarten gescheitert. Sandra zeigt die typischen Merkmale eines hochbegabten Kindes, ohne daß die Eltern eine Hochbegabung vermuten: Mit acht Monaten beginnt sie zu sprechen und stellt schon bald die ersten Fragen; mit zwei Jahren kann sie ihren Namen schreiben; Pixi-Bücher, die ihr zweimal vorgelesen werden, kann sie dann auswendig und »liest« sie anderen Kindern vor; mit drei Jahren weiß sie, wie spät es ist. Die ersten drei Jahre verlaufen problemlos; die Schwierigkeiten beginnen, als Sandra in den Kindergarten kommt. Schon bald meldet sich die Erzieherin bei Bärbel Windheim und wirft der Mutter vor, sie habe ihre Tochter total überfordert. Die Erzieherinnen im Kindergarten müßten jetzt bei Null wieder anfangen. Sandra sei sprachlich schon viel zu weit und könne für ihr Alter schon viel zu viele Dinge. Deshalb gäbe es im Kindergarten dauernd Schwierigkeiten mit ihr. Sandra erzählt zu Hause nur wenig, was im Kindergarten schief läuft. Aber sie weiß, daß sie da nicht mehr hin will. Jeden Morgen steht sie weinend im Hauseingang; die Mutter ist verzweifelt. Sie hat gerade einen neuen Job angenommen, den sie nicht sofort wieder aufgeben möchte. Die Schwierigkeiten im Kindergarten schiebt Bärbel Windheim zunächst auf die neue familiäre Situation: Ihr Mann ist wochentags unterwegs in den neuen Bundesländern und nur am Wochenende zu Hause; und sie hat soeben ihre neue Stelle angetreten. Aber so langsam erfährt sie doch von ihrer Tochter, was ihr im Kindergarten nicht gefällt: So berichtet Sandra ihrer Mutter, daß die Erzieherin dem Kind verbietet, ihren Namen unter ihre Bilder zu schreiben. Das Schreiben im Kindergarten ist verboten. Den Namen dürfen nur die Erzieherinnen unter die Bilder schreiben. Oder beim Stuhlkreis wird Sandra schon nach den ersten Wochen untersagt, sich zu melden. Begründung: Sandra wisse ja ohnehin immer alles – also soll sie schweigen. Bärbel Windheim wird langsam klar, daß nicht die Eltern das Kind überfordert haben, sondern daß es im Kindergarten unterfordert wird. Nachdem die Erzieherinnen nicht bereit waren, auf Sandras Bedürfnisse einzugehen, wechselt Sandra in einen anderen Kindergarten, in dem sie sich dann wesentlich wohler fühlt: die Jugenddorf-Kindertagesstätte in Hannover, die sich speziell um hochbegabte Kinder kümmert (siehe übernächstes Kapitel).

Die Kita des Jugenddorfwerkes übernimmt häufig aus anderen Kindergärten hochbegabte Kinder, die dort gescheitert sind. Christa Hartmann, die Leiterin der Einrichtung, nennt zwei Gruppen von hochbegabten Kindern, die in vielen Kitas scheitern: »Ein Teil dieser Kinder ist sehr aggressiv. Sie stören den Gruppenablauf, sie werden dann für nicht kita-fähig gehalten.« Das Problem sieht Christa Hartmann allerdings in der mangelnden Offenheit der Erzieherinnen. Die würden nicht verstehen, daß diese Kinder andere Bedürfnisse haben. Die Kinder werden im Kindergarten nicht ausgelastet und nicht gefordert. Sie sind hoffnungslos unterfordert und werden vollkommen allein gelassen, wenn die älteren Kinder dann eingeschult werden. »Der andere Teil sind Kinder, die sich weigern, in die Kita zu gehen. Sie fühlen sich dort isoliert oder auch zu stark belastet, zum Beispiel durch Lärm. Sie sind sehr sensibel und wollen sich gern auf ihre Dinge konzentrieren. Doch das geht im Kindergarten oft nicht.« Diese Kinder würden häufig auch psychosomatisch auffällig, berichtet die Psychologin.

Zu diesen Kindern gehört Martin. Mit drei Jahren hat der Junge vor allem zwei Hobbys: Dinosaurier, deren lateinische Fachbegriffe er alle kennt, und Rhythmen. Als er in den Kindergarten kommt, kann er drei unterschiedliche Rhythmen gleichzeitig schlagen. Doch dieses Talent ist im Kindergarten nicht gefragt: Stuhlkreis oder herumtoben, basteln oder schaukeln, alles Beschäftigungen, die Martin nicht mag. Obwohl er selbst nicht gerade leise ist, wenn er mal wieder in einer Ecke sitzt und auf einem improvisierten Schlagzeug musiziert, ist ihm der Kindergarten viel zu laut und zu wuselig. Er fühlt sich nicht wohl, mag sich nicht mit den anderen Jungen raufen und wird von ihnen gehänselt, weil er weder die Rutsche heruntersaust noch sich auf die Schaukel wagt. »Er hat sich statt dessen allein in die Sandkiste gesetzt und mit dem Eimer auf dem Kopf Kapitän gespielt«, erinnert sich seine Mutter Judith Mannheimer.

Die Mannheimers hatten noch nie etwas von Hochbegabung gehört, und so konnten sie das Verhalten ihres Sohnes nicht recht einordnen. Ähnlich erging es zunächst der Mutter von Wolf Behrend. Auch Wolf fühlt sich zuerst gar nicht wohl im Kindergarten. Er zieht sich zurück, liest für sich. Dann wird seine Mutter von Freunden darauf angesprochen, daß ihr Sohn vielleicht hochbegabt sei, wenn er mit vier Jahren schon lesen könne. Daraufhin geht die Mutter mit ihrem Sohn zu einer Psychologin und läßt einen Intelligenztest machen. Das Ergebnis ist eindeutig. Als die Mutter den Erzieherinnen im Kindergarten das Testergebnis und das entsprechende Gutachten zeigt, ändert sich deren Einstellung zu Wolf. Jetzt wird er stärker gefördert, darf den anderen Kindern vorlesen, erhält Extrabeschäftigungen. »Die restliche Zeit im Kindergarten ist es dann besser geworden, weil er mehr Freiheiten hatte«, erzählt seine Mutter. Jetzt geht Wolf mit sechs Jahren in die zweite Klasse – das erste Schuljahr hat er ausgelassen.

Doch selbst wenn Erzieherinnen borniert auf ihrem Standpunkt stehen bleiben und die besonderen Fähigkeiten bestimmter Kinder ignorieren oder leugnen, kann die Kindergartenzeit auch hochbegabten Kindern Spaß machen. So bei Silke: Zwar kritisierte die Erzieherin im Kindergarten die Eltern der Dreijährigen, daß ihre Tochter zu kopflastig sei, und später erfuhren die Eltern außerdem, daß ihre Tochter im Kindergarten weder mit Zahlen noch mit Buchstaben agieren durfte. Denn das Credo der Erzieherin lautete: Silke solle kindbezogen spielen. Doch trotz dieser Einschränkungen ging das Mädchen gern in den Kindergarten, weil dort sehr viel Projektarbeit angeboten wurde. Dadurch hatte Silke genügend Freiräume, selbständig zu arbeiten und so tief in einen bestimmten Stoff einzusteigen, wie es ihren Bedürfnissen entsprach.

»Es gehört zur Aufgabe des Menschseins, seinen eigenen Weg zu finden, eine Balance zu finden zwischen den eigenen Fähigkeiten und Wünschen und den gesellschaftlichen Möglichkeiten und Anforderungen. Dieser Anpassungsprozeß kann zu einer schweren Aufgabe und Bürde werden, wenn der Abstand zwischen dem Individuum und seiner Umgebung in mancher Hinsicht zu groß ist.« Dies schrieb der Psychologe Franz J. Mönks vor einigen Jahren über die Schwierigkeiten in der Entwicklung hochbegabter Kinder. Doch gerade in jener Phase vor der Einschulung – egal ob im Kindergarten oder zu Hause – ist es für diese Kinder wichtig, diesen eigenen Weg zu finden: Sich nicht abhängig zu machen von dem Urteil der anderen Kinder oder der Erzieherinnen, die womöglich die hochbegabten Kinder nur einer bestimmten Norm anpassen möchten; andererseits nicht zum totalen Außenseiter zu werden, der seinen eigenen Ideen nur nachgehen kann um den Preis, den Kontakt und den Draht zu den anderen Kindern zu verlieren. Denn die Entwicklung einer selbstbewußten kleinen Persönlichkeit, die die eigenen Fähigkeiten inmitten anderer Kinder entfalten kann, ist die beste Voraussetzung, auch in der Schule bestehen zu können.

Laura
»Mama, liebst du den Saturn mehr als mich?«

Auf der Plastiktafel des Lernspiels befinden sich die bunten Bilder vieler Tiere. Eine elektronische Stimme fordert Laura auf, das Bild mit dem Pferd zu drücken, was das Mädchen auch sofort macht. Danach ertönt die Aufforderung, das Huhn zu finden, dann den Esel und die Schlange. Laura reagiert immer postwendend und erhält von dem elektronischen Lehrer ein anerkennendes »Richtig«. Doch schnell wird die Spielerei mit den Tieren dem Mädchen mit den langen braunen Haaren zu langweilig. Die nächste Station des Lernspiels: Laura soll auf einer Uhr die Zeiger entsprechend der angesagten Zeit einstellen: Fünf Uhr erklingt es kalt aus dem Spielkasten. Und geschwind stellt das Kind den kleinen Zeiger auf die Fünf. Zwölf Uhr ist natürlich überhaupt kein Problem, und auch bei zehn Uhr muß Laura nicht lange überlegen. Etwas schwieriger wird es dann bei den Buchstaben. Das ABC ist auf einer Fläche abgebildet, und der elektronische Lehrer ruft einzelne Buchstaben auf: B und K findet das Mädchen leicht, bei M hat sie sich wohl verhört: »Leider falsch« lautet der Kommentar des Spielkastens. So ein Fehler kann mal leicht passieren, vor allem wenn man wie Laura erst dreieinhalb Jahre alt ist. Nach fünf Minuten hat Laura die Lust an der Lernwelt verloren; sie packt den elektronischen Lehrer weg und holt das nächste Spiel heraus. Ein ganz neues Würfelspiel; auf dem Spielkarton ist in bunten Farben das Sonnensystem aufgemalt. »Oh, das kann ich noch gar nicht«, bedauert Lauras Mutter. »Das macht nichts, Mama, ich erkläre es dir.« Und schon fängt Laura mit den Würfeln an. Das Problem: Auch sie kennt die Regeln noch nicht, aber sie spielt einfach nach eigenen Regeln. Doch auch hier verliert sie nach wenigen Minuten die Lust an dem Spiel. »Heute ist es besonders extrem«, meint Sara Kohn, »weil sie auch noch erkältet ist und deshalb noch ungeduldiger ist als sonst. Aber das ist ganz oft bei ihr, daß sie nach kurzer Zeit wieder etwas Neues machen muß.«

Laura wurde noch nicht getestet, ob sie hochbegabt ist; in ihrem Alter wäre ein Intelligenztest auch recht schwierig. Doch wer sie nur kurz erlebt, ist sich sicher, daß das Mädchen außergewöhnlich pfiffig ist. »Ich habe zwei Geschenke von Gott bekommen: ein Mädchen und einen kleinen Einstein.« Sara Kohn lacht und hebt Laura zu sich hoch und drückt das zarte Mädchen. Sie ist nicht Lauras leibliche Mutter, sondern hat das Kind adoptiert. Über eine Agentur erfuhr Sara, die damals noch nicht in Deutschland lebte, daß sie aus einem Kinderheim in Wilna ein Mädchen adoptieren könne. Die Situation war für die damals 27jährige sehr schwierig, weil sie ohne Partner ein Kind erziehen wollte. Unter dieser Voraussetzung lehnten die meisten Agenturen ab; in Wilna sah sie ihre Chance, ein Mädchen adoptieren zu können. Doch vor Ort mußte sie feststellen, daß für das Kind keine Einverständniserklärung der leiblichen Mutter vorlag. Und ohne diese Erklärung wollte Sara auf keinen Fall das Kind mitnehmen. Aber sie fuhr nicht wieder nach Hause, sondern blieb in Litauen in der Hoffnung, ein anderes Mädchen zu finden, das sie adoptieren könnte. Wenige Tage später erhielt sie dann in ihrem Hotel einen Anruf aus einem anderen Waisenhaus, daß sie dorthin kommen sollte. Dort entdeckte sie Laura, die damals bereits ein Jahr und drei Monate alt war. Laura konnte damals noch nicht laufen, sie gab keine Laute von sich, lag nur apathisch in ihrem Bettchen. »Die Ärzte versuchten mich sofort zu überzeugen, daß ich Laura nicht mitnehmen sollte. Ich solle lieber ein neugeborenes Baby nehmen.« Aber Sara wollte kein Neugeborenes, sondern Laura. »Ich hatte das Gefühl, daß Laura voller Liebe und Verstand war, und ich mußte sie nehmen«, erinnert sie sich. In Wilna besorgen sich Sara und ihre Mutter einen Arzt, der mehrmals ins Hotelzimmer kommt, um Laura zu untersuchen und mit ihr motorische Übungen zu machen. Schon nach vierzehn Tagen kann das Mädchen laufen, und ihr Interesse für die Umwelt ist riesengroß. Kurz vor Weihnachten kommt Sara mit ihrer adoptierten Tochter in München an, um sich auf ihr neues Leben als alleinerziehende Mutter mit einem noch recht fremden Kind einzustellen. »Laura hat sich viel zu schnell entwickelt. Jeden Tag konnte sie irgend etwas Neues, und ich habe dann aus Spaß immer zu ihr gesagt: ›Komm her, du kleiner Einstein.‹« Doch bald registriert Sara, daß ihre Tochter trotz der fünfzehn Monate in einem litauischen Waisenheim die gleichaltrigen Kinder in vielen Dingen überflügelt. »Ich hatte das Gefühl, ich muß mit jemandem reden, was mit Laura los ist, denn ich wollte ihren Bedürfnissen einfach gerecht werden.« Sara redet mit Ärzten, mit Pädagogen, mit einer Selbsthilfegruppe von Eltern hochbegabter Kinder, denn inzwischen besteht für die Mutter kaum ein Zweifel, daß ihre Tochter sehr begabt sein muß. Und sie stellt sich voll auf die Bedürfnisse des Kindes ein, da sie Laura nicht in ihrer Entwicklung stoppen will, sondern ihr das bieten will, was das Kind intellektuell braucht.

So entwickelt sie eine eigene Pädagogik für ihr hochbegabtes Kind. Sie holt sich zum Beispiel Werbeprospekte aus Reisebüros und bastelt mit Laura Collagen zu bestimmten Themen wie Tiere oder Menschen. In der Küche klebt auf dem Kühlschrank eine Weltkarte, und dort heftet Laura mit Magneten Flaggen fest und zeigt an, wo sich Australien, Deutschland oder Kanada befindet. Oder sie holt sich Tierschnipsel und befestigt mit dem Magneten die Känguruhs auf der Karte Australiens und die Eisbären auf der Grönlands. Einmal kam Laura ganz aufgeregt angelaufen und rief: »Mama, in der Antarktis sind ja alle Tiere weiß.« Sara fragte sie dann, was dort denn weiß sei, und ihre Tochter antwortete, daß natürlich der Schnee und das Eis dort weiß seien. Und nach einer Weile erklärte sie: »Wenn die Tiere auch weiß sind, dann können sie sich bestimmt besser verstecken, falls Leute kommen und sie erschießen wollen.«

Sara Kohn hat ihrer Tochter früh erklärt, daß auch sie nicht alles weiß und ihr nicht immer die richtigen Antworten geben kann. Deshalb müsse man manchmal gemeinsam nach Antworten suchen, wenn Laura mal wieder nach dem Mond oder dem Sonnensystem frage. Mittlerweile befindet sich im Wohn- und im Schlafzimmer der Kohns eine kleine Kinderbibliothek. Nicht die üblichen Bilderbücher, die ansonsten zwei- oder dreijährige Kinder so lieben, findet man hier, sondern Sachbücher: über das Wetter, über die Ritter, über die Erde, das Sonnensystem ...

Als Sara wegen ihrer Berufstätigkeit darauf drängt, daß Laura mit drei Jahren in den Kindergarten gehen soll, ist diese überhaupt nicht begeistert. »Ich habe doch ein Zimmer mit vielen Spielen und Büchern; ich brauche keinen Kindergarten«, erklärt sie ihrer Mutter. Aber Sara Kohn bespricht die Angelegenheit ganz rational mit ihrer Tochter: »Ich habe ihr gesagt: ›In diesem Leben mußt du Sachen machen für Mama, und Mama macht Sachen für dich. So ist das im Leben. Mama muß arbeiten, um Geld zu verdienen, und du mußt solange in den Kindergarten gehen. Von neun bis eins gehst du in den Kindergarten, und ab ein Uhr machen wir was zusammen. Dann habe ich Zeit für dich.«‹ Sara Kohn ist sich sicher: Laura hat das verstanden, und seitdem geht sie zwar nicht begeistert, aber diszipliniert in den Kindergarten.

Doch dort stößt sie natürlich auf manches Problem, das andere Kinder nicht haben. Zum Beispiel kennt sich Laura mittlerweile im Sonnensystem ganz gut aus und weiß auch, wie die verschiedenen Sterne aussehen. Deshalb kann sie es überhaupt nicht begreifen, warum die Erzieherin die Sterne mit so vielen Zacken malt. Jeder halbwegs vernünftige Mensch – so meint Laura – müsse doch eigentlich wissen, daß Planeten wie Jupiter oder Saturn nicht so gezackt aussehen, sondern rund sind.

Laura geht jetzt seit gut einem halben Jahr in den Kindergarten, sie hat dort eine chinesische Freundin, doch die meiste Zeit wendet sie sich an die Erzieherin, um mit ihr zu reden und etwas vorgelesen zu bekommen. »Wenn Laura nach Hause kommt, dann erzählt sie mir, wer sich im Kindergarten alles wie ein Baby aufführt. Sie ist dann manchmal richtig entrüstet, daß selbst Kinder, die einen Kopf größer sind als sie, oft so dumm seien und nur Quatsch machen würden.« Für Sara Kohn ist es schwierig, ihrer Tochter klar zu machen, daß sie nicht automatisch ein besserer Mensch sei, auch wenn sie vieles schneller begreift. »Ich denke immer noch, sie muß auch lernen, mit Kindern in ihrem Alter umzugehen.« Mittlerweile geht Laura mit ihren dreieinhalb Jahren jeden Tag zwei Stunden in die Vorschulklasse des Kindergartens. Und ihre Mutter plant schon weiter: Nach dem einen Jahr Vorschule möchte sie das Mädchen möglichst in einem französischen oder englischen Kindergarten anmelden, damit Laura noch einmal besonders herausgefordert wird. Danach könne sie dann mit fünfeinhalb Jahren in die Schule kommen.

Seit sie zweieinhalb Jahre alt ist, hat sich Laura sehnlichst einen Computer gewünscht. An ihrem dritten Geburtstag hat Sara Kohn ihr den Wunsch erfüllt. Nun sitzt das zierliche Mädchen manchmal auf dem Kinderhochstuhl aus Korb, der vor dem Monitor am Fenster postiert ist. Einmal pro Woche kommt ein Student, der Laura anleitet, wie sie mit dem Computer spielen, schreiben und malen kann. »Das ist der einzige Ort, wo sie auch mal ein- oder eineinhalb Stunden am gleichen Platz sitzen bleibt«, erläutert Sara Kohn. Ansonsten wechselt Laura in einem rasanten Tempo ihre Beschäftigungen. Die Mutter hat sich voll auf ihre Tochter eingelassen: Man spürt, was es für sie bedeutet, wenn sie sagt: »Laura ist mein Projekt. Ich habe nicht einfach so ein Kind adoptiert, denn ein Kind ist nicht nur Spaß. Es muß sehr ernst genommen werden und man muß Verantwortung übernehmen. Ich habe auch die Verantwortung, sie mit Wissen zu füttern, denn ich merke, daß Laura das braucht.«

Von ein bis neun Uhr ist Sara Kohn nur für ihre Tochter da. Dann leihen sich die beiden Bücher aus und schauen sich Videos über Tiere oder Naturereignisse an. Und dann wird geforscht, um die Fragen des kleinen Schlaubergers zu beantworten. Oft werden die Enzyklopädien aus dem Schrank herausgeholt, um mal wieder nachzuschlagen, wie zum Beispiel ein Blitz funktioniert. Vor einigen Monaten stieß Laura auf ein ganz besonderes Problem: Sie bemerkte, daß das Wasser aus der Badewanne im Uhrzeigersinn in den Abfluß lief, nachdem sie den Stöpsel herausgenommen hatte. Laura hatte aber auch beobachtet, daß das Wasser bei ihrer Oma in Israel sich gegen den Uhrzeigersinn dreht, wenn es aus der

Wanne abläuft. Laura lief sofort zu ihrer Mama und wollte wissen, wie so etwas möglich ist. Die Mutter war vollkommen baff, hatte dieses Phänomen noch nie wahrgenommen. »Ich habe dann in Büchern nachgeschlagen, mit allen möglichen Leuten telefoniert, aber keiner konnte das so richtig erklären. Erst ein Physiker einer israelischen Universität wußte dann, daß dies mit der magnetischen Anziehungskraft der Erde zusammenhängt. Dann war Laura zufrieden, denn das Phänomen kannte sie schon.«

Das faszinierende Wissen, das sie sich mit ihren drei Jahren aneignet, verfolgt Laura auch manchmal bis in den Schlaf. Vor einiger Zeit hatte sie einen Alptraum. Sie war mit der Apollo-Rakete im Weltraum unterwegs und träumte, daß sie und die anderen Astronauten nicht auf dem Mond gelandet seien, sondern auf der Sonne. »Wir sind alle verbrannt«, schluchzte das Mädchen noch halb in ihrem Alptraum gefangen. Ihre Mutter hat dann versucht, sie zu beruhigen, und hat ihr erzählt, die Apollo-Rakete habe eine Spezialbeschichtung gegen Hitze gehabt. Doch da war Laura schon wieder wach genug, um ihrer Mutter deutlich zu antworten: »Ach, Mama, das ist doch Quatsch. Eine Spezialbeschichtung gegen die Sonne kann es gar nicht geben.«

Vor einem halben Jahr hat Laura angefangen zu lesen. So richtig bemerkt hat ihre Mutter das erst während einer Autofahrt, als das Kind buchstabierte: »S wie Schlange, T wie Teddy, O wie Oma, P wie Papa: Stop, Mama da stand stop; du mußtest da stoppen.« Sara Kohn war in dem Moment richtig schockiert, daß Laura schon lesen konnte und stoppte dann auch tatsächlich, allerdings erst nachdem sie schon längst an dem Schild vorbei gefahren war. Seitdem achtet Laura auch immer darauf, daß ihre Mutter die vorgeschriebene Höchstgeschwindigkeit einhält. Sonst kommt vom Hintersitz wieder eine Ermahnung: »Mama, hier darf man nur 30 fahren, und du fährst schon wieder 45.«

Sara Kohn wirkt nicht wie eine überehrgeizige Mutter, die ihrem Kind jeden Tag Dinge eintrichtern will, nur damit das Mädchen irgendwann vielleicht einmal die beste sein wird. »Ich möchte sie gar nicht vorwärts drängen, sondern sie nur begleiten und unterstützen.« Das klingt ehrlich, und Sara Kohn ist auch die Unsicherheit anzumerken, nicht immer zu wissen, was das beste für ihre Tochter ist. »Mir ist das egal, ob sie einen IQ von 80 oder 180 hat. Ich spüre meist, was sie braucht. Wir haben beide die Einstellung: Jedes Problem ist dazu da, daß es gelöst wird. Und für mich ist das auch sehr spannend, mit ihr loszuziehen und ihre Fragen zu beantworten. Laura ist ein sehr glückliches Kind. Sie lacht oft, auch noch über Schwierigkeiten.« Doch Sara Kohn macht sich oft Gedanken über die Zukunft ihrer Tochter. »Auch wenn sie schreiben und lesen kann, kann ich sie dennoch nicht mit vier Jahren in die Schule geben, weil sie emotional noch ein kleines Kind ist.« Also widmet sich die Mutter nachmittags dem Wissensbedürfnis ihrer Tochter. »Neulich hat sie in einem Kinderfilm gehört, wie jemand sagte, eins plus zwei sei sechs, da hat sie so gelacht und hat gesagt: ›Mama, nimm die Kassette wieder heraus, das ist ja so dumm.‹« Eigentlich ist Laura ein sehr fröhliches, lebendiges Mädchen, aber wenn es um Wissen, um Ergebnisse geht, dann nimmt sie es sehr ernst und findet es gar nicht komisch, wenn jemand zum Beispiel falsch rechnet. »Ich möchte, daß sie begreift, daß nicht jeder so klug sein muß wie sie«, meint Sara Kohn. »Sie muß lernen, mit ihrer Begabung gut umzugehen. Dann wird auch ihr Leben viel einfacher sein.«

Laura will aber nicht nur über Sonne, Mond und Sterne Bescheid wissen, sondern auch über die Gefühle, vor allem über die Ursachen von Gefühlen. »Zum Beispiel fragte sie mich neulich, warum ich gerade sie so liebe und nicht jemanden anders. Oder warum es Eifersucht zwischen Menschen gibt.« Fragen, die auch Sara Kohn nicht immer so einfach beantworten kann. »Ich rede mit ihr wie mit einer Erwachsenen, aber ich weiß natürlich, daß sie erst drei Jahre alt ist. Wir kuscheln auch ganz oft. Kürzlich habe ich ihr gesagt: ›Ich liebe dich mehr als die ganze Welt.‹ Da hat sie mich angelacht und gesagt: ›Und den Jupiter und den Saturn, liebst du die mehr?‹«

Ein Kindergarten für die kleinen Schlauberger

Von Pazifisten, Zahlenakrobaten und Dummköpfen

Die beiden Kinder sind sehr höflich. Sie stellen sich zunächst vor: »Ich bin Tim.« – »Und ich bin Sandra.« – »Also ich bin sechs und Sandra ist fünf. Ich bin ein Jahr älter, aber das ist ja egal.« – »Hauptsache, man versteht sich«, ergänzt Sandra. »Genau, und wir verstehen uns eigentlich sehr gut. Wir bauen hier gerade ein Haus.« Nicht mit Mörtel und Steinen, auch nicht mit Duplos und Legos, sondern mit dem Computer. In dem Computerraum der Jugenddorf-Kita hocken sieben Knirpse vor den Monitoren. Die Tastatur lassen sie erst einmal beiseite, obwohl die Buchstaben einigen von ihnen durchaus vertraut sind. Heute bedienen sie den Computer nur mit der Maus. Tim und Sandra sitzen zusammen vor einem Bildschirm, Tim führt die Maus. Die beiden bauen nicht nur ein Haus, sondern ein riesiges Schloß. »Klick mal hier drauf«, ruft Sandra. Im nächsten Moment verdoppeln sich die Schloßmauern. Sandra ist vollkommen begeistert. »Ich male jetzt das Schloß an«, erläutert Tim den nächsten Schritt. »Nehmen wir das Grün hier?« Tim ist ganz kooperativ, Sandra schüttelt den Kopf. Das ist nicht der richtige Ton für ein Schloß. »Nein, dann hat das Schloß ja die Farbe von einem Rasen.« Tim stöhnt und lenkt ein: »O.K., dann nehmen wir eine andere Farbe.« Die beiden einigen sich dann auf zwei Farben: grau als Grundton, einige Teile werden lila gefärbt. »Das wird dann ein prima Schloß«, freut sich Tim. Doch Sandra korrigiert ihren Freund ganz ernsthaft: »Nee, das *ist* ein Schloß, das wird doch keins.« Zum Schluß überziehen die beiden die grauen Schloßmauern noch mit einem Fischgrätenmuster.

Immer mittwochs ist für Tim und Sandra Computertag. Dann kommen sie für eine Stunde hoch in den Computerraum und lassen ihrer Phantasie freien Lauf. Für Sandra ist die Kindertagesstätte im hannoverschen Gundelachweg schon der zweite Kindergarten. Im ersten scheiterte sie an der Ignoranz der Erzieherinnen, für die Hochbegabung kein Thema war, die nicht bereit waren, auf Sandras Bedürfnisse einzugehen. Nach eineinhalb Jahren zogen Sandras Eltern die Konsequenzen, sprachen mit der Leiterin der Jugenddorf-Kita, Christa Hartmann, und meldeten ihre Tochter im Gundelachweg an. Der Nachteil: Bärbel Windheim muß ihre Tochter jeden Tag mit Bus und Bahn quer durch Hannover chauffieren. Der Vorteil: Sandra fühlt sich pudelwohl – von Anfang an. »Mein Mann, der in der Woche immer beruflich unterwegs ist, fragte mich, nachdem sie zwei Wochen in der neuen Kita war: ›Was hast du mit unserer Tochter gemacht, die ist ja kaum wiederzuerkennen?‹« Vorher war Sandra gerade auch am Wochenende sehr unausgeglichen und äußerst empfindlich: »Ein falsches Wort, und es liefen die Tränen«, erzählt ihre Mutter. »Sonntags abends, das war fürchterlich: Da war bei ihr schon eine total miese Stimmung wegen des Kindergartens.«

Das wichtigste für Sandra in dem neuen Kindergarten: Sie wird in keine Schublade gepackt; sie wird individuell betreut. Und sie hat zahlreiche Möglichkeiten, ihre kindliche Kreativität und ihre Begabungen auszuleben. Neben dem Computerkurs können die drei- bis sechsjährigen auch Englisch lernen, Theater spielen, kreativ gestalten oder einfach eigene Geschichten erfinden. Aufgrund der privaten finanziellen Förderung durch die Karg-Stiftung sind die pädagogischen Möglichkeiten geradezu paradiesisch: Statt der üblichen 25 sind hier nur 16 oder 17 Kinder in den Gruppen; jede der vier Gruppen verfügt über einen eigenen zweigeschossigen Raum mit großzügiger Ausstattung. Für die Arbeitsgruppen stehen Extra-Räume zur Verfügung. Ein Drittel der laufenden Kosten wird von der Karg-Stiftung getragen.

Das pädagogische Konzept ist integrativ angelegt: die Hochbegabten finden in ihrer Gruppe zur Hälfte Gleichgesinnte, aber auch normal begabte Spielkameraden. Darauf legt die Leiterin Christa

Hartmann besonderen Wert, denn: »Alle Kinder profitieren von diesem Konzept. Auch die Hochbegabten lernen von den anderen Kindern, zum Beispiel bei der Motorik, der Kreativität und der Handlungsbereitschaft. Eine Gefahr bei hochbegabten Kindern ist, daß sie oft Vorstellungen im Kopf über bestimmte Dinge entwikkeln, aber diese Ideen nicht realisieren können.« Diese Selbstsicherheit, auch etwas umzusetzen, was man als Idee im Kopf hat, das können hier die Neunmalklugen von den »Normalos« lernen. Der Kunstpädagoge Wilhelm Reinke beschreibt die Vorteile des integrativen Konzepts so: »Die normalbegabten Kinder erklären den hochbegabten, wie der Spielplatz funktioniert; und die Hochbegabten den normalbegabten, wie die Welt funktioniert. Das ergänzt sich doch sehr gut«, meint Reinke schmunzelnd.

Christa Hartmann hat mit dem Projekt dieser bundesweit bislang einmaligen Kindertagesstätte 1995 in Hannover begonnen. Die Pädagogin und Psychologin kam aus Braunschweig, wo sie seit Anfang der achtziger Jahre den Hochbegabtenförderzweig der Christophorusschule mit aufgebaut hat. Ihre Erkenntnis in Braunschweig: »Man muß für hochbegabte Kinder schon früh etwas tun. Die Störungen bei Kindergarten-Kindern oder Grundschülern wurden fast nie bei der Unterforderung gesehen, sondern meist als Persönlichkeitsstörung eingeschätzt.« Und ihr Mitarbeiter Wilhelm Reinke, der auch aus Braunschweig nach Hannover wechselte, ergänzt: »Bei den Schülern, die an die Christophorusschule kamen, war schon so viel verschüttet an menschlichen Fähigkeiten, daß man richtig Angst bekommen konnte.«

Kindergarten für die künftige Elite, Aufzucht der kleinen Genies – Christa Hartmann, sonst eine äußerst ruhige Frau, wird ärgerlich, wenn man ihr mit solchen Begriffen kommt. Zum Großteil leistet die Kita ganz normale Erziehungs- und Betreuungsarbeit, nur mit besseren Bedingungen, mit zusätzlichen Angeboten und mit dem Bewußtsein, daß man besonders begabte Kinder fördern und nicht behindern muß. Gefördert werden aber nicht nur die kleinen Schlauberger, sondern jedes Kind soll mit seinen eigenen Interessen zum Zuge kommen. Alle Kinder, deren Eltern einen Platz in der Kita beantragt haben, werden getestet, wie begabt sie sind. Ein Intelligenzquotient läßt sich in diesem Alter allerdings noch nicht richtig ermitteln. Bei den Tests handelt es sich um weitgehend bildungsunabhängige Verfahren. Getestet werden die Kombinationsfähigkeit der Kinder und das strukturell-analytische Denken. Die Psychologin Christa Hartmann erhofft sich von den Tests einen Einblick in die kindliche Entwicklung des abstrakt-logischen Denkens.

Die Hälfte der Kinder kommt aus dem Stadtteil, der nicht gerade zu den besseren Adressen in Hannover zählt. Die andere Hälfte kommt aus dem gesamten Stadtgebiet, aus dem Landkreis oder sogar aus Hildesheim und Peine – immerhin rund 40 Kilometer entfernt. Und manche Familien ziehen von weit her nach Hannover – allein wegen des Kindergartens: Zum Beispiel die Familie Huster aus Krefeld. Der kleine Mark war mit drei Jahren in einen ganz gewöhnlichen Kindergarten gekommen. Für Marlies Huster stand damals fest: Ein Kindergarten ist wichtig für die sozialen Kontakte. Außerdem hat sie ja auch noch ihre eigene Lebensplanung: Sie will wieder arbeiten gehen. Doch Mark stellt sich quer; schon nach wenigen Wochen muß Marlies Huster wieder aufhören zu arbeiten. Mark kommt mit der Situation im Kindergarten überhaupt nicht klar. »Zwischen Aggression und Rückzug kam dann alles, was man bei Kindern erleben kann, wenn es ihnen schlecht geht.« Das Problem für Mark ist seine Wut über sich und die anderen Kinder: Die Außenkontakte funktionieren bei ihm nicht; es ist ihm einfach nicht möglich, zu anderen Kindern eine normale Beziehung aufzubauen. »Zugleich konnte er es auch nicht ertragen, daß ich Außenkontakte hatte«, erzählt seine Mutter. »Er hat sogar unseren Spiegel von der Wand montiert, um an den Telefonanschluß heranzukommen. Als ich telefonierte, hat er einfach den Anschluß rausgezogen. Seine Devise lautete: ›Wenn ich solche Probleme mit Außenkontakten habe, dann sollst du auch keine haben.‹« Mark ist verzweifelt; er weiß einfach nicht, wie er Kontakte knüpfen kann. Meist scheitert der Versuch schon auf der sprachlichen Ebene: Kein Kind in seinem Alter kann nachvollziehen, wenn er mit technisch exakten Begriffen aus seiner Welt der Baustellen und Mülldeponien erzählt. »Aber das war das, was ihn interessierte«, erinnert sich Marlies Huster. »Er wollte dauernd auf eine Baustelle. Ich bin dann mit einem Hocker zur Baustelle mitgekommen und habe da gewartet. Und Mark hat schnell Kontakt zu den Bauarbeitern geknüpft. Das lief eigentlich wunderbar. Die haben ihm alles erklärt und er durfte sogar mit dem Kipplaster zur Deponie fahren. Da war er drei Jahre alt. Seine besten Freunde zu der Zeit waren die Bauarbeiter Peter und Michael.« Doch die Spielkameraden im Kindergarten, die mit ihren Förmchen im Sandkasten sitzen, können überhaupt nicht nachvollziehen, was Mark so brennend interessiert.

Den Begriff Hochbegabung gab es im Wortschatz der Husters noch nicht, als Mark zur Welt kam. Doch schon früh tauchte bei den Eltern die Frage auf, warum ihr Kind so anders ist als andere Kinder, die sie kennen. Mark kommt mit extrem wenig Schlaf aus, ist ständig mobil und permanent bereit zu den größten Experimenten. »Wir haben ihm immer ganz viel Input bieten müssen. Überall wo etwas passierte, mußte er dabei sein.« Das Krabbeln läßt der kleine Mark aus: »Mit acht Monaten saß der vor unserer Garage, hat sich aufgerichtet und ist an der Garage entlanggelaufen«, erzählt seine Mutter. Nur mit dem Sprechen scheint er sich Zeit zu lassen. Er ist bereits über ein Jahr alt und hat noch kein Wort von sich gegeben. Als die irritierten Eltern ihren Kinderarzt fragen, gibt der Entwarnung: Kein Grund zur Beunruhigung. In der Tat: Als Mark kurz darauf anfängt zu sprechen, redet er direkt in ganzen Sätzen – und ohne Unterbrechung. Kommentar des Vaters zwei Wochen später: »Kann man den eigentlich auch irgendwo wieder abstellen?«

Im Radio hört Marlies Huster dann eines Abends eine Sendung über Hochbegabte, und sie denkt, es sei ein Beitrag über ihren eigenen Sohn. Sie nimmt Kontakt auf zu einer Mutter eines hochbegabten Kindes, die nach der Beschreibung von Marks Verhalten überzeugt ist, daß der Junge hochbegabt sei. »Ich war erst einmal fürchterlich erschrocken. Ich dachte, daß da wohl noch einiges auf uns zukommen würde. Wir halten uns eigentlich eher für einfach strukturierte Menschen. Wir dachten, bei uns könne so etwas nicht vorkommen.«

Marlies Huster spricht auch bei den Erzieherinnen im Kindergarten das »Problem« der Hochbegabung an – ohne Erfolg. Zwar zeigen die Erzieherinnen die Bereitschaft, mal ein Fachbuch zu lesen, doch ändert sich an der Situation für Mark nichts. Die Mutter bringt ihren Sohn jeden Tag zum Kindergarten, weil sie denkt, das wichtigste für ihn sei der soziale Kontakt und das soziale Lernen.

Für die anderen, auch die Erwachsenen, war Mark oft schwer zu verstehen: »Einerseits hatte er mit seinen drei Jahren ganz außergewöhnliche Denkstrukturen und ein enormes Fachwissen in technischen Dingen, aber er war zugleich ein kleiner rotznasiger Kerl, ein kleiner Scheißer.«

»Die Situation in Krefeld eskalierte immer weiter«, erzählt Marlies Huster und kämpft mit den Tränen. »Er hat mich damals so gebraucht. Viel Hautkontakt. Er ist manchmal wieder zum Baby geworden. Sabbernd und triefend hat er oft dagestanden, wenn gar nichts mehr ging. Er hat in der Stadt ›den Hund gemacht‹. Für uns war ›den Hund machen‹ ein Horror, aber er ist dann zum Hund geworden, hat sich verwandelt, wenn er sich bestimmten Anforderungen nicht aussetzen wollte. Dann wurde er im Café zum Hund, saß unterm Tisch und bellte. Höchst ungewöhnlich und schwer zu ertragen.«

Mark will die volle Aufmerksamkeit seiner Eltern – dabei ist es ihm scheinbar egal, ob diese positiv oder negativ ist. Die Husters haben das Gefühl, einfach nicht mehr zu können, nicht mehr weiter zu wissen. Die einzige Chance sehen sie in dem Kindergarten des Jugenddorfes in Hannover. Sie fahren im Januar zur Probewoche in die Kita, und Mark führt sich unmöglich auf. »Er hat alles getan, um zu verhindern, daß er in diesen Kindergarten kommt. Er hat die Tragweite eines Ortswechsels und eines Umzugs schon begriffen, und das wollte er verhindern.«

Ein halbes Jahr lang überlegen die Husters, ob sie nach Hannover wechseln sollen. »Ich habe mir immer wieder gesagt: ›Wir können doch nicht wegen eines Kindergartens so weit wegziehen.‹« Doch alle Versuche, in Nordrhein-Westfalen eine Lösung zu finden, scheitern. »Ich habe mit Psychologen und sozialen Betreuungsdiensten gesprochen, aber alles wurde immer mit dem gleichen Argument abgeschmettert: Sie hätten schon 25 Kinder in der jeweiligen Gruppe, und noch so einen wie meinen Sohn könnten sie nicht verkraften.« Also folgt der Umzug von Krefeld nach Hannover. Mark kommt gegen seinen anfänglichen Protest in den neuen Kindergarten, zuerst nur stundenweise. Doch der Erfolg stellt sich schnell ein. Mark wird stabiler, ruhiger und ausgeglichener. »Er hat zum ersten Mal Partner gefunden, die ganz offensichtlich seine Wellenlänge haben.« Marlies Huster ist glücklich, daß sie den Umzug gewagt haben. »Ich stelle mir immer vor, wenn ich versuche, ihn zu verstehen: Ich bin auf einer Party und versuche zu reden, und es sind nur Leute da, deren Sprache ich nicht verstehe. Wie lange bleibe ich da? So habe ich mir im nachhinein den alten Kindergarten vorgestellt.«

Nach einem Jahr ist Mark jetzt voll integriert. Er spielt aber keineswegs nur mit anderen hochbegabten Kindern, sondern auch mit den »normalen«, wobei weder die Kinder noch die Eltern wissen, welche Kinder als hochbegabt eingestuft werden. Doch manchmal merkt man es schon, wer noch zu den Hochbegabten zählt: Zum Beispiel wenn Mark endlich einen kleinen Jungen gefunden hat, mit dem er ordentlich über die Vorzüge eines Gittermastschwerlastkrans, eines Schlitzwandbaggers oder eines Waagerechtbohrgerätes fachsimpeln kann.

Den Vorteil der Kita sieht Marks Mutter vor allem in den kleinen Gruppen und in den fachlich guten Erzieherinnen, die wissen, mit welchen Kindern sie es zu tun haben. »Man versucht hier, die Hochbegabung mit ins Persönlichkeitsbild einzubeziehen und als einen Teil von vielen Facetten zu sehen, und das hat Mark geholfen.«

Die Schwierigkeiten, die Mark und seine Eltern mitgemacht haben, sind auch bei Hochbegabten nicht alltäglich. Aber so ganz fremd sind vielen Eltern, die ihren Nachwuchs in den Gundelachweg bringen, diese Probleme nicht. Die meisten Eltern hochbegabter Kinder kommen, weil sie schlechte Erfahrungen mit anderen Kindergärten hinter sich haben. Überehrgeizige Eislaufmütter klopfen selten an die Tür von Christa Hartmann, um ihr Kind testen zu lassen. Die meisten Mütter und Väter könnten ihr Kind schon recht realistisch einschätzen, meint die Psychologin. Die Kinder sind meist als Außenseiter aufgefallen, sind oft sehr viel stärker an Erwachsenen interessiert als an Gleichaltrigen. Sie haben einen starken Drang zu Papier und Bleistift und mögen sich oft gar nicht so gern in der Sandkiste mit Schaufel und Eimer selbstverwirklichen. »Der Vergleich zwischen dem, was man normalerweise von einem Kind erwartet, und dem, wie das Kind tatsächlich ist, der verunsichert viele Eltern und führt sie zu uns in die Beratungsstelle«, erläutert Christa Hartmann. Doch nicht alle Anmeldungen hochbegabter Kinder können berücksichtigt werden. Rund die Hälfte dieser Kinder muß abgelehnt oder vertröstet werden.

Trotz des integrativen Konzepts – die hochbegabten Kinder fallen doch häufig auf, meint die Sozialpädagogin Sabine Starass. Sie gehören zum Beispiel eher zu den »Pazifisten« in ihrer Gruppe: Fäuste zum Schlagen und Füße zum Treten benutzen sie nur höchst ungern. Sie greifen lieber mit Worten als Streitschlichter ein. Außerdem sind sie häufig sehr lärmempfindlich. »Wenn es laut und wuselig wird, dann ziehen sie sich manchmal in unsere Bibliothek zurück oder halten sich einfach die Ohren zu.« Sabine Starass hat auch beobachtet, daß die hochbegabten Kinder eher Dinge benennen, die sie stören. »Die reflektieren viel stärker als die anderen und suchen dann nach Problemlösungen.« Zum Beispiel wenn ihnen ein Spiel zu langweilig ist, das die Gruppe schon mehrmals gespielt hat. Dann kommen oft ganz kreative Vorschläge, wie man die Regeln des Spiels verändern könnte. Und darauf lassen sich die anderen Kinder dann auch meistens ein. Manche Ratschläge der Erzieherinnen ignorieren die Kinder allerdings, berichtet die Gruppenleiterin Uta Steffens. Als neulich ein Kind zu ihr kam und sich beschwerte, daß ein anderes Kind mit Sand um sich geworfen habe, da riet die Erzieherin: »Vielleicht solltest du mal hingehen und das andere Kind fragen, ob du auch mit Sand schmeißen sollst?« Da sei der Junge ganz irritiert gewesen und habe geantwortet: »Nein, das könne er doch nicht machen. Dann würde der Konflikt ja nur eskalieren.«

Zu den »Pazifisten« zählt auch Jonas. Er ist eines der lärmempfindlichen Kinder, die sich öfter mal zurückziehen. Er ist ein sehr liebevoller Junge, einerseits sehr zurückhaltend, andererseits sucht er aber auch Körperkontakt. Jonas war noch keine drei Jahre alt, als er den Aufnahmetest bei Christa Hartmann absolvieren sollte. Aber Jonas hat nicht mitgemacht: Er verweigerte alle Annäherungsversuche der Psychologin. Diese wurde allerdings hellhörig, als der Knirps plötzlich die draußen vorbeifahrende Straßenbahn identifiziert: »Ach, da fährt ja die Linie acht Richtung Messe.« Nach einem kurzen Gespräch ist der Kita-Leiterin klar, daß Jonas in den Gundelachweg gehört. Ein Problem gibt es allerdings noch: der Neunmalkluge ist noch nicht windelfrei. Die Vorhersage der Psychologin (»In drei Tagen ist der trocken«) erfüllt sich auch prompt: Typisch für Jonas, meint auch seine Mutter Renate Hogrefe. »Wenn er was eingesehen hat, dann macht er das auch. Aber er muß es erst für sich begreifen und akzeptieren. Man kann sehr logisch mit ihm reden. Dann läuft das meist.« Anfangs spielt er in der Kita nur mit den Mädchen; die Jungen sind ihm zu rabaukig. Mittlerweile kommt der Fünfjährige auch mit den Jungen gut klar. Jonas hat ein Faible für korrekte Sprache; alles muß genau definiert werden. »Andere Leute haben oft Probleme damit, und er versteht wiederum nicht, daß andere so ungenau daherreden«, berichtet Jonas' Vater. »Wenn er einmal den Fachbegriff für irgend etwas gehört hat, dann ist das bei ihm abgespeichert; das vergißt der nicht. Ich würde das niemals schaffen.« Jonas benutzt schon eine Sprache, die eigentlich einem Fünfjährigen nicht angemessen ist. Er gebraucht den Konjunktiv, viele Nebensätze und baut auch lange Schachtelsätze. »Das ist wirklich erstaunlich, wir reden eigentlich nicht so gewählt. Ich liebe eher kurze Sätze.« Stephan Hogrefe ist überzeugt, daß sein Sohn sich seinen eigenen Sprachstil zurechtgelegt hat. Aber diese fast schon eloquente Art führt auch zu Verwirrungen mit anderen Kindern. Zu Hause spielt Jonas manchmal mit neun- und zehnjährigen Kindern draußen. Die Hogrefes wohnen in einer Einflugschneise zum Flughafen. Als Jonas und die Nachbarskinder ein Flugzeug am Himmel entdekken, sagt einer der Jungen: »Guck mal, ein Flugzeug!« Da merkt

Jonas an: »Ja, eine Hapag-Lloyd, das ist eine 737.« Die anderen gucken ihn nur irritiert an und fragen, ob sein Papa Pilot sei, was der aber nicht ist. Irritationen hinterläßt Jonas manchmal auch bei den Erzieherinnen im Kindergarten. Eine Erzieherin spricht gelegentlich grammatikalisch nicht das beste Deutsch. Wenn ihr im Satzbau mal kleine Fehler unterlaufen, dann wird sie jedesmal von Jonas korrigiert, den das falsche Deutsch einfach stört. »Mit solchen Verbesserungen können allerdings nicht alle so gut umgehen«, meint Stephan Hogrefe. »Das führt manchmal zu Spannungen, wenn so Knirpse, die gerade in die Hose gepinkelt haben und sich beim Essen noch total einsauen, dann die Sätze oder Worte der Erzieherinnen verbessern.«

Der große Vorteil im Jugenddorf: Die Erzieherinnen wissen, mit wem sie es zu tun haben, und können solche Zurechtweisungen einordnen. Genauso haben sie sich daran gewöhnt, daß die älteren Kita-Kinder mit Begeisterung englisch reden, soweit ihr Wortschatz es zuläßt. Jonas lernt gerade in der Kita Englisch. Jetzt versucht er seine Kenntnisse überall anzubringen. »How old are you?« sind schon alle Erzieherinnen gefragt worden, und sie wissen bestimmt auch, wie alt Jonas ist, denn der Junge verkündet mehrmals täglich: »I'm five years old.« In der Welt der Kita ist das alles normal, aber außerhalb des Jugenddorfes reagieren etliche Erwachsene doch recht irritiert, wenn der kleine Jonas sie auf englisch mit »Good morning, Mister!« begrüßt und er alle Zahlen bis hundert in Englisch aufsagen kann. »Dann wird an uns Eltern mehr oder weniger offen der Vorwurf gerichtet, ob wir bescheuert wären, dem Kind schon englisch beizubringen«, erzählt Stephan Hogrefe.

Die Möglichkeiten der Jugenddorf-Kita lassen Erzieherinnen in anderen Einrichtungen vor Neid erblassen. Die gute Personalsituation macht es möglich, daß die Kinder häufig losziehen, um Handwerksbetriebe oder Museen zu besuchen. »Mit hochbegabten Kindern zu arbeiten, das macht wirklich viel Spaß. Die lassen sich so leicht motivieren und sind dann auch die Leitkinder für die übrigen«, meint Uta Steffens. Die Kehrseite: Die besonders Begabten sind manchmal nicht so genügsam wie die anderen. »Die fragen,

fragen, fragen, und dann gehen wir mit ihnen in die kleine Bibliothek und gucken in Lexika nach, was sie wissen wollen.«

Kein Kind wird hier als kleiner Professor abgestempelt, aber – so räumt Sabine Starass ein – »die Kinder merken schon, daß einige eben anders sind, wissen aber nicht, daß sie hochbegabt sind.«

Zu den Kindern, die eben anders sind, gehört auch Jakob, der Zahlenexperte. »Bei Jakob muß ich immer an den Film *Rainman* denken«, meint eine Erzieherin. *Rainman*, das war jener Autist, der in seiner Welt versunken war, aber ein phantastischer Zahlenakrobat war. Jakob kennt zum Beispiel die Hausnummern der Wohnungen aller Erzieherinnen. Und deren Schuhgröße. Und deren Geburtsdatum. Jakob liebt Zahlen. Wenn irgend etwas mit Nummern zu definieren ist, dann ist auf Jakob Verlaß. Zum Beispiel in dem Buch, das die Erzieherin neulich vorgelesen hat: Die Geschichte, als Lisa hingefallen ist und sich das Knie verletzt hat, die steht auf Seite 233. Jakob ist sich ganz sicher. Die Probe: Jakob hat recht. Und die Erklärungen zu der Schleiereule, die stehen im Lexikon natürlich alphabetisch unter »Sch...«. Aber Buchstaben findet der Fünfjährige nicht so spannend. Er weiß auch so, wo er die Schleiereule findet – ohne nachzugucken: Seite 478. Stimmt. Phänomenal.

Dafür hat es Jakob nicht so sehr mit lebenspraktischen Dingen wie Anziehen oder Geschirr wegräumen. Aber da hat er mittlerweile auch schon große Fortschritte gemacht. Jetzt zieht er sich gerade seine Schuhe an; die Kinder seiner Gruppe gehen nach draußen zu den Spielgeräten. Alle Kinder drängeln sich an der Tür, Jonas schimpft mit Paul, der daraufhin erst einmal zur Erzieherin läuft: »Frau Steffen, der Jonas hat zu mir Dummkopf gesagt, aber das stimmt doch nicht.« Ein Dummkopf ist Paul wirklich nicht, immerhin kann der Junge mit seinen fünf Jahren den Fahrplan der hannoverschen Verkehrsbetriebe auswendig.

Familie Keller

»Die Seelen erkennen sich nach dem Tod wieder«

»Leise zieht durch mein Gemüt
Liebliches Geläute.
Klinge, kleines Frühlingslied,
Kling hinaus ins Weite.

Kling hinaus bis an das Haus,
Wo die Blumen sprießen,
Wenn du eine Rose schaust,
Sag, ich laß sie grüßen.«

Während Daniel auf dem Teppich spielt, sagt er dieses Gedicht von Heinrich Heine auf. Er ist zu diesem Zeitpunkt zweieinhalb Jahre alt. Seine Mutter kennt das Gedicht. Sie hatte es ihrem Sohn ein halbes Jahr zuvor einmal vorgetragen. Danach wurde es nicht mehr erwähnt. Bis auf ein Wort kann der Knirps das ganze Gedicht wiederholen. Seine Mutter ist zwar begeistert, daß ihr Filius mit zweieinhalb Jahren ein Heine-Gedicht aufsagen kann, aber für so außergewöhnlich hält sie das nicht. Auch als zwei Freundinnen ihr versichern, daß Daniel offenbar besondere Fähigkeiten habe, wiegelt sie ab: So toll sei das auch nicht. Pia Keller wollte lange nicht wahrhaben, daß ihr Kind hochbegabt ist. Noch heute – Daniel ist mittlerweile 17 – möchte sie die Tatsache am liebsten verdrängen, daß sie drei hochbegabte Kinder hat. »Vielleicht liegt es an meiner eigenen Geschichte; vielleicht war ich ja auch hochbegabt.« Und Pia Keller erzählt, wie sie sich als Mädchen zu Hause durchsetzen mußte. Sie kam vom Bauernhof, aus einem kleinen Dorf. Als sie zum Gymnasium wollte, erklärte ihr der Vater, er werde ihr das Leben so schwer wie möglich machen, damit sie das Gymnasium nicht schaffe. Ein Mädchen vom Bauernhof zum Gymnasium – das paßte einfach nicht in die patriarchalische Vorstellungswelt ihres Vaters. Doch Pia setzte sich durch und bestand das Abitur. Der Preis dafür war hoch: Sie war immer die Außenseiterin – im Dorf, in der Schule. Diese Erfahrung möchte sie ihrem Sohn ersparen. »Ich habe mich von Anfang an auf Daniels Sozialförderung gestürzt, weil ich dachte, er soll nicht so ein Außenseiter werden, wie ich es war. Im nachhinein denke ich, ich habe alle klassischen Fehler gemacht, die man bei der Erziehung hochbegabter Kinder machen kann.«

Zum Beispiel der obligatorische Besuch des Kindergartens: Daniel soll dort lernen, sich einzuordnen. Doch schon das stößt sofort auf Schwierigkeiten. Einordnen bedeutet nämlich in diesem Kindergarten: Jedes Kind muß täglich ein Bild malen. Dummerweise hat Daniel aber überhaupt kein Interesse daran, Bilder zu malen. Er kann zwar schon multiplizieren und dividieren, aber das interessiert seine Erzieherinnen herzlich wenig. Ihnen geht es nur um das tägliche Bild. Wer kein Bild malt, darf auch nicht spielen. »Das führte dazu, daß er manchmal zwei Stunden vor diesem Blatt saß und nichts zu Papier brachte. Das hat er mir aber nie erzählt. Ich habe das erst später erfahren«, berichtet Pia Keller. Irgendwann entwickelt Daniel seine eigene Taktik. Er hat ein Standardbild entworfen: drei Tulpen – fertig, dann ist er frei. Doch auch danach kann er dem Kindergarten wenig Positives abgewinnen. Morgens möchte er immer am liebsten zu Hause bleiben. Er spielt auch im Kindergarten meist für sich, konstruiert viel mit Bausteinen und ist froh, wenn der Kindergarten vorbei ist.

Bereits als Fünfjähriger kann Daniel lesen, schreiben und rechnen. Er fragt seine Mutter, wie man die Wurzel einer Zahl berechnen kann. Eigentlich ist das Kind reif für die Schule, denken die Eltern über ihren Sohn, der im August sechs Jahre alt wird. Doch Pia Keller teilt dann doch die Bedenken der Erzieherinnen, daß Daniel »sozial noch nicht so weit« sei. Im nachhinein ärgert sich Pia Keller über diese Entscheidung, denn vielleicht wäre dann manches leichter gelaufen.

Zu Hause spielt Daniel oft mit seinen Geschwistern, dem drei Jahre jüngeren Matthias und Mareille, die zwei Jahre alt ist, als Daniel in die Schule kommt. Die Geschwister verstehen sich sehr gut, toben oft ausgelassen. Mareille ist das Nesthäkchen und wird von ihren Brüdern Daniel und Matthias heiß und innig geliebt. Bevor es ins Bett geht, springen alle drei oft noch einmal in die Badewanne und planschen vergnügt. Eines Abends, als die Jungen schon schlafen, wird Mareille fiebrig, und sie muß sich erbrechen. Zunächst trägt die Mutter ihre Tochter, die ganz unruhig und jammerig ist, durchs Haus. Gegen zwei Uhr löst ihr Mann sie ab. Franz Keller ist Arzt; er ist sehr beunruhigt über den Zustand seiner Tochter. Trotz Penicillin hat sie noch immer Fieber, plötzlich bekommt sie nur schlecht Luft. Der Vater denkt erst an Pseudo-Krupp, doch dann wird Mareilles Zustand immer dramatischer: Zuerst Atemstillstand, danach Herzstillstand. Der Vater versorgt seine Tochter mit Sauerstoff, kann sie reanimieren. Mit dem Notarztwagen fahren die Eltern mit ihr ins Kinderkrankenhaus. Erste Diagnose in der Notaufnahme: eine gefährliche bakterielle Entzündung des Kehlkopfes und des Rachenraumes. Doch ihr Zustand scheint sich wieder zu bessern. Allerdings nur für wenige Stunden: Die Bakterien haben sich bereits im ganzen Körper ausgebreitet – die Ärzte bemühen sich vergeblich, Mareilles Leben zu retten. Am nächsten Vormittag ist Mareille tot. Für die Brüder ist der Tod ein furchtbarer Schock: Am Abend vorher hatten sie noch mit ihrer Schwester herumgealbert, nun ist sie tot.

Daniels kleiner Bruder Matthias will ohne seine Schwester nicht mehr weiter leben. Der Vierjährige erzählt seinen Eltern, daß er sich vor ein Auto werfen werde, wenn diese mal nicht aufpassen. Die Eltern sind in ihrer eigenen Trauer ganz hilflos, aber Daniel erzählt Matthias, daß er Mareille gar nicht vermissen müsse. »Es ist doch jetzt viel einfacher. Jetzt hast du Mareille immer bei dir; du kannst immer mit ihr reden und mit ihr spielen, wann immer du willst.« Die Eltern sind erstaunt, wie sensibel und einfühlsam der Siebenjährige seinem kleinen Bruder helfen kann. Und Daniel findet auch die richtigen Worte, als sein kleiner Bruder verzweifelt fragt, wie er denn Mareille einmal wiederfinden solle, wenn er tot sei. Die Eltern wissen nicht so recht, was sie ihrem Sohn antworten sollen, aber Daniel erklärt ihm: »Du mußt dir keine Sorge machen. Die Seelen erkennen einander, und du wirst sie einmal wiederfinden.«

»In dieser Phase hat Daniel eigentlich die Rolle des Familienführers übernommen«, erzählt Pia Keller. »Daniel hat dafür gesorgt, daß das Leben bei uns weiter ging. Er hat zum Beispiel beim Essen kurz nach Mareilles Tod uns alle gestützt. Wir hatten die Kinder aufgefordert, etwas zu essen, aber Matthias hatte sofort erklärt, daß er auch nichts essen würde, wenn wir als Eltern nichts essen wollten. Dann sagte Daniel: ›Macht mal die Augen zu. Gott schickt euch nun ein Bild.‹ Und nach einer Weile forderte er uns auf, wir sollten doch mal erzählen, was wir gesehen hätten. Natürlich hatte jeder Erinnerungen an Mareille im Kopf. Daniel sagte dann, er habe gesehen, daß Mareille und Michael, unser erster Sohn, der schon länger tot war, zusammen spielten. ›Die beiden haben sich, und Matthias und ich haben uns, und wir haben euch. Und ihr sollt nicht so verzweifeln. Jetzt ißt jeder erst einmal.‹ Und das haben wir dann auch gemacht. Er hat es wirklich geschafft, uns Mut zuzusprechen. Er hat die ganze Familie mitgeführt. In dem Moment damals habe ich das nicht so gespürt, aber ich war ihm trotzdem dankbar«, erinnert sich seine Mutter.

Daniel unterstützt seine Mutter auch, als sie endlich einen Praktikumsplatz in einem Handwerksbetrieb bekommt, auf den sie sich schon lange gefreut hatte. Doch drei Monate nach dem Tod ihrer Tochter fühlt sie sich nicht in der Lage, das Praktikum anzutreten. Daniel überredet sie, die neue Aufgabe anzugehen. Die neue Arbeit erweist sich für sie als sehr hilfreich, ihre Trauer künstlerisch zu verarbeiten – dank der Unterstützung ihres Sohnes.

Erst nach drei, vier Monaten beginnt Daniel, Mareilles Tod zu betrauern. »Ich glaube, er hat die Trauer erst in dem Moment zugelassen, als er das Gefühl hatte, daß seine Familie das Schlimmste überstanden hatte«, erzählt Daniels Mutter. Er zieht sich in Kartonhöhlen zurück, die er in seinem Zimmer aufstellt. Er baut sich eine Höhle in einer Höhle, igelt sich ganz ein und hört dort auf seinem Kassettenrecorder die Musik von Edvard Grieg. In seiner Höhle will er allein bleiben; keiner darf ihn dort besuchen. Er nimmt seinen Kassettenrecorder und spricht auf Band seine Erinnerungen an Mareille. Über drei Monate dauert diese Phase, in der sich der Junge immer wieder zurückzieht und sich fast jeden Nachmittag einigelt. In der Schule stößt er mit seiner Trauer allerdings auf wenig Verständnis. Ausgerechnet einen Tag nach dem Tod Mareilles behandelt die Klassenlehrerin in Daniels Klasse das Thema Geschwister. Die Schülerinnen und Schüler sollen erzählen, wie viele Geschwister sie haben. Als Daniel an der Reihe ist, sagt er: »Ich habe einen Bruder.« Die Lehrerin ergänzt: »Und eine Schwester.« »Nein«, erwidert Daniel, »seit gestern habe ich nur noch einen Bruder.« Die Lehrerin, die vom Tod Mareilles noch nichts wußte, ist selbst total geschockt und meidet in den kommenden Tagen und Wochen das Thema Trauer und Tod.

Daniel verändert sich zunehmend in der Schule. Anfangs – vor Mareilles Tod – ist er freundlich und hilfsbereit. Doch nach dem plötzlichem Tod wird er in der Schule eher renitent. Schon vier Monate nach dem Tod der Schwester beschwert sich seine Lehrerin bei den Eltern, der Junge müsse aber langsam mal über den Verlust der Schwester hinwegkommen. Er könne doch nicht ewig trauern.

Das Verhältnis von Daniel zu seiner Lehrerin wird immer schwieriger. Er beteiligt sich wieder stärker am Unterricht, ist aber sehr kritisch und hinterfragt so manches, was die Lehrerin den Schülern erklärt. Die Pädagogin ist wenig begeistert von Daniels kritischer Art. Das bekommt der Junge auch zu spüren, als die Kinder in der zweiten Klasse »einen ersten kleinen Aufsatz« schreiben sollen. Daniel ist ganz begeistert und schreibt eine sechsseitige Geschichte. Die Eltern sind fasziniert von der Phantasie ihres Sohnes; die Lehrerin allerdings gar nicht, denn schließlich habe sich Daniel nicht an die Vorgabe gehalten, einen »kleinen« Aufsatz zu schreiben.

Für Daniel wird es immer schwieriger, die Diskrepanz zwischen zu Hause und der Schule auszuhalten. Bei seinen Eltern darf er seiner Phantasie freien Lauf lassen. Bereits als Dreijähriger hat der Junge die verrücktesten Ideen. Sein liebstes Spielzeug sind damals Kabel aller Art. Im ganzen Haus baut er mit diesen Kabeln dreidimensionale Gespinste – mal mit Verlängerungskabeln, mal mit Wolle. Alles, was mit Technik zu tun hat, fasziniert Daniel schon früh. Auch mit Steckdosen kennt sich der Knirps bestens aus. Als die Mutter einmal mit dem Stecker herumprokelt und ihn nicht in die Steckdose bekommt, erklärt ihr Daniel ganz jovial: ›Mama, da ist doch eine Kindersicherung drin, aber das ist ganz einfach. Ich zeige dir das mal‹, nimmt den Stecker und bekommt ihn sofort in die Steckdose hinein.

Zu seinen grandiosen Erfindungen zählt auch eine Kakaoeinschenkmaschine, die er zu Hause baut. Oben kommt die Milch rein, von der Seite wird der Kakao eingefüllt, dann vermischen sich Milch und Schokolade, so daß unten der fertige Kakao in den Topf tropfen kann. Solche Erfindungen würde Daniel aber nie in der Schule präsentieren. Für die rege Phantasie des Jungen hat die Lehrerin nämlich nichts übrig; und erst recht nicht für seine kritischen Einwendungen. Der Mutter wirft die Pädagogin vor: »Ihr Sohn lebt nicht mehr in der Furcht des Herrn.« Daniel sei das einzige Kind, das nicht akzeptiere, was die Lehrerin sage. Das kritische Nachhaken des Schülers ist für sie nur negativ. Daniel langweilt sich in der Schule. Zu Beginn der dritten Klasse eskaliert der Konflikt: Als die Klasse eine Mathearbeit schreiben soll, guckt sich der Junge nur kurz das Aufgabenblatt an und schmeißt Zettel und Matheheft aus dem Fenster. Sein Kommentar gegenüber der Lehrerin: »Diesen Scheiß mache ich jetzt nicht mehr mit! Das machen wir schon seit zwei Jahren, immer das gleiche.«

Danach wird es für einige Monate besser: Daniel bekommt eine neue Lehrerin, die ihm gegenüber aufgeschlossener ist. Sie merkt bald, daß das Kind total unterfordert ist und sich im Unterricht nur langweilt. Daniel erhält Zusatzaufgaben, er wird endlich gefordert. Und er kommt auch besser mit seinen Mitschülern klar, die ihn jetzt mehr akzeptieren. Doch das Glück währt nur kurz: Die Lehrerin wird schwanger und muß die Klasse wieder abgeben. Statt dessen kommt eine Lehrkraft, die zuvor nur im Jugendgefängnis unterrichtet hat. Für Daniel wird es das schlimmste Jahr auf der Schule. Er kommt mit der neuen Lehrerin überhaupt nicht klar – und sie nicht mit ihm. Den Wunsch der Eltern, Daniel Zusatzaufgaben zu geben, damit er in der Schule stärker ausgelastet sei, lehnt die Lehrerin kategorisch ab: Das sei nicht möglich; Daniel müsse vielmehr lernen, sich anzupassen und einzuordnen. Die Pädagogin führt geradezu einen Krieg gegen Daniel. Sie versucht, ihn vor der Klasse lächerlich zu machen. Seine Fragen kanzelt sie anfangs als unverschämt ab, später verbietet sie ihm, Fragen zu stellen. Daniels Reaktion: Er will nicht mehr zur Schule. Jeden Morgen muß seine Mutter ihm gut zureden, damit er sich auf den Weg macht. Manchmal geht er gar nicht oder läßt sich in letzter Minute mit dem Auto zur Schule bringen.

Die Pädagogin verlangt absoluten Gehorsam von ihren Schülerinnen und Schülern. Pia Keller erklärt sie: »Auch dieses Kind muß lernen, daß es keinerlei Kritik üben darf an Lerninhalten, und es muß bedingungslos akzeptieren, was der Lehrer sagt.« Pia Keller ist sehr irritiert über diese Ansichten und erklärt der Pädagogin, ihr Sohn solle zwar immer höflich bleiben, aber dürfe und solle natürlich auch Kritik üben. Mit dieser Haltung kann die Pädagogin überhaupt nicht übereinstimmen. Sie fordert die Mutter auf, ihre Meinung zu ändern, sonst würde sie Daniel einige saftige Bemerkungen ins Halbjahreszeugnis schreiben, um zu verhindern, daß der Junge eine Empfehlung für das Gymnasium bekomme. Daniel geht in Niedersachsen zur Schule, und das bedeutet, daß er nach der Grundschule eigentlich zur Orientierungsstufe muß. Doch die Eltern wollen erreichen, daß er auf eines der wenigen Gymnasien kann, die auch schon in der fünften Klasse Schüler aufnehmen. Die Androhung der Lehrerin würde bedeuten, daß Daniel nicht sofort auf ein Gymnasium könnte. Doch die Mutter setzt auf einer Gesamtkonferenz durch, daß die Bemerkungen aus Daniels Halbjahreszeugnis wieder gestrichen werden. Daniel kann zum Gymnasium wechseln.

Dort öffnet sich für ihn eine neue Welt. Die Eltern erkennen ihren Sohn kaum wieder. Statt sich verdrießlich gegen den Schulgang zu wehren, ist Daniel morgens der erste, der aufsteht. Er bereitet seinen Eltern das Frühstück und verläßt gutgelaunt das Elternhaus. Im fünften Schuljahr ist er schnell der beste Schüler in der Klasse. Seine Lehrer loben seine kritischen Fragen – eine ganz neue Erfahrung für den Jungen. Doch die schöne neue Welt bricht jäh zusammen, als Daniels Vater bei einem schweren Autounfall fast ums Leben kommt. Wochenlang ist ungewiß, ob und wie der Vater überleben wird. Daniel wird in der Schule sehr still, zieht sich mehr und mehr zurück. Bei einem Klassenausflug rastet er aus. Seine Mutter hatte sich angeboten, mit dem Auto den Ausflüglern ein Picknick hinterherzufahren. Als die Mitschüler aus Spaß im Wald eine kleine Barriere errichten, um das Auto der Kellers zu stoppen, flippt Daniel völlig aus. Schreiend rennt der Junge durch den Wald, voller Panik, um seine Mutter zu warnen, damit sie nicht verunglückt.

Danach wird auch die Situation im Unterricht schwieriger. Daniel kann sich immer schlechter integrieren, ihm ist langweilig, und er beginnt, den Unterricht zu stören. Und er taktiert geradezu mit seinen Leistungen. Er will nicht immer der Beste sein. Der Junge beginnt, systematisch Fehler in seine Arbeiten einzubauen. Als seine Mutter ihm vorwirft, er sei wohl nicht mehr interessiert an seiner Zukunft, schreibt Daniel kurzerhand fünf Einsen hintereinander. Sein Kommentar danach: »Ich wollte dir nur sagen: ›Ich bin nicht interessiert an meiner Zukunft.‹ Mein Gott, ich kann das doch, aber ich will nicht immer der Beste sein.«

Nur in Mathe gibt es wenig Probleme, weil der Lehrer merkt, daß Daniel das meiste schon kann. Der Lehrer holt Daniel immer dann nach vorn an die Tafel, wenn es etwas Neues im Unterricht zu erklären gibt. Doch bald reagieren die Eltern einiger Schüler verärgert, daß nur Daniel immer an die Tafel darf, um den neuen Stoff zu erläutern. Als der Lehrer seine Methode wieder aufgeben will, protestieren aber die meisten Schüler und verweisen darauf, daß sie die neuen Formeln und Gleichungen besser verstehen, wenn Daniel sie erklärt, als wenn es der Lehrer täte. Also bleibt es dabei, daß er seine Extraaufgabe behält.

In den anderen Fächern ist es dagegen sehr schwierig. Daniel hat immer noch ab und zu seine Ausraster: Bei Streitereien wehrt er sich zunächst kaum gegen seine Mitschüler, dann gebärdet er sich aber um so aggressiver und schlägt um sich. Daniel erhält deswegen einen Verweis, und der Direktor legt den Eltern einen Schulwechsel nahe.

Doch der Deutschlehrer, der zunächst – ebenso wie der Direktor – für einen Schulwechsel plädiert, läßt sich noch einmal von Pia Keller animieren, sich für Daniel einzusetzen. Seine Methode: Wenn Daniel die ganze Stunde konstruktiv mitarbeitet, dann bekommt er am Ende des Unterrichts ein Kaugummi. »Das war ja eigentlich völlig blödsinnig«, meint Pia Keller heute, »aber es hat funktioniert. Daniel hat immer noch eine Sammlung von harten, handsignierten Kaugummis von diesem Lehrer.«

Gleichzeitig sucht Pia Keller mit ihrem Sohn einen Therapeuten auf. »Ich dachte, daß er den Tod seiner Schwester immer noch nicht verarbeitet hatte.« In der analytischen Kinder- und Jugendtherapie kommt dann heraus, daß Daniel lange Zeit versucht hat, den Eltern Mareille zu ersetzen. Er hat sich die Haare ganz lang wachsen lassen, und er hat große Probleme, seine Identität als Junge zu finden. »Die Therapie war eine ganz große Hilfe für Daniel«, meint seine Mutter rückblickend. »Nur Intelligenz macht nicht glücklich, wenn man sich nicht eingebettet fühlt in eine Sozialgemeinschaft, wenn man nicht das Gefühl hat, irgendwo verankert zu sein. Ich glaube, das haben wir nur über die Therapie erreicht.«

Seit der Therapie kann sich Daniel auch wieder stärker seinen Mitschülern öffnen. Langsam bildet sich eine feste Clique heraus, die alle nur das eine interessiert: die Computerei. Mit zehn Jahren hat er sich von dem Geld, das er zur Kommunion bekam, seinen ersten Computer gekauft. Schon bald schreibt er seine eigenen Programme und probiert sie mit Freunden aus. »Die Partys, die Daniel mit seinen Freunden feiert, sind Computerfeten. Die muß ich dann auf 24 Stunden begrenzen, aber die haben auch schon zwei Nächte vor dem Computer durchgemacht«, erzählt Pia Keller über die computerverrückte Clique ihres Sohnes.

Bei seinen Geschwistern kommt Daniel mit seinem Computerspleen allerdings nicht so gut an, zumindest nicht bei seiner kleinen Schwester Lisa, die elf Jahre jünger ist als er. »Lisa hat eine starke soziale Kompetenz«, meint Pia Keller. Diese Kompetenz hat sie schon mit vier Jahren bewiesen, als es zu einem heftigen Streit zwischen Daniel und dem drei Jahre jüngeren Matthias kommt. Matthias hat in dem Gespräch offenbart, daß er von Daniel anerkannt werden möchte für das, was er alles kann. Er hat sich ganz offen darüber beklagt, daß sein älterer Bruder ihn zu wenig beachte. Doch der zeigt ihm nur die kalte Schulter und erklärt, ihn interessiere überhaupt nicht, was Matthias mache. Das beeindrucke ihn in keiner Weise. »Ich dachte: ›Oh Gott, was soll ich jetzt sagen?‹« erinnert sich Pia Keller. Doch sie braucht gar nichts zu sagen, denn Lisa erklärt ihrem großen Bruder klipp und klar: »Ich will dir mal was sagen, Daniel, mich beeindruckt das gar nicht, was du da machst. Du siehst oft gar nicht die Sonne, weil du den ganzen Tag am Computer sitzt. Du weißt gar nicht, wie das Leben so ist, weil du nur auf den Bildschirm starrst. Mich beeindruckt der Matthias viel mehr. Der nimmt viel mehr wahr und hat viel mehr Interessen. Wenn du mich beeindrucken willst, dann mußt du schon was anderes machen.« Das ist zugleich das Ende der Familienkonferenz – mit Konsequenzen: »Daniel hat die Kritik auch annehmen können und hat sich auch zum Teil verändert«, meint Pia Keller.

»Mittlerweile ist Daniel richtig glücklich und zufrieden.« Er hat für ein Jahr die Schule gewechselt und ist jetzt in den USA an einer Schule, wo er sich sehr gefordert fühlt. Er lernt Japanisch und belegt Kurse am College, die über Standleitungen der Schule per Computer laufen. In Französisch steigt er jetzt als Anfänger in das vierte Semester ein, und er freut sich darauf. Doch Pia Keller macht sich bereits Gedanken, was passieren wird, wenn Daniel wieder zurückkommt. Auf der alten Schule wird sich der Junge bis zum Abitur noch total langweilen. …

Die Grundschule

Wenn Hochbegabte eine Woche lang »Katze« buchstabieren

»Die Einschulung halte ich für einen ganz wichtigen Moment im Leben eines Kindes«, meint Helene Wagner, Mutter von vier hochbegabten Kindern. «Im Vorschulalter haben sie sich schon vieles erarbeitet, aber wenn sie jetzt in die Schule kommen, dann haben sie große Erwartungen. Sie denken, da wird ihnen etwas geboten, und sie können noch viel mehr Neues erfahren. Und für hochbegabte Kinder ist die Einschulung eine große Enttäuschung.« Diese Enttäuschung beginnt schon häufig vor der Einschulung. Helene Wagner erinnert sich, wie sie mit ihrem Sohn zum Schuleignungstest gegangen ist. »Wir saßen bei der Schulärztin am Tisch. Die Schulärztin stellte dann so ein paar blaue und rote Häuschen auf und fragte Benjamin: ›Wieviel sind das?‹ Mein Sohn war maßlos enttäuscht. Er war so enttäuscht, daß er die Antwort verweigert hat.« Benjamin fühlte sich von der Schulärztin verschaukelt. Der sechsjährige Pfiffikus rechnete zu Hause in Zahlenräumen bis eine Million und sollte jetzt erklären, ob da drei oder vier Häuschen stehen. Da die Mutter ahnte, was in ihrem Sohn vor sich ging, erläuterte sie der Ärztin, daß das dem Benjamin zu einfach sei, und er deshalb nicht antworten würde. Beim Sehtest war dann auch der Schulärztin klar, daß Benjamin nicht gerade der dümmste war. Benjamin sollte einfach nur sagen, ob er die entsprechenden Tiere erkennen würde. Doch er begnügte sich nicht mit der einfachen Bezeichnung Vogel oder Huhn, sondern überlegte, ob die entsprechende Abbildung ein Huhn, eine Meise oder einen Spatz darstellen solle.

Viele begabte Kann-Kinder, die das Pech einer späten Geburt (August oder später) haben, aber eigentlich mit einem Antrag noch in die Schule könnten, scheitern beim Schuleigungstest. Das liegt nicht etwa an ihren mangelnden intellektuellen Leistungen, sondern das liegt vor allem daran, daß Schulärzte das Geburtsdatum kennen und von vornherein grundsätzliche Bedenken gegen eine frühe Einschulung äußern.

Der Antrag von Lars' Eltern, ihren Sohn in Nordrhein-Westfalen vorzeitig einschulen zu lassen, wurde abgelehnt. Begründung: Der Junge sei von seiner Körperstruktur noch nicht so weit. Sieben Tage nach dem Einschulungstermin wurde Lars sechs Jahre alt. Doch statt die Schulbank zu drücken, mußte er sich noch ein Jahr lang im Kindergarten langweilen. Später sollte er dann die sechste Klasse überspringen.

Auch die Eltern von Sven stießen bei der Schulbehörde auf taube Ohren: Obwohl der Junge einen Tag nach dem Einschulungstermin sechs Jahre alt wird, lehnt die Behörde eine »vorzeitige« Einschulung ab. Später ist Sven in der Grundschule stets Klassenbester, obwohl er oft monatelang wegen einer komplizierten Lungenerkrankung fehlt.

Noch immer hält sich auch bei vielen Fachleuten die Meinung, man schenke dem Kind noch ein Jahr spielerische Freiheit, wenn es erst mit knapp sieben Jahren in die Schule geht. Das mag bei manchen Kindern auch durchaus zutreffen, bei hochbegabten Kindern aber mit Sicherheit nicht. Noch immer gehen Pädagogen und Mediziner wie selbstverständlich davon aus, daß vor allem das Alter das entscheidende Kriterium sei, wann ein Kind die nötige Schulreife habe. Das ist fast so »sinnvoll«, als würde man die Auswahl nach den Kriterien Schuhgröße oder Körpergewicht treffen.

Helge ist ein Kann-Kind. Er ist im September geboren und könnte mit fünf Jahren und elf Monaten eingeschult werden. Doch die Erzieherinnen im Kindergarten raten ab: Helge sei von seinem Sozialverhalten noch nicht so weit. Helge langweilt sich furchtbar im Kindergarten und findet einfach nicht die richtigen Spielkameraden. Auch nach einem Eingangstest wird Helges Eltern empfohlen, das Kind noch ein Jahr im Kindergarten zu lassen. »Im nachhinein muß ich sagen: Das war ein Riesenfehler. Er hätte ein Jahr früher zur Schule gehen müssen«, macht sich Manfred Weinert mittlerweile selbst Vorwürfe, damals nicht stärker auf eine frühe Einschulung gedrängt zu haben. »Nachher haben wir dann erst gelernt: Indem man die Stärken fördert, entwickelt sich die ganze Persönlichkeit.«

Sein von den Erzieherinnen kritisiertes Sozialverhalten im Kindergarten war vor allem ein Ergebnis seiner Unterforderung. Sein Selbstbewußtsein war im Kindergarten so gestört, daß er immer schüchterner wurde. Nach dem gescheiterten Versuch, als Kann-Kind eingeschult zu werden, sank sein Selbstvertrauen noch weiter. Er hatte das Gefühl, zurückgesetzt worden zu sein.

Erst langsam wächst in der Schullandschaft die Einsicht, daß Kinder nicht immer möglichst spät eingeschult werden sollten. Doch noch gibt es die Tendenz, Kinder lieber zurückzustellen und ihnen erst mit sieben Jahren die Schultüte zu überreichen. So beträgt das durchschnittliche Einschulungsalter in Deutschland seit langem bereits 6 Jahre und acht Monate. Lediglich drei bis fünf Prozent aller Kann-Kinder erhalten die Erlaubnis, schon vorzeitig die Schulbank zu drücken. Dagegen werden über 10 Prozent aller Sechsjährigen, die eigentlich eingeschult werden müßten, noch einmal zurückgestellt.

Immer mehr Pädagogen und Politiker scheinen jedoch mittlerweile einzusehen, daß Kann-Kinder (und auch noch jüngere) durchaus oft die nötige »Schulreife« mitbringen. So heißt es in einer Informationsschrift des nordrhein-westfälischen Ministeriums für Schule und Weiterbildung: »Mit der vorzeitigen Einschulungsmöglichkeit soll dem tatsächlichen Entwicklungsverlauf bei den Kindern besser Rechnung getragen werden.« Und auch die Konferenz der Kultusminister hat im Oktober 1997 beschlossen, daß Kann-Kinder nicht – wie bisher – bis zum 31. 12. des Einschulungsjahres sechs Jahre alt werden müssen, sondern auch mit einem späteren Geburtstag noch vorzeitig in die Schule dürfen. In Niedersachsen können Kinder auf Antrag der Eltern mittlerweile ohne Stichtagsregelung früher eingeschult werden, wenn der Schulleiter dem elterlichen Antrag zustimmt. Außerdem wird in Niedersachsen der Stichtag der Einschulung für alle Schüler stufenweise nach hinten versetzt – bis zum 30. September ab dem Schuljahr 2001 / 02. Damit hat Niedersachsen als erstes Bundesland eine entsprechende Empfehlung der Kultusministerkonferenz umgesetzt. Auch das bayerische Kultusministerium möchte die Frage der Einschulung möglichst flexibel handhaben. Bei entsprechender Begabung soll viel öfter als bisher von der Möglichkeit vorzeitiger Einschulung Gebrauch gemacht werden.

Baden-Württemberg hat ähnlich wie Schleswig-Holstein ein Projekt mit einer jahrgangsgemischten Eingangsstufe gestartet: die Verweildauer beträgt ein bis drei Jahre. Das Kultusministerium erhofft sich von dem Projekt, das 1997 zunächst an 170 Grundschulen gestartet wurde, daß das Einschulungsalter gesenkt werden kann. Das Projekt sieht außerdem Differenzierungsangebote im Rahmen eines Offenen Unterrichts wie Freiarbeit, Lernzirkel, Stationenlernen und Wochenplanarbeit vor.

Ohne Zweifel – es gibt Bewegung in der Frage einer früheren Einschulung. Doch leider ist das Konzept einer früheren Einschulung nicht automatisch mit weiteren Bausteinen zur Förderung besonders begabter Kinder verbunden, sondern firmiert eher unter dem Titel »Annäherung in einem vereinten Europa«. Nicht zuletzt spielt die Diskussion um das hohe Berufseintrittsalter der Schulabgänger, vor allem der Abiturienten, eine erhebliche Rolle. Für hochbegabte Kinder bedeutet dies, daß sie in Zukunft mit ihrer Wißbegierde zwar tendenziell eher in die Schule dürfen, doch an ihrem grundsätzlichen Dilemma, die Schulzeit als stinklangweilig zu erleben, dürfte sich nur in Ausnahmefällen etwas ändern.

Für Helge beginnt der Alptraum Grundschule schon wenige Wochen nach der Einschulung. Ohne Wissen seiner Eltern hat Helge allein das Lesen gelernt. Doch noch will er seinen Eltern die neuen Kenntnisse nicht präsentieren: Er will erst sein Lesen perfektionieren, bevor er sich den Eltern offenbart. Aber eines Tages verrät sich der Junge, als ihm seine Mutter etwas vorliest und den Text etwas abkürzen will. Da interveniert Helge und liest der Mutter vor, was sie da ausgelassen hat.

Kein Wunder, daß es dem Erstkläßler schnell langweilig wird, als die I-Männchen mit dem ABC beginnen. »Langweilig« – das wird in der Grundschule zu seinem Standardwort, wenn er beschreiben soll, wie es ihm in der Schule gefällt. Während er zu Hause schon die ersten kleinen Geschichten aufschreibt, verbringt er in der Schule eine Woche damit, das Wort »Katze« zu buchstabieren und niederzuschreiben.

Helges Drang zum Perfektionismus wurde für ihn in der Schule regelrecht zur Quälerei: »Er hatte einen ganz hohen Anspruch. Er wollte alles 150prozentig machen«, erzählt seine Mutter. Wenn bei einer Mathehausaufgabe der Pfeil nicht genau im rechten Winkel auf den Strich trifft, dann wirft Helge Heft, Lineal und Stift in die Ecke. Auch in der Schule quält er sich mit seinem Anspruch. An der Tafel soll er ein »A« schreiben, doch der Buchstabe endet nicht genau auf der Linie. »Schon war der Fall für Helge erledigt«, erinnert sich Dörte Weinert. »Dann hat er sich zwei Stunden hinter den Schrank gestellt und war nicht mehr ansprechbar: Weder für die Lehrerin noch für die Klassenkameraden.« Er verweigert sich immer stärker: Er will morgens nicht mehr aufstehen und zur Schule gehen. »Das kann man sich ja vorstellen, was das hier für ein Leben war«, erzählt Manfred Weinert. »Jeden Morgen fand ein Kampf darum statt, ob er zur Schule geht.« Das Problem für die Eltern: Es ist dem Sohn kaum begreiflich zu machen, warum er in die Schule muß. Das formale Argument, es herrsche in Deutschland Schulpflicht und deshalb müsse auch Helge zur Schule gehen, klingt in seinen Ohren nicht sonderlich logisch. Aber meist kommt es gerade auf die logische Argumentation an, wenn man hochbegabte Kinder wie Helge für eine Sache gewinnen will. Doch noch ahnen die Weinerts ja gar nicht, daß ihr Kind hochbegabt ist. Helge stellt nur fest, daß er bislang in der Schule noch nichts Neues gelernt hat, und sieht deshalb verständlicherweise auch keinen Grund, in die Schule zu gehen.

Sein Anspruch, alles perfekt zu machen, läßt den Jungen häufig scheitern. »Ich habe gedacht, ich kann es nicht, ich kapiere das einfach nicht«, erinnert sich der Elfjährige an den Beginn seiner Schulzeit. Je geringer sein Selbstvertrauen in der Schule ist, desto schwieriger ist es auch zu Hause. »Bei den kleinsten Konflikten gab es die größten Auseinandersetzungen«, berichtet der Vater. »Jeden Tag kam es zu zwei oder drei massiven Wutanfällen. Diese Wutausbrüche hielten auch länger an. Da kam Helge nicht so leicht wieder heraus.« Schon beim geringsten Druck der Eltern, zum Beispiel wenn es um das abendliche Zähneputzen geht, flippt Helge aus.

Die Eltern sind völlig ratlos, wissen nicht, warum Helge so ein geringes Selbstvertrauen hat und warum er leicht ausrastet. Die Schulpsychologin, an die sich die Eltern wenden, ist auch ratlos und empfiehlt eine Spieltherapie. Der Grund für die Empfehlung: Der Junge hat sich geweigert, in einer Kleingruppe in der Klasse mit einer Kasperpuppe zu spielen; er will lieber Schach spielen. Auch für die Schulpsychologin sind seine Defizite im Sozialverhalten das Hauptproblem. »Daß es auch andere Gründe sein konnten, auf diese Idee kam sie gar nicht«, meint Manfred Weinert. Vom Thema Hochbegabung hat die Schulpsychologin genau so wenig gehört wie ihre Kollegen vom Institut für analytische Jugend- und Kinderpsychiatrie, an die sich die verzweifelten Eltern als nächstes wenden. Die Experten analysieren in mehreren Sitzungen das Familien- und das Seelenleben des Jungen, doch eine klare Diagnose können auch sie nicht stellen. Dennoch empfehlen sie den Eltern eine Therapie. Die Frage der Eltern, ob Helges Probleme vielleicht mit einer schulischen Unterforderung zusammenhängen könnten, verneinen die Psychologen kategorisch. Das Problem der Unterforderung würde sich als Grund für psychische Schwierigkeiten in der Schule nicht stellen.

In den kommenden Monaten wird es für Helge immer schlimmer. Für die einfachsten Sachen mangelt es ihm an Selbstvertrauen. Selbst zu einer befreundeten Familie will er nicht mehr allein gehen, obwohl er dort schon häufig gewesen ist. Er traut es sich nicht mehr zu. »Für uns war es auch sehr, sehr schlimm, weil wir uns so ohnmächtig fühlten«, erzählt Dörte Weinert. »Wir wußten lange nicht, woran es gelegen hat.« Helges Aggressionen richten sich auch immer stärker gegen die Eltern. Vor allem bei der morgendlichen Auseinandersetzung um den Gang zur Schule müssen die Eltern manches Mal die wüstesten Beschimpfungen ihres Sohnes einstecken. Dörte und Manfred Weinert fühlen sich allein gelassen: Mit Lehrern, mit Schulpsychologen und Therapeuten haben sie gesprochen, aber keiner kann ihnen weiter helfen. »Wenn Lehrer das Thema Hochbegabung nicht in ihrem Studium vermittelt bekommen, dann ist das schon blöd«, schimpft Manfred Weinert, «aber Psychologen, vor allem Schulpsychologen, müßten sich doch nun wirklich damit auskennen.«

Hilflos hören die Weinerts, daß ihr Sohn mit acht Jahren über Selbstmord redet. »Das meinte er extrem ernst. Das war der Schmerz über seine eigenen Erfahrungen, daß er in der Schule nicht das machen konnte, was er eigentlich wollte«, berichtet Manfred Weinert. Doch neben dem Leiden an der eigenen Situation reagiert Helge auch unmittelbar betroffen zum Beispiel auf die Umweltverschmutzung. Die Nachricht, daß ein Öltanker mal wieder leckgeschlagen ist, stürzt den Jungen in Depressionen. Eine fast schon typische Reaktion bei hochbegabten Kindern, die sehr sensibel auf politische Ereignisse oder Katastrophen reagieren – häufig auch überreagieren, weil ihnen trotz ihrer Intelligenz die Lebenserfahrung für eine Relativierung der Ereignisse fehlt.

Eines Tages meldet sich die Klassenlehrerin bei den Eltern. Sie habe zufällig einen Artikel über hochbegabte Kinder gelesen und dabei sofort an Helge gedacht. Die Eltern reagieren eher ablehnend. Manfred Weinert: »Allein schon dieser Begriff Hochbegabung hat uns schockiert, weil wir sofort an Elite dachten und mit dem herkömmlichen Elitebegriff große Probleme hatten. Wir dachten an eine besondere Minderheit, die Privilegien genießt.« Allerdings räumt er ein, daß sie zuvor auch noch nichts Konkretes über Hochbegabung gehört hatten. Doch sie verfolgen die Spur weiter und suchen den Kontakt zur Deutschen Gesellschaft für das hochbegabte Kind. Dort wird ihnen dazu geraten, ihren Sohn testen zu lassen. Helge wird getestet. Ergebnis: Der Junge hat eine überdurchschnittliche Intelligenz. Die Klassenlehrerin und der Rektor empfehlen sofort, daß Helge eine Klasse überspringen soll.

Helge ist einverstanden und springt im Dezember von der zweiten in die dritte Klasse. Zunächst werden drei Schnuppertage verabredet, nach denen sich der Junge entscheiden kann. Mit einem etwas mulmigen Gefühl besucht der Junge seine neue Klasse, doch schnell fühlt Helge sich in der Dritten sehr wohl. Seine Eltern sind perplex. Der Junge vollzieht eine 180-Grad-Wende und taut richtig auf. Auch zu Hause entspannt sich das Familienleben wieder. Helge geht morgens freiwillig und gutgelaunt zur Schule, ist nicht mehr aggressiv. Nach wenigen Monaten hat Helge in der neuen Klasse den Stoff aufgeholt und gehört wieder zu den Besten. Doch je besser er in der Schule wird, desto größer werden auch wieder seine Probleme, vor allem mit den Mitschülern. Er wird gehänselt, wird als »Brillenschlange« oder »Besserwisser« beschimpft. Wenn man Helge reden hört, dann kann man erahnen, wie andere Kinder auf ihn reagieren. Denn der Junge spricht sehr differenziert, drückt sich gewählt aus, für viele mag das altklug klingen. »Er liest einfach sehr viel, und er weiß dadurch auch viel«, verteidigt sein Vater Helges Art. »Daraus ist dann schnell der Vorwurf entstanden, er wisse ja immer alles besser«, was de facto ja auch stimmt. Und Helge macht keinen Hehl daraus, was er alles weiß. Sein innigster Wunsch ist es, in der Klasse einen Freund zu finden, damit er anerkannt und nicht mehr gehänselt wird. Doch zugleich spürt er, daß er sich wirklich von den anderen unterscheidet, daß er einfach anders ist. Auch gegenüber seinen Klassenkameraden gerät Helge in einen Teufelskreis: Je mehr er unterfordert ist, desto schlechter fühlt er sich, desto perfektionistischer und auch aggressiver wird er. Er beharrt auf seinem Standpunkt: Wenn er einmal meint, daß er recht hat, ist er von seiner Ansicht nicht mehr abzubringen. Außerdem ist er weder körperlich der kräftigste noch besonders sportlich. »Das sind wohl alles Faktoren, die andere Kinder geradezu provoziert haben, ihn zu ärgern«, meint Manfred Weinert.

Gegen Ende des dritten Schuljahres merken die Eltern zu Hause, daß sich Helges Stimmung wieder verändert. Er wird aggressiver, unlustiger, verletzbarer. Die Eltern kennen das: In der Schule muß irgendwas nicht stimmen. Nach den Sommerferien wird es in der vierten Klasse schwieriger. Helges Situation verschärft sich noch durch die Haltung seiner Klassenlehrerin, die das Thema Hochbegabung ignoriert. Trotz mehrerer Gespräche mit den Eltern bleibt sie dabei: Hochbegabung gibt es für sie nicht. Ihr Lernkonzept ist so angelegt, daß alle Schülerinnen und Schüler ein bestimmtes Niveau erreichen sollen. Wer unter diesem Niveau liegt, der soll gefördert werden; wer darüber liegt, der muß warten und sich langweilen. Für Helge bedeutet dies ständiges Wiederholen von Inhalten, die ihm schon beim ersten Mal bekannt vorkommen.

Für die Berliner Pädagogin Karin Kohtz eine typische Situation: Die Wissenschaftlerin fordert, daß Lehrende endlich Abschied nehmen sollen von der Auffassung der Klassengemeinschaft als einer weitgehend homogenen Lerngruppe. Noch immer richte sich bei den Lehrern der Blick auf nur die schwächeren Schüler. Statt dessen müßten spiegelbildlich zum Förderunterricht für lernschwache Kinder auch die besonders Begabten extra gefördert werden.

Wenn es zur Förderung der besonders begabten Kinder kommt, dann beruht die meist auf dem Prinzip des Quantitativen, und nicht des Qualitativen. Das bedeutet, die Schüler erhalten noch mehr Aufgaben in Mathematik oder noch mehr Geschichten in Deutsch. Doch dieses »noch mehr« löst natürlich nicht das Problem, daß die Kinder sich intellektuell unterfordert fühlen. Die Lehrenden, die in immer größeren Klassen sicherlich oft an die Grenzen ihrer Belastbarkeit stoßen, könnten den Kindern aber zusätzliche Medien und Methoden zur Verfügung stellen, mit denen sich die Kinder dann eigenständig weitere Inhalte erarbeiten könnten. Außerdem könne man – so Karin Kohtz – besonders begabte Kinder aus mehreren Klassen, vielleicht auch aus mehreren Jahrgängen, zusammenfassen, um sie – parallel zum normalen Unterricht – in Förderkursen zu unterrichten. Dieses Prinzip hat die Lehrerin Annette Heinbokel an ihrer Orientierungsstufe (5. und 6. Jahrgangsstufe) in Osnabrück bereits realisiert: Besonders interessierte und motivierte Schülerinnen und Schüler können parallel zum normalen Unterricht in Arbeitsgemeinschaften gefördert werden. Vorbild für diese Förderung ist der Deutschunterricht für ausländische und Aussiedlerkinder. Diese Schülerinnen und Schüler erhalten vormittags Deutsch-Förderunterricht und verpassen dadurch zum Teil den Unterricht in anderen Fächern. Wenn man es diesen in der Regel eher leistungsschwächeren Kindern zumutet, auf den regulären Unterricht zu verzichten, gibt es eigentlich keinen Grund – so Annette Heinbokel –, diese Extra-Förderung leistungsstarken Schülern vormittags zu verweigern. Gestartet wurde die Arbeitsgemeinschaft mit einem Plattdeutsch-Wettbewerb für Kinder, die in Deutsch besonders gut waren. Mittlerweile bietet die Schule aber auch AGs in Spanisch, Französisch oder Latein an. Am Ende des Schuljahres wurden die beteiligten Schüler befragt, ob sie durch die für sie ausgefallenen Unterrichtsstunden etwas verpaßt hätten. Die Schüler waren alle der Meinung, daß sie offensichtlich nichts versäumt hätten. Diese Arbeitsgemeinschaften richten sich nicht nur speziell an hochbegabte, sondern an alle besonders interessierten Kinder. Doch gerade für die besonders Begabten ist diese Förderung wichtig, damit auch sie sich anstrengen müssen, damit auch sie das Lernen lernen. Denn die Unterforderung in der Grundschule ist ein wesentlicher Grund für ein späteres Versagen – in der Schule und manchmal auch im Leben.

Hamburg – St. Pauli, Kleine Freiheit, direkt neben der Reeperbahn die Pestalozzi-Schule, eine Grundschule. Hier bietet Kristina Calvert in der dritten Klasse Philosophie für Kinder an. Heute geht es im Philosophieunterricht um die Frage, wie der Hase wissen kann, daß er ein Hase ist. Die Antworten der Kinder kommen schnell: Der Hase könne doch in den See schauen und sein Spiegelbild und damit sich selbst erkennen. Ein Junge meint, der Hase wisse das automatisch, daß er ein Hase sei; das sei in ihm verankert. Und ein Mädchen schlägt vor, das Tier könne sich doch bei seinen Großeltern erkundigen. Die Schüler sind schnell mitten in einer Diskussion darüber, wie ein Tier sich selbst erkennen kann – mitten in einem philosophischen Thema, ohne daß es ihnen bewußt ist.

Kristina Calvert unterrichtet an mehreren Grundschulen Hamburgs Philosophie. Doch die Hansestadt ist da bundesweit eine Ausnahme. Erst langsam beginnen Grundschulen, das Fach Philosophie anzubieten. Bislang war das Unterrichtsfach eher etwas für Gymnasiasten. Kristina Calvert hat allerdings die Erfahrung gemacht, daß sich auch Acht- oder Neunjährige ganz stark für metaphysische Themen interessieren. »Ich habe ganz am Anfang die Schüler oft gefragt, was sie am spannendsten fänden, und dann kommt ganz häufig die Antwort: ›Hat Gott die Welt gemacht, und wie ist die Welt entstanden, und wie kann es sein, daß die Welt unendlich ist?‹ Es geht gar nicht so sehr um die ganz handfesten Fragen nach Gerechtigkeit: Zum Beispiel, ob es gerecht sei, daß der Bruder mehr Fernsehgucken darf als man selbst.«

Kristina Clavert hat auch die Erfahrung gemacht, daß vor allem die hochbegabten und die besonders intelligenten Kinder vom Philosophieren profitieren. »Gerade die hochbegabten Kinder sind sehr auf Sprache und Vernunft fixiert. Ich versuche, ganz stark die Phantasieseite mit anzuregen, denn da gibt es Defizite.« Kristina Calvert fordert die Kinder auf, über das Materielle hinauszugehen und auch an Metaphysisches zu denken. »Da wird es dann spannend, weil das für die Kinder eine Herausforderung ist. Hochbegabte Kinder rekurrieren gern auf vorhandenes Wissen. Sie lassen sich manchmal nicht so gern auf Neues ein«, meint die Pädagogin, die außerhalb der Schule auch spezielle Philosophie-Kurse für hochbegabte Kinder anbietet. Sie bezeichnet es als geradezu gefährlich, wenn man bei den Hochbegabten nur auf fertige Antworten abzielt. Darin liege gerade der Vorteil des Philosophierens: »Wahrheiten können wir uns jeweils schaffen. Das hängt von den Kindern ab. Nicht alles kommt in feste Schubladen, sondern ich kann ihnen zeigen, daß man sich wundern darf.« Anfangs würden sich gerade hochbegabte Kinder manchmal weigern, sich auf dieses Abenteuer einzulassen. »Ein Kind kam immer mit seinem lexikalischen Wissen und wollte einfach nicht akzeptieren, daß man vieles in Frage stellen kann.« Aber es geht ja nicht nur darum, den Kopf wie einen Schwamm zu füllen, meint die Philosophielehrerin. Das Geniale beginne ja erst dort, wo es gelingt, sich wie ein Kind von festgefügtem Wissen frei zu machen. »Man muß sich immer klarmachen, daß es nur vorläufige Weisheiten und Wahrheiten sind. Man muß diese Ergebnisorientierung aufbrechen.«

Philosophieren als Arbeitsgemeinschaft bereits in der Grundschule ist allerdings leider vielerorts noch Zukunftsmusik. Helge kann auf seiner Grundschule von solch einem Unterricht nur träumen. Der Blondschopf findet in seiner Klasse keine Freunde; in den Pausen würde er am liebsten im Klassenzimmer bleiben und dort lesen. Den Schulhof empfindet er als reine Zeitverschwendung und als Raum der Beschimpfungen. Zu Hause ist er wieder dort angelangt, wo er schon ein Dreivierteljahr vorher stand. Es fließen wieder die Tränen, es kommt zu Streit und Kämpfen um die Schule und die Hausaufgaben. Drei Stunden sitzt er am Nachmittag vor zehn Zeilen, die er abschreiben soll. Er bringt einfach keinen Buchstaben aufs Papier; als er endlich anfängt, schreibt er ganz unleserlich. Als ob er das Schreiben wieder verlernen würde, wird seine Schrift immer schlimmer. »Ich habe nicht begriffen, warum ich das immer wieder machen sollte, obwohl ich das doch konnte«, erzählt Helge rückblickend. Er weigert sich innerlich, die Wiederholungen zu Papier zu bringen. Es entstehen innere Blockaden bei dem Jungen. In der vierten Klasse gibt es in dem gesamten Schuljahr nur drei Tage, an denen er gern zur Schule geht: Als er seine selbstgebaute Dampfmaschine vorführen darf, als die Klasse einmal in der ersten Stunde ein Diktat schreibt, und als er ein Referat über ein australisches Schnabeltier halten darf. Wenige Momente, in denen er auch in der Schule seiner Wißbegierde nachgehen und zeigen kann, was er weiß. Denn eigentlich hat Helge wie fast alle hochbegabten Kinder eine hohe Arbeitsmotivation: allerdings nicht, weil er für die Schule etwas machen muß, sondern weil Lernen ihm grundsätzlich Spaß macht. Hochbegabte Kinder sind in der Regel eher intrinsisch als extrinsisch motiviert: Sie lernen und arbeiten nicht so sehr auf äußere Veranlassung und Druck, sondern aus innerem Antrieb, solange dieser Antrieb ihnen nicht total verleidet wird.

Für Helge wird es erst etwas besser, als die Eltern noch einmal mit der Schulleitung und der Klassenlehrerin reden und sich ein externer Schulpsychologe einschaltet. Nach diesen Gesprächen erhält Helge öfter Zusatzaufgaben, die ihn richtig fordern. Helge registriert sofort, daß die Lehrer sich mehr Mühe geben, daß sie sich bemühen, ihm zu helfen. Endlich – gegen Ende des vierten Schuljahres – erfährt der Junge die Unterstützung, die er von Anfang an benötigt hätte. »Wir haben ja auch anfangs gedacht, wir müßten seine Schwächen ausgleichen«, räumt Helges Vater ein. »Aber heute wissen wir, daß es viel wichtiger ist, ihn in den Dingen zu fördern, die er gut kann und gern macht, zum Beispiel in technischen Dingen. Das stärkt sein Selbstvertrauen, und das ist entscheidend.«

Helge hat zuerst gar nicht wahrhaben wollen, daß er hochbegabt ist. Er wollte so sein wie die anderen Kinder, er wollte dazugehören. Doch immer wieder hat er gespürt, daß er anders ist. Zum Beispiel auch, wenn die anderen Dinge ausprobieren, die er im Kopf schon durchgespielt hat. »Er macht vieles erst gar nicht, weil er im Kopf schon sieht, was nachher da heraus kommen müßte«, berichtet sein Vater. »Das blockiert ihn dann aber auch, überhaupt mal Sachen auszutesten.« Erst langsam entwickelt Helge ein Bewußtsein für seine Hochbegabung. Die Folge: Er möchte am liebsten als Gleicher unter Gleichen in eine Klasse mit anderen hochbegabten Kindern. Eine Reaktion, die der Psychotherapeutin Barbara Schlichte-Hiersemenzel durchaus vertraut ist. Kinder würden selbstverständlich davon ausgehen, daß die anderen Gleichaltrigen so seien wie man selbst. »Hochbegabte Kinder erleben dann spätestens in der Grundschule mit Befremden, daß ihre eigenen Ideen, daß das, was sie sagen, häufig gar nicht verstanden wird.« Barbara Schlichte-Hiersemenzel hat auch die Erfahrung gemacht, daß die Eltern der Mitschüler oft dabei mitwirken, dieses Anders-Sein herauszustellen nach dem Motto, dieses Kind sei ja wirklich ein komischer Kerl. »Die hochbegabten Kinder spüren sehr schnell, wenn sie an den Rand gedrängt werden. Und sie lernen: Wenn sie dazu gehören wollen, müssen sie einen Teil ihrer Selbst verleugnen.« In diesem Dilemma sieht die Therapeutin den entscheidenden krankmachenden Konflikt, weil beide Teile in dem Kind tief verankert seien: Einerseits der Entfaltungsdrang ihrer Begabung, ihrer Fähigkeiten und ihrer Wißbegierde und andererseits das Bedürfnis, akzeptiert zu werden, und der Wunsch, sozial integriert zu sein.

Helge fühlt sich mittlerweile integriert: Er hat die Grundschule verlassen und besucht eine Internationale Schule mit Englisch als Unterrichtssprache in fast allen Fächern.

Modellprojekt Beuthener Straße

Französisch für die I-Männchen

Daß Unterricht auch in der Grundschule etwas anders aussehen kann, beweist ein Modellprojekt in Hannover. Die Grundschule an der Beuthener Straße hat damit begonnen, die hochbegabten Kinder der integrativen Kindertagesstätte des Jugenddorfes Hannover zu übernehmen. Die kleinen Schlauberger kommen aber nicht alle gemeinsam in eine Klasse, sondern die rund 20 Kinder aus dem Kindergarten werden auf vier Klassen aufgeteilt. Der Unterricht verläuft zunächst einmal ganz normal: Alle Kinder erlernen das Lesen, Schreiben und Rechnen. Doch neben dem Regelunterricht bieten die Lehrerinnen auch noch innere und äußere Differenzierungsmaßnahmen an. Zu den Zusatzangeboten gehören Theater, Musik, Französisch, Türkisch, naturwissenschaftliche Experimente, Kunst oder Mikroskopieren. Der zusätzliche Unterricht wird sowohl während der normalen Unterrichtszeit als auch nach Schulschluß angeboten. Dieser Schulversuch, der zunächst sieben Jahre dauern soll, wird vom Kultusministerium mit zehn Anrechnungsstunden unterstützt. Zum Teil können die Lehrkräfte die 22 Kinder pro Klasse auch zu zweit unterrichten: Ein kleiner Luxus, der natürlich das Eingehen auf individuelle Lernbedürfnisse einfacher macht. »Es geht uns aber nicht darum, daß die Kinder noch schneller rechnen oder noch besser lesen können, sondern daß wir ihre speziellen Fähigkeiten fördern wie zum Beispiel Zusammenhänge zu erkennen«, berichtet Brigitte Spitz, die als pädagogische Beraterin zusätzlich einige Stunden pro Woche in der ersten Klasse unterrichtet. Der Schulversuch läuft erst seit einigen Monaten, und noch probieren die Lehrkräfte vieles aus. Wer an welchem Zusatzangebot teilnehmen darf, entscheiden die Lehrerinnen. »Wir können die Kinder nicht immer aus dem normalen Unterricht herausgeben«, erläutert Karin Heine. »Wenn ich merke, daß das Kind in bestimmten Bereichen Defizite hat, dann kann ich es nicht noch in die Arbeitsgemeinschaft schicken.« Doch in die AGs mit zehn bis zwölf Schülern dürfen im Prinzip alle Kinder, nicht nur die Hochbegabten. »Das klappt bislang auch hervorragend. Die Kinder haben nicht das Gefühl, daß immer nur die gleichen zum Mikroskopieren oder zum Theaterspielen dürfen. Sie wissen gar nicht, wer hochbegabt ist«, meint Karin Heine. »Manche Kinder möchten auch gar nicht in eine AG, weil sie manchmal noch den Schutz der Klasse brauchen und noch zu unsicher sind.« In die sprachlichen AGs wie Französisch und Türkisch kommen nur die leistungsstärkeren Schüler.

Auch für die Lehrerinnen war es zunächst nicht auszumachen, welches Kind nun besonders begabt ist und welches vielleicht nicht. Doch vor allem bei den Stunden nach dem normalen Unterricht merkt man dann, daß sich die Hochbegabten besser konzentrieren können, während die anderen zunehmend müder werden.

»Für die Klasse ist das schon selbstverständlich geworden, daß einige manchmal aus dem normalen Unterricht rausgehen.« Karin Heine und ihre Kolleginnen haben auch nie das Thema Hochbegabung gesondert angesprochen: Der Schulversuch ist hier für die I-Männchen Alltag, etwas anderes kennen sie nicht.

Die Lehrerinnen der Grundschule an der Beuthener Straße hatten sich vor dem Schulversuch nie direkt mit dem Thema Hochbegabung auseinandergesetzt. Erst ein halbes Jahr, bevor es richtig losging, entschied sich die Gesamtkonferenz für den Schulversuch mit den hochbegabten Kindern. Andere Grundschulen hatten bereits abgelehnt: Vor allem Eltern hatten heftig dagegen protestiert, daß ihre Kinder mit einigen Hochbegabten in eine Klasse gehen sollten. Die »Beuthener« bildeten an der Schule eine Planungsgruppe, eine schulinterne Lehrerfortbildung wurde organisiert, und drei Kolleginnen fuhren zu einem Seminar des Kultusministeriums. »Außerdem haben wir natürlich Literatur gewälzt und uns in das Thema eingearbeitet«, berichtet die Lehrerin Barbara Hentschel. Mittlerweile sind die Pädagoginnen fasziniert von der neuen Aufgabe. »Es ist wirklich ein sehr interessantes Thema, mit dem sich jeder Lehrer intensiv beschäftigen sollte, weil es so wichtig ist, daß man den Kindern die gleichen Chancen und Möglichkeiten gibt. Und es macht unheimlich viel Spaß, mit ihnen zu arbeiten. Bei den Themen, die sie interessieren, sind sie hochmotiviert.«

Natürlich reagierten auch die Eltern an dieser Grundschule anfangs etwas irritiert, als bekannt wurde, daß die »kleinen Genies« in die erste Klasse kommen. Doch schon bei den ersten Elternabenden entstand eine sehr positive Stimmung, als alle Eltern sahen, daß der Schulversuch allein schon aufgrund der besseren Bedingungen für alle Schüler Vorteile mit sich bringt.

Auch Bärbel Windheim, die Mutter der fünfjährigen Sandra, ist sehr zufrieden. Sie muß zwar jeden Tag mit ihrer Tochter durch halb Hannover fahren, aber diesen Aufwand nimmt sie in Kauf, weil sie sieht, wie gern ihre Tochter zur Schule geht. Lange haben Sandras Eltern gezweifelt, ob sie ihre Tochter schon mit fünf Jahren und fünf Monaten einschulen sollten, doch Sandra wollte so gern in die Schule, und eine Psychologin stärkte den Eltern den Rücken. Es war wohl die richtige Entscheidung, denn Sandra ist die ganze Zeit voll bei der Sache. »Gestern haben wir Ameisen unter dem Mikroskop untersucht«, erzählt Sandra begeistert. Und sie kann sogar schon die ersten Worte französisch sprechen. »Die Kinder bekommen unterschiedliche Arbeitsblätter, je nach Leistungsstand«, erzählt Bärbel Windheim. Den Schülern sei es bislang egal, wer welches Arbeitsblatt bekomme. Daß sie teilweise auf unterschiedlichem Niveau arbeiteten, würden sie gar nicht wahrnehmen. Bärbel Windheim ist sich sicher, daß nicht nur die hochbegabten Kinder von diesem Schulversuch profitieren, sondern auch die anderen, zum Beispiel, wenn fünf oder sechs Kinder in einer Arbeitsgruppe sind, dann hat der Lehrer natürlich mehr Zeit, auf die anderen Schüler einzugehen.

Ralf landet mit IQ 145 auf der Realschule

»Nun schläft er wieder«

Ralf schreckt hoch. Er ist schweißgebadet. Sein Schlafanzug ist ganz naß. Er hat geträumt – einen Alptraum, doch er kann sich nicht mehr erinnern. Jeden Abend das gleiche: Seine Eltern schikken den Achtjährigen um acht Uhr ins Bett, damit er am nächsten Morgen fit ist für die Schule. Anfangs hat Ralf sich noch dagegen gewehrt, weil er kein bißchen müde ist. Doch dann hat er sich damit abgefunden, schläft auch irgendwann gegen neun Uhr ein, aber keine zwei Stunden später schreckt er aus einem Alptraum hoch, fängt an zu weinen. Die Eltern beruhigen ihn, müssen den schweißgebadeten Jungen abtrocknen. Er zieht sich einen neuen Schlafanzug an, ist hellwach. Bis er wieder einschlafen kann, vergehen oft Stunden. Einige Monate später scheint er besser zu schlafen: Er wird nicht mehr so plötzlich nach zwei Stunden wach, aber er beginnt zu schlafwandeln. Ganz hektisch rennt er durchs Haus, voller Panik, er könnte irgend etwas vergessen haben. Ständig muß er schlafwandelnd noch was erledigen. Er ist nur schwer aus seiner Trance herauszuholen; der Vater schafft es gar nicht, auch nicht, als er ihm einmal eine Ohrfeige verpaßt, weil Ralf so panisch agiert. Nur die Mutter findet im Schlaf einen Zugang zu ihm und kann ihn beruhigen.

Dirk und Ellen Schwarz verbringen so manche Nacht damit, ihren Sohn wieder zurückzuholen und zu besänftigen. Sie wenden sich wegen der Schlafschwierigkeiten, aber auch wegen seiner Konzentrationsschwäche in der Schule, an eine Psychologin, die mit dem Jungen ein autogenes Training durchführt, um ihm Ruhe zu geben. Die Psychologin äußert nach mehreren Sitzungen den »Verdacht«, daß Ralf hochbegabt sei. Die Reaktion der Eltern: »Naja, typisch Psychologin. Was kann der schon Besseres einfallen? Die soll sich erst einmal seine Zensuren angucken.« Ralf steht nämlich in der vierten Klasse der Grundschule mit seinen Noten ziemlich im Keller. Für die Schwarz' kommt Hochbegabung eigentlich gar nicht in Frage. Sie stimmen aber dennoch einem Intelligenztest zu, der den »Verdacht« der Psychologin bestätigt. Ralf ist eindeutig hochbegabt. Sein IQ-Wert liegt um 145. Der Kommentar der Psychologin: »Da wird noch einiges auf Sie zukommen.« Dabei hatten Ellen und Dirk Schwarz mit ihrem Sohn schon so einiges hinter sich.

Die beiden Jahre im Kindergarten waren ein einziger Alptraum für die Mutter. »Er hat zwei Jahre lang jeden Tag geheult, wenn ich wieder aus dem Kindergarten weggegangen bin. Nicht hysterisch oder geschrien, aber er stand am Fenster und hat geweint.« Der kleine Ralf findet den Kindergarten einfach nur langweilig, kommt mit den anderen Kindern nicht klar, wird zum totalen Außenseiter. In den beiden Jahren wird er von keinem Kind zum Kindergeburtstag eingeladen. Er mag nicht basteln und auch nicht malen. Das einzige, was ihm Spaß macht, sind die Bücher. Er läßt sich gern Geschichten vorlesen oder guckt sich selbst die Bücher an. Höhepunkt seiner Kindergartenzeit ist ein Praktikum einer Studentengruppe, die frischen Wind in die Kita bringt. Die Studierenden bieten eine Theater AG an, an der Ralf mit Begeisterung teilnimmt. Ellen Schwarz stellt überrascht fest, daß ihr Sohn nicht mehr weint, wenn sie geht. Ihm macht das Kita-Theater Spaß, doch nach der Aufführung und dem Abgang der Studenten beginnt wieder der für ihn so triste Alltag. Vom Typ her ist Ralf etwas schüchtern und eher zurückhaltend, geht körperlichen Auseinandersetzungen aus dem Weg, aber kann sich ganz gut mit Worten wehren. Auf den Mund gefallen ist er auf jeden Fall nicht. Als Ralf im Frühjahr sechs Jahre alt wird und im Sommer in die Schule gehen soll, raten die Erzieherinnen ab. Der Junge habe noch nicht die nötige Schulreife, er sei sozial und von seiner Feinmotorik noch nicht so weit. Auch der Schularzt rät ab. Hauptindiz für die mangelnde Schulreife: Ralf tut sich mit dem Basteln so schwer. Der Kinderarzt ist ebenfalls skeptisch. Ralf soll ihm mal eine Sonne malen, doch der Junge meint nur, das gehe ja gar nicht, weil kein gelber Stift da sei. Doch der Kinderarzt steht mit Ralf ohnehin auf Kriegsfuß, nachdem sich der Junge vor einigen Wochen heftig gegen eine Untersuchung gewehrt hatte. Die Mutter war damals mit ihrem Sohn zum Arzt gegangen, Ralf hatte über Ohrenschmerzen geklagt. Der Mediziner hat ihn daraufhin aufgefordert, mal seinen Mund zu öffnen. »Nein, das Ohr tut weh, nicht der Mund oder der Hals,« entgegnet der Junge in der Ansicht, der Arzt verstehe nicht recht, worum es hier geht. Der Mediziner insistiert: »Aber ich muß da jetzt mal reingucken«, und versucht seinen Spatel zwischen Ralfs Lippen zu schieben. Doch der wehrt sich, weil er immer noch von einem Mißverständnis ausgeht: »Nein, wenn der Hals weh tut, mußt du da rein gucken, aber nicht, wenn das Ohr weh tut.« Mit solch »renitenten« und »unvernünftigen« Kindern kommt der Kinderarzt einfach nicht klar. Kein Wunder, daß er Ralf nicht für schulreif hält.

Doch die Eltern wollen nicht mehr: Zwei Jahre Leiden im Kindergarten sind genug. Sie entschließen sich, Ralf einzuschulen. Das Kind will auch endlich in die Schule; er freut sich auf die Schulbank. Doch schon nach wenigen Wochen ist die Enttäuschung groß. Er empfindet die Schule als die Fortsetzung des Kindergartens in anderer Sitzordnung. Auch hier wird wieder gemalt, gebastelt; all das, was er nicht mag und auch nicht kann. Seine Hausaufgaben macht er nur leidlich; er entwickelt eine fürchterliche Handschrift, hat immer noch Probleme mit seiner Feinmotorik. Und er verliert schnell jeglichen Ehrgeiz. Er kommt mit schlechten Noten nach Hause und sagt kein Wort; und er kommt mit den besten Arbeiten nach Hause und sagt auch nichts. Erst von der Lehrerin erfahren die Eltern, daß Ralf ja bestimmt ganz schön stolz auf seine tolle Arbeit gewesen sei. Die Eltern haben davon nichts mitbekommen.

Im dritten Schuljahr beschwert sich die Klassenlehrerin bei den Eltern, ihr Sohn sei im Unterricht immer so unkonzentriert. Nichts Neues für die Schwarz': Erst kurz zuvor hat Dirk Schwarz mit seinem Filius zu Hause ein Diktat geübt. Während der Vater langsam seine Sätze diktiert, verschwindet die Mutter im Wohnzimmer und telefoniert. Als das Diktat beendet ist und Dirk Schwarz sich die Arbeit seines Sohnes anguckt, ist er verblüfft: Von dem, was er diktiert hat, findet sich auf dem Blatt nichts wieder. Statt dessen kann er erahnen, daß sein Sohn das Telefonat seiner Mutter aufgeschnappt hat und zu Protokoll gegeben hat. Dem Jungen ist das gar nicht aufgefallen, daß er ein vollkommen falsches »Diktat« geschrieben hat.

Als die Klassenlehrerin moniert, daß Ralf im Unterricht immer so müde sei, beginnen die Eltern, ihren Sohn früher ins Bett zu stekken. Denn bislang ist Ralf mit wenig Schlaf ausgekommen. Schon als er noch ein Baby war, hatte die Mutter es vermieden, ihn mittags hinzulegen. Meist wollte er ohnehin keinen Mittagsschlaf machen, und wenn er mal für eine Stunde einschlief, dann war die Nacht gerettet: Vor zwölf Uhr ging der Kleine nicht schlafen. Die Kehrseite, wenn er keinen Mittagsschlaf machte und um acht ins Bett ging: Die Eltern durften sich ab vier, fünf Uhr morgens um ihren aufgeweckten Sohn kümmern. Dann war der putzmunter. Als die Eltern dann im dritten Schuljahr ihrem Sohn das frühe Einschlafen verordnen, beginnen die Probleme mit den Alpträumen und dem Schlafwandeln. Doch diese Schwierigkeiten hören schlagartig auf, als die Eltern auf Anraten der Psychologin Ralf wieder spät zu Bett gehen lassen: Vor zwölf schläft er selten ein, aber er hat keine Alpträume mehr und geistert nachts auch nicht mehr panisch durchs Haus. Doch dafür lassen die Probleme, die er tagsüber in der Schule hat, nicht nach.

Nach dem Intelligenztest begreifen die Schwarz' erst allmählich, was es heißt, ein hochbegabtes Kind zu haben. »Für uns bedeutete früher immer ›hochbegabt‹: Das ist ein Genie, der kann alles, der schreibt nur Einsen in der Schule. In Gesprächen mit anderen Eltern hochbegabter Kinder und Psychologen haben wir dann erst erfahren, daß Hochbegabung auch ganz anders aussehen kann.« Für Dirk und Ellen Schwarz war die Diagnose Hochbegabung zugleich eine Entlastung und eine Belastung. Einerseits war es eine Erklärung für Ralfs Verhalten: »Wir wußten ja vorher gar nicht, was eigentlich mit ihm los war.« Andererseits bedeutet die Diagnose, daß Ralf aufgrund seiner bisherigen Entwicklung und vieler Versäumnisse in der Förderung schwere Jahre vor sich haben wird. Die Eltern sehen ihren Sohn jetzt mit anderen Augen, bemerken auch, das einiges schiefgelaufen ist. »Wir haben ihm früher oft gar nicht mehr zugehört. Der hat zu Hause so viel erzählt, das konnten wir gar nicht mehr aufnehmen«, berichtet die Mutter. »Da hat man ihm auch viel Unrecht mit getan. Wir haben ihn nicht so richtig ernst genommen. Früher haben wir oft nicht begriffen, was er denn eigentlich meint.«

In der Schule verändert sich Ralfs Situation gegen Ende der vierten Klasse. Der Grund: Seine Klassenlehrerin wird hellhörig und geht auf den Jungen ein. Doch danach hat es zuerst gar nicht ausgesehen. Als die Eltern der Klassenlehrerin von dem Intelligenztest erzählen und darauf hinweisen, daß Ralfs Probleme in der Schule auch mit seiner Hochbegabung zusammenhängen könnten, bügelt die Lehrerin den Vorstoß der Eltern zunächst ab. »Ich habe in der Klasse ein hochbegabtes Kind. Das Kind hatte in der ersten Klasse schon den Stoff der zweiten durch.« Das sei Hochbegabung, stellt die Pädagogin fest. Aber Ralf sei doch nicht so begabt. Doch immerhin: Die Lehrerin läßt sich Informationsmaterial geben und nimmt an einer Fortbildung zu dem Thema teil. Wenige Wochen später meldet sich die Klassenlehrerin bei den Schwarz' und gesteht: »Sie haben recht. Mit dem Ralf muß etwas gemacht werden.« Sie hat Ralf genauer im Unterricht beobachtet, ihn öfter dran genommen, und der Junge hat immer alles gewußt. Sein Problem: Seine mündlichen Leistungen kann er nicht zu Papier bringen. Immerhin geht Ralf das letzte Vierteljahr der vierten Klasse richtig gern zur Schule. Er spürt, daß die Klassenlehrerin ihn fordert und fördert, und das macht ihm Spaß.

Doch der Spaß nimmt ein jähes Ende, als der Junge nach der vierten Klasse in die Orientierungsstufe kommt. »Die Orientierungsstufe war ein einziger Horror«, erzählt der Vater. »Da hat er jeden Morgen geheult. Sonntags abends fing er schon an zu heulen. Ich habe ihm gesagt: ›Sitz die paar Stunden doch einfach ab.‹ Aber das konnte er nicht. Das war für ihn unerträglich langweilig.« Am

Ende des 5. Schuljahres stellt der Junge fest, daß er noch nichts Neues gelernt habe. Alles sei in der vierten Klasse schon mal dran gewesen. Dennoch sind seine Zensuren schlecht. Er kann sich nicht konzentrieren.

In Mathe sackt er sogar von einer Zwei auf eine Fünf ab. Die Mathelehrerin, die der Vater ironisch als »eine richtig schöne alte, deutsche Lehrerin« beschreibt, geht sofort auf Gegenkurs, als sie erfährt, daß Ralf hochbegabt ist. Den Eltern sagt sie direkt ins Gesicht: »Was bilden Sie sich denn eigentlich ein: Ihr Kind und hochbegabt!?« Und sie läßt Ralf spüren, was sie von seiner Begabung hält. Dauernd fallen spitze Bemerkungen oder Spott. »Du mußt erst noch einmal lernen, wieviel eins und eins ist, bevor du am Unterricht hier teilnehmen kannst«, läßt sie ihn und die Klasse wissen. Eigentlich gehört Mathe zu den wenigen Fächern, die ihm bislang noch Spaß gemacht haben. Ralf ist oft seine eigenen Rechenwege gegangen, um das meist richtige Ergebnis zu erreichen. Jetzt ist Schluß mit originellen Rechenwegen: Die Lehrerin besteht auf den vorgeschriebenen Rechenoperationen.

Als Ellen und Dirk Schwarz merken, daß selbst Mathe ihrem Sohn keinen Spaß mehr macht, bitten sie die Lehrerin um ein Gespräch. Doch die lehnt ab. Sie sähe überhaupt keine Veranlassung, mit den Eltern zu reden. Die Kommunikation zwischen Eltern und Lehrerin läuft immer über Ralf, da die Pädagogin telefonisch nicht erreichbar ist. Ein Versuch der Mutter, die Lehrerin direkt in der Schule anzusprechen, scheitert. Ihre Bitte um ein Gespräch lehnt die Mathelehrerin kategorisch ab und läßt Ellen Schwarz vor dem Lehrerzimmer wie eine kleine Schülerin stehen. Erst nach Intervention der Schulleitung kommt ein Gespräch zustande, das allerdings ergebnislos verläuft.

Zu den pädagogischen Merkwürdigkeiten der Lehrerin gehört auch eine sogenannte Eselsbank, auf der Kinder mit dem Gesicht zur Wand sitzen müssen. Zu Beginn der Stunde kommen jene Kinder auf die Eselsbank, die die Lehrerin als besondere Störenfriede einstuft. Diese »Esel« dürfen nur die Wand angucken, aber nicht die Lehrerin. Ralf sitzt zwar selten auf dieser Bank, doch er regt sich fürchterlich über diese Art der präventiven Bestrafung auf.

»Ralf hat ein ganz großes Gerechtigkeitsempfinden«, meint seine Mutter. »Das ist für ihn ganz schlimm, wenn etwas Ungerechtes passiert. Das muß gar nicht ihn selbst betreffen.«

Eines Tages taucht Ralf im Lehrerzimmer auf. Die ganze Klasse will der Mathelehrerin mal die Meinung sagen. Der Klassensprecher traut sich nicht; Ralf hat da keine Hemmungen. Vor dem versammelten Kollegium erklärt Ralf der Mathelehrerin, daß die Klasse ihn schicke, um sie zu fragen, warum sie immer so unfreundlich, zynisch und ungerecht zu den Kindern sei. Die Lehrerin explodiert fast vor Wut und wirft Ralf aus dem Lehrerzimmer raus. Doch sie kann Ralf nicht belangen, da der seinen Protest ganz höflich und ruhig vorgetragen hat. Der Schulleiter sieht sich sogar veranlaßt, mehrmals den Unterricht der Attackierten zu beobachten. In Anwesenheit des Rektors verzichtet die Lehrerin dann allerdings auf ihre »pädagogischen Sondermaßnahmen«. Doch kaum ist der Direktor weg, geht das Spielchen weiter. Als Ralf eine Zeitlang immer rund zehn Minuten später zum Unterricht kommt, weil er morgens kurz zum Hautarzt muß, wird er vom Unterricht ausgeschlossen – im wahrsten Sinne des Wortes: Die Lehrerin hat von innen die Tür abgeschlossen und reagiert nicht auf Klopfen und Rufen. Ralf muß draußen warten, bis die Stunde vorbei ist. Beim dritten Mal ist das dem Jungen zu dumm. Er geht zum Direktor, der ihn schließlich mit in seinen Unterricht nimmt. Die Eltern ermuntert der Direktor, sie sollten doch mal ihre Beschwerden gegen die Mathelehrerin schriftlich zusammenfassen. Doch als er die Beschwerdeliste vor sich hat, läßt er mitteilen, die Mathelehrerin habe mit einem Rechtsanwalt gedroht, falls die Liste an die Bezirksregierung weitergereicht würde. Die Eltern wollen trotzdem keinen Rückzieher machen; aber der Direktor hält es wohl für besser, die Liste in seiner Schublade verschwinden zu lassen.

In der 6. Klasse der Orientierungsstufe kommt Ralf in den Mathe-B-Kurs für die schlechteren Schüler – für ihn ein Segen, denn er bekommt einen neuen Lehrer. Schon nach wenigen Wochen ruft der neue Mathelehrer bei den Eltern an und teilt ihnen mit, daß ihr Sohn im falschen Kurs sei; der Junge gehöre eindeutig in den A-Kurs. Doch da will Ralf auf keinen Fall hin – wegen der Lehrerin. Der neue Mathelehrer läßt Ralf alle Freiheiten beim Rechnen, auch wenn er ganz andere Wege beschreitet. Das schlimmste ist für den Jungen das Üben: Die ersten Aufgaben kann er noch richtig rechnen, doch je öfter er etwas wiederholen muß, desto häufiger »verrechnet« er sich. Manchmal weiß er am Ende der Seite nicht mehr, was er da eigentlich machen soll. Der Lehrer moniert zwar auch, daß der Junge bei Wiederholungen nur schlafen und nicht aufpassen würde, aber bei neuen Rechenarten sei er voll dabei. Innerhalb kurzer Zeit steht Ralf in Mathe wieder »zwei«.

Neben Mathe gehört Physik zu seinen Lieblingsfächern. In der fünften Klasse ist die Physiklehrerin auch zuerst von Ralf begeistert. Als der Pfiffikus sie das erste Mal korrigiert, lobt sie den Schüler noch, daß er so gut aufgepaßt habe. Aber als Ralf seine Lehrerin auch in den nächsten Stunden mehrmals verbessert, findet die das nicht mehr so toll und beharrt auf ihrer Sichtweise. So auch nach einer Physikarbeit, als Ralf sich beschwert, daß er für eine Aufgabe statt vier nur einen Punkt erhalten hat. Auch sein Vater, von Beruf Telekommunikationstechniker, bescheinigt ihm, daß die Aufgabe vollkommen richtig sei. Doch die Lehrerin läßt nicht mit sich reden. Als sie ihn für seine Argumentation auslacht, stellt Ralf auf stur und beteiligt sich fortan nicht mehr am Unterricht. Da die Physiklehrerin ihn in der nächsten Stunde dreimal etwas fragt und Ralf nicht antwortet, erklärt ihm die Pädagogin, wenn er nicht mitmachen wolle, dann könne er auch gehen. Das macht der Junge postwendend: Er packt seine Sachen und geht nach Hause.

Die sechste Klasse schließt Ralf mit durchschnittlichen Noten ab: Es reicht nur für eine Realschulempfehlung. Doch Ellen und Dirk Schwarz ist klar: Auf der Realschule wird es für ihren Sohn noch langweiliger, da geht er unter. In der Nachbarstadt finden sie ein Gymnasium, das sich auf das Abenteuer Hochbegabung einlassen will. Trotz der schlechten Noten sagt der Schulleiter zu, es mit Ralf versuchen zu wollen. Ellen Schwarz erkennt ihren Sohn in den ersten Wochen auf der neuen Schule kaum noch wieder. Er zieht morgens begeistert los, freut sich auf die Schule, nimmt an freiwilligen Arbeitsgemeinschaften teil, ist engagiert. Auch gesundheitlich geht es ihm mit einem Schlag besser. Auf der Orientierungsstufe hat Ralf sich öfter einmal eine Auszeit genommen: Er fehlte oft einmal pro Woche wegen seiner psychosomatischen Asthmaanfälle. Anfangs haben die Eltern die Atemnot ihres Sohnes noch nicht so ernst genommen, aber der Arzt rät zur Vorsicht: So ein Anfall könne einen lebensbedrohlichen Zustand erreichen. Doch mit dem Gymnasium verschwinden die Asthmaanfälle von heute auf morgen.

Trotz aller positiven Veränderungen – seine Zensuren bleiben schlecht. Die Psychologin, mit der Ralf noch in Kontakt steht, ermutigt die Eltern zur Geduld. Sie sollen keinen Druck auf ihr Kind ausüben. Doch das ist nicht ganz einfach, wenn man zusehen muß, daß es immer schwieriger wird. Die Eltern wissen nicht, was sie machen sollen. Sie üben mit Ralf für die Biologie-Arbeit. Der Vater ist begeistert: Ralf kann alles. Die ganze Mappe hat er auswendig gelernt. »Dann kann ja eigentlich nichts schiefgehen«, denkt Dirk Schwarz. Doch am nächsten Tag kommt der Sohn mit einem »Mangelhaft« nach Hause. Unbegreiflich für den Vater. Ralf hat einfach nicht verstanden, was er machen soll. Daß er nur Begriffe, die schon auf dem Arbeitsblatt standen, bestimmten Gruppen zuordnen sollte, das hat er sich nicht vorstellen können. Er hat doch alle Begriffe und Gruppen auswendig gekonnt, und dann stehen sie in der Arbeit alle auf dem Blatt: Er hat immer überlegt, welche Aufgabe er denn wohl lösen solle, ist aber nicht auf die einfachste Lösung gekommen.

Ralf ist mittlerweile in fast allen Fächern schlecht. In Deutsch sackt er ab, vor allem wegen seiner katastrophalen Rechtschreibung. Unter seinen Arbeiten steht regelmäßig: »Seine Schrift ist mit Zensuren nicht mehr zu erfassen.« Nach einem Gespräch mit den Eltern erlaubt ihm der Lehrer, seine Hausaufgaben auf dem PC zu machen. »Seine Rechtschreibung war immer ungenügend«, erzählt sein Vater. »Er hat dauernd nur so dumme Fehler gemacht, daß er mitten im Satz »Und« groß geschrieben hat, oder er macht einen Punkt und schreibt klein weiter. Wenn man den Stift absetzen muß für bestimmte Buchstaben wie beim I-Punkt oder beim T-Strich, dann läßt er das und schreibt einfach weiter.« Doch wie die Wörter geschrieben werden, weiß Ralf genau. Bei einem Test kann er alle

Wörter richtig buchstabieren; zum Schluß sogar so schnell, daß man kaum noch überprüfen kann, ob alles korrekt ist.

Das Üben von Diktaten erweist sich immer mehr als kontraproduktiv. Mit jeder Übung erhöht sich die Anzahl der Fehler. Und die Fehler werden immer banaler. Irgendwann geben es die Eltern auf, mit ihm zu üben. Doch die meisten Fehler macht er, wenn er einfach nur etwas abschreiben soll. Da sind selbst Diktate noch besser.

Bis zur Orientierungsstufe hatte Ellen Schwarz immer noch dafür gesorgt, daß ihr Sohn seine Hausaufgaben in ruhiger Atmosphäre erledigen kann. Keiner soll ihn stören, damit er nicht abgelenkt wird und sich voll konzentrieren kann. Doch irgendwann muß sie feststellen, daß er die Ruhe gar nicht braucht, ja daß sie ihn eher zu stören scheint. »Ich habe mehrmals gemerkt, daß seine Hausaufgaben sehr ordentlich waren, wenn er nebenbei noch Fernsehen geguckt und Musik gehört hat.« Daß Ralf mehrere Sachen gleichzeitig verfolgen kann, hat auch Dirk Schwarz schon des öfteren beobachtet. »Während der Fernseher läuft, sitzt er am Computer an irgendeinem Spiel und unterhält sich gleichzeitig mit mir. Und wenn ich dann sage, ich will mal eben hören, was da gerade im Fernsehen läuft, dann guckt er mich verwundert an, wieso ich das nicht nebenbei mitbekommen könne.«

In Mathe läuft es auch auf dem Gymnasium zunächst schwierig: Sein Lehrer beharrt auf der Einhaltung des korrekten Rechenweges. Er akzeptiert nicht, daß Ralf das richtige Ergebnis hinschreibt, aber nicht darlegt, wie er zu diesem Ergebnis gekommen ist. Überzeugen kann Ralf den Lehrer mit einer sogenannten Bonus-Aufgabe, die die Schüler zu Hause knacken sollen. Auch Ralfs Vater setzt sich an die Aufgabe: Nach stundenlangem Rechnen hat er abends um zehn Uhr die Lösung gefunden, die er stolz seinem Sohn präsentiert. Der sagt nur: »Stimmt, das habe ich auch ausgerechnet. Im Kopf.« Dann macht sich Ralf einmal die Mühe und erklärt dem Vater, wie er zu dem Ergebnis gekommen ist. Der ist baff. »Die ganze Rechnerei, die ich angestellt habe, ist eigentlich Quatsch gewesen. Ralf ist kurz und knapp ohne Nebenrechnung zum Ergebnis gekommen.« Am nächsten Tag zeigt sich, daß auch die anderen Schüler den Rechenweg gewählt hatten, den der Vater eingeschlagen hatte. Als der Lehrer fragt, ob noch jemand einen anderen Lösungsweg gefunden hat, präsentiert Ralf seine Methode. Auch der Lehrer ist verblüfft. Er läßt sich den Rechenweg zweimal erklären, bevor er es glaubt. Sein Kommentar: »Da bin ich selbst noch nicht drauf gekommen. Die Aufgabe stelle ich schon seit 15 Jahren, aber *den* Rechenweg hatte noch keiner, und das ist wirklich der einfachste.« Abends ruft der Lehrer die Eltern an und räumt ein, daß er sich wohl bislang in Ralf getäuscht habe. Wenig später schreibt er unter Ralfs Mathearbeit: »Ich gebe auf. Du kannst Deinen eigenen Rechenweg wählen.«

Ganz anders reagiert die Englischlehrerin. Als Ellen Schwarz die Lehrerin fragt, ob sie über »Ralfs Problem« Bescheid wisse, antwortet sie: »Ja, ich weiß, der soll hochbegabt sein. Aber dieses Problem kann, darf und will ich nicht berücksichtigen.« Und sie weigert sich, mit der Mutter über das Thema zu reden. Besonders empört ist Ellen Schwarz über das Verhalten der Englischlehrerin, als sie ausgerechnet am nächsten Tag in der Zeitung liest, der Kultusminister habe sich für die Förderung hochbegabter Kinder ausgesprochen.

Was Ralf am Gymnasium am meisten begeistert, ist die Musik: Er wird schnell zum Gitarrencrack der Schule. Er spielt in mehreren Gruppen mit, auch die Oberstufenschüler holen ihn in ihre Band. Er kümmert sich um die Technik, sorgt dafür, daß die Verstärker, Mikrophone und Lautsprecher funktionieren. Er geht in der Musik auf. Neben Gitarre und Schlagzeug lernt er jetzt noch Keyboard.

Doch die Zensuren sehen in fast allen anderen Fächern mies aus. Ihm wird nach dem ersten Halbjahr klar, daß er etwas unternehmen muß, wenn er auf der Schule bleiben will. Er geht zum »Studienkreis« zum Nachhilfeunterricht, der ihm sogar Spaß macht. In drei Fächern will er Nachhilfe nehmen, um besser zu werden. Doch nach drei Wochen ruft ein Lehrer des »Studienkreis« an und fragt die Eltern, warum Ralf überhaupt Nachhilfeunterricht nähme; der könne doch alles. Als die Mutter ihm erklärt, daß ihr Sohn in mehreren Fächern mangelhaft stehe, will er das nicht glauben. Erst als er am nächsten Tag selbst die Arbeiten sieht, läßt er sich überzeugen. Auch in Mathe nimmt Ralf Nachhilfe, doch der Nachhilfelehrer teilt ihn schon bald in die Gruppe für die 10. und 11. Klasse ein. Dort blüht er auf, das macht ihm Spaß. Auch die Französisch-Nachhilfelehrerin ist sehr zuversichtlich. Ralf könne eigentlich alles, und die nächste Arbeit würde mindestens eine »Drei« werden. Als der Junge ihr einen Tag später die »Sechs« vorlegt, ist die Lehrerin fassungslos. Am Tag zuvor habe er noch alles richtig gemacht. In der Schule läuft dagegen alles anders; Ralf scheint regelrechte Blockaden zu haben, die er nicht überwinden kann.

Langsam wird es für den Hochbegabten sehr eng in der Schule. Der Klassenlehrer läßt mitteilen, daß es wohl keinen Sinn mehr habe, Ralf auf dem Gymnasium zu lassen. Je eher er die Schule verlasse, um so besser sei dies für das Kind. Die Eltern sind verzweifelt: Was sollen sie nur machen? Geht ihr Kind zur Realschule, dann droht sein gesundheitlicher Zustand sich zu verschlechtern, ganz abgesehen von den psychischen Problemen.

Am Ende der sechsten Klasse sind die Schwarz' mit ihrem Sohn schon einmal in einer Realschule vorstellig geworden. Der Direktor der Realschule erklärte damals nach einem längeren Gespräch mit Ralf, daß die Realschule nichts für ihn sei. Dort würde er sich wahrscheinlich nur total langweilen, da auf der Realschule sehr viel wiederholt würde; das wäre nichts für Ralf. Er solle bloß auf ein Gymnasium gehen. Und jetzt droht der Abgang vom Gymnasium. Das wäre für Ellen und Dirk Schwarz eigentlich auch nicht schlimm, wenn sie nicht neue große Schwierigkeiten befürchten würden. »Wir haben immer gesagt: Es ist uns ganz egal, welchen Schulabschluß unser Kind macht. Hauptsache, er ist zufrieden, gesund und glücklich. Wenn er auf der Hauptschule zufrieden ist, dann ist das auch o.k.«

Inzwischen waren die Schwarz' mit ihrem Sohn noch einmal in der Kinder- und Jugendpsychiatrie einer nahen Universitätsklinik. Zwei Tage lang wird er dort gründlich untersucht und getestet. Ergebnis: In einem Gutachten wird bestätigt, daß bei Ralf trotz seiner hohen Begabung mittlerweile eine Lernbehinderung festzustellen sei. Deshalb brauche er dringend eine sonderpädagogische Förderung. Die Gutachter gehen aber davon aus, daß er aufgrund seines außergewöhnlichen Potentials mit entsprechender Unterstützung das Gymnasium schaffen müßte. Zugleich stufen die Psychologen – zum Erschrecken der Eltern – Ralf als stark suizidgefährdet ein. Wegen möglicher schwerer Depressionen plädieren sie sogar für eine zeitweise stationäre Unterbringung in einer Psychiatrie. Doch das will Ralf auf keinen Fall.

Dirk Schwarz nimmt einen neuen Anlauf und ruft bei der Schulaufsicht an: Er bittet um Hilfe für sein »Problemkind«. Die Bezirksregierung zeigt sich aufgeschlossen, sieht Möglichkeiten, daß der Junge am Gymnasium bleiben kann. »Das kriegen wir schon hin. Wenn das für die Psyche des Kindes so entscheidend ist, dann werden wir da einen Weg finden«, versichert der zuständige Schulrat dem Vater. Er habe zwei Mitarbeiter, die die sonderpädagogischen Maßnahmen durchführen könnten. Diese Sozialpädagogen würden dann Ralf und die Lehrer beraten, wie man weiter vorgehen könne. Das könne aber nur funktionieren, wenn die Schule mitmache.

Doch die Schule weigert sich. Sie will Ralf loswerden. Die Argumentation der Lehrer: Wer schon mit einer Realschulempfehlung von der Orientierungsstufe komme und dann in der 7. Klasse sitzenbleibe, den könne man nicht halten; das wäre ja das achte Weltwunder.

Doch damit nicht genug: Schulleitung und Lehrer reagieren äußerst verschnupft, daß sich Dirk Schwarz an die Schulaufsicht gewandt hat. Kurz darauf – gegen Ende des siebten Schuljahres – kommen regelmäßig Briefe vom Klassenlehrer, wie unmöglich sich Ralf im Unterricht verhalte. Ralf nimmt die Briefe postwendend wieder mit in die Schule und liest seinen Mitschülern vor, was er alles ausgefressen haben soll. Die Klassenkameraden bestätigen ihm und später auch dem Lehrer, daß die Vorwürfe unhaltbar seien. Kurz bevor Ralf die Schule verläßt, entschuldigt sich der Lehrer noch bei Ralf. Die Eltern vermuten, der Schule sei es nur darum gegangen, schriftliches Material gegen ihren Sohn zu haben, falls es zu einer rechtlichen Auseinandersetzung kommen sollte.

Mittlerweile geht Ralf in die siebte Klasse einer Realschule. Er selbst hat den Eindruck, er gehe »auf die Sonderschule«. Alles nur

Wiederholungen. »Er kommt sich da total deplaziert vor«, sagt Ellen Schwarz resigniert »Jetzt sind wir wieder am Anfang. Wir wissen nicht mehr, was wir machen sollen.«

Sie wissen nur, daß Ralf auf der falschen Schule ist, denn die Psychologen von der Universitätsklinik hatten noch geschrieben: »Das Kind darf auf keinen Fall ›ruhiggestellt‹ werden. Es braucht Förderung.« Doch das findet nicht statt. Seine Mutter: »Nun schläft er wieder.«

Intelligenztest

Es gibt Wichtigeres als den IQ eines Menschen

Katja rutscht unruhig auf dem Stuhl hin und her. Vor ihr liegt ein Stift und eine Mappe, neben der Mappe ein Kuschelschaf, das dem achtjährigen Mädchen beim IQ-Test zuschauen darf. Zuerst legt Christa Hartmann Katja Blätter vor, auf denen Kästchen mit unterschiedlichen Mustern abgebildet sind. Das Mädchen mit der Latzhose soll die Muster in eine logische Reihenfolge bringen. Die Aufgabenreihe beginnt mit recht einfachen Lösungen, doch langsam wird die logische Zuordnung der Muster immer kniffliger. Der rote Faden der immanenten Logik ist immer schwieriger zu entdekken. Katja reagiert schnell auf die neuen Aufgaben, manchmal zu schnell. Die Psychologin ermahnt sie dann freundlich, sich etwas mehr Zeit zu nehmen. Als nächstes kommen auch einige Wissensfragen an die Reihe: Welche Nadelbäume kennst du? In welchem Monat liegt Weihnachten? Welches Nagetier baut Deiche aus Baumstämmen im Wasser? Woraus wird Butter hergestellt? Wie schwer ist ein Liter Wasser? Bei der letzten Frage muß die Achtjährige passen. Aber das macht nichts: das Niveau des Tests ist ohnehin auf zehnjährige Kinder ausgerichtet.

Der Intelligenztest dauert insgesamt über zwei Stunden; zwischendurch legt Christa Hartmann immer wieder kleine Pausen ein, damit Katja sich besser konzentrieren kann.

Christa Hartmann hat bereits Routine bei den Testverfahren. Pro Jahr führt sie rund 250 IQ-Tests bei Kindern und Jugendlichen durch. Die meisten Eltern kommen mit ihren Kindern, weil es in der Schule Probleme gibt und irgend jemand auf die Idee gekommen ist, das Kind könne hochbegabt sein. Die Psychologin hat die Erfahrung gemacht, daß die Einschätzung der Eltern sehr realistisch ist. »Die sogenannten Eislaufmütter haben wir hier eigentlich fast gar nicht«, meint die Leiterin der Kita für hochbegabte Kinder in Hannover. 90 Prozent der Kinder, die sie testet und deren Eltern schon den »Verdacht« auf Hochbegabung hegten, erweisen sich tatsächlich als besonders begabt. Einen IQ nennt Christa Hartmann nicht; sie verweist nur auf Prozentzahlen. Je nachdem, wie viele Aufgaben es richtig löst, gehört das Kind zu jenen fünf, drei oder einem Prozent seiner Altersgruppe, die ungewöhnlich pfiffig sind.

Katja hat sich nach der Pause wieder an ihren Tisch gesetzt. Jetzt breitet Christa Hartmann Bilder vor ihr aus. Die Bilder sind unvollständig und müssen logisch ergänzt werden: Das Fahrrad ohne Sattel ist noch einfach, aber auch hier steigt der Schwierigkeitsgrad langsam an. Katja entdeckt, daß die Kerze keinen Docht hat und das Haus kein Fenster. Doch das Bild der Schreibmaschine scheint eigentlich komplett zu sein. Nein, Katja fällt sofort auf, daß die Leertaste fehlt. Christa Hartmann freut sich über das aufgeweckte Mädchen. »Da kommen viele nicht drauf. Die denken dann meistens, da fehlt ein Blatt Papier.«

Als nächstes sind die Rechenaufgaben an der Reihe: Kein Problem für Katja, denn Mathe ist ihr Lieblingsfach in der Schule. Vor der Pause dann noch einmal die Bilder: diesmal als Bildergeschichte. Die Bilder liegen in der falschen Reihenfolge und sollen so sortiert werden, daß eine logische Bildergeschichte entsteht. Auch das ist für Katja kein Problem: In kurzer Zeit hat sie fünf Geschichten richtig sortiert.

Für Katjas Eltern ist der Test wichtig, weil sie überlegen, ob ihre Tochter eine Klasse überspringen soll. Um möglichen Widerständen der Schule etwas entgegensetzen zu können, haben sie sich für den Test entschieden. Diese Entscheidung ist auch eine finanzielle Frage, denn so ein IQ-Test kostet immerhin inklusive Gutachten rund 350 Mark. Häufig berät Christa Hartmann anschließend auch noch die Lehrkräfte über die Konsequenzen, die sich aus dem Testergebnis möglicherweise ergeben. Die Psychologin gilt als erfahrener Profi in der Test-Szene: Vor allem wenn es darum geht, die Intelligenz von Kindern zu testen. Seit 16 Jahren widmet sich Christa Hartmann diesem Spezialgebiet, und sie ist sich sicher, daß sie noch nie ein hochbegabtes Kind als nicht-hochbegabt eingestuft hat. Allerdings räumt sie auch ein, daß die Einzelintelligenztests bei den Fünf- bis Sechsjährigen »leidlich genau« seien. Die Stabilität der Ergebnisse und die Genauigkeit würden etwa bis zum Alter von 14 Jahren zunehmen. Bei sechs- bis achtjährigen Kindern geht man davon aus, daß in 85 bis 90 Prozent der Fälle die Fehlerspanne unter acht Punkten liegt. Auch Christa Hartmann meint, daß man mit einer Fehlermarge von plus / minus 10 Punkten bei IQ-Tests rechnen muß. Aber damit könne sie gut leben, denn sie sei keine IQ-Fetischistin: »Man muß nicht immer jedes Kind testen. Der gesunde Menschenverstand kann das oft schon erkennen, ob ein Kind hochbegabt ist oder nicht. Und die Eltern haben dafür auch meist ein sicheres Gespür«, meint die Psychologin.

Das sieht Jutta Billhardt allerdings ganz anders. Sie ist Vorsitzende des Vereins »Hochbegabtenförderung« in Bochum. Die Mutter zweier hochbegabter Kinder war früher in der Deutschen Gesellschaft für das hochbegabte Kind (DGhK) aktiv, zum Schluß deren Vorsitzende. «Da kamen Eltern zur DGhK, deren Kinder schrieben alle Einsen, und die Eltern hatten kein Verständnis dafür, daß die Kinder vielleicht nur mittelmäßige Schüler waren«, entrüstet sich Jutta Billhardt noch heute – und merkt gar nicht, wie ihr der Maßstab verloren geht, wenn sie Einser-Schüler als »mittelmäßig« abqualifiziert. Der geistige Inhalt des Schulstoffes habe voll übereingestimmt mit den geistigen Kapazitäten dieser Kinder, und deshalb seien sie eben – nach den Zensuren zu urteilen – Superschüler, aber keine Hochbegabten. Um die Spreu vom Weizen zu trennen, forderte Jutta Billhardt einen Intelligenztest aller Kinder, deren Eltern Mitglied in der DGhK werden wollten. »Wir wußten ja gar nicht, ob das alles hochbegabte Kinder waren, die da zu uns kamen. Das wurde alles in einen Topf geworfen.« Doch die Deutsche Gesellschaft für das hochbegabte Kind folgte nicht der rigiden Forderung ihrer damaligen Vorsitzenden, sondern beriet weiterhin – bis heute – alle Eltern, die sich über die Probleme hochbegabter

Kinder informieren wollten. Jutta Billhardt verließ die DGhK und gründete 1994 ihren eigenen Verein – die Hochbegabtenförderung. Beraten wird hier nur, wer einen Intelligenz-Test vorlegen kann mit dem Ergebnis IQ 120 aufwärts. »Wir machen keine Beratung ohne Test, das wäre Scharlatanerie«, empört sich die Vereinsvorsitzende. »Eine Förderung ohne Test wäre fatal. Ich kann keine Eltern beraten, wenn ich nicht weiß, wo das Kind geistig steht.« Und den geistigen Stand des Kindes bemißt nach Ansicht von Jutta Billhardt vor allem ein Intelligenztest.

Mit dieser Fixierung gehört die Chefin der Hochbegabtenförderung zu einer Minderheit in der Zunft. Der Amerikaner James T. Webb weist darauf hin, daß die Testwerte von einer Sitzung zur nächsten um bis zu 20 Punkte schwanken können. Als Beeinflussungsfaktoren nennt Webb das Vertrauen zur Psychologin, eine mögliche Ablenkung durch Geräusche oder andere Faktoren, das allgemeine Befinden des Kindes sowie die Tageszeit des Verfahrens. Webb betont, »daß ein IQ keine heilige, unveränderliche Zahl ist, sondern nur ein brauchbares Stück Information aus einer standardisierten Situation, das dem versierten Fachmann einige leidlich genaue Voraussagen ermöglicht.«

Die IQ-Tests messen nur ein bestimmtes Spektrum menschlicher Intelligenzen, vor allem die logischen Fähigkeiten sowie das sprachliche und mathematische Vermögen. Die Verteilung der Intelligenz innerhalb einer Gesellschaft wird nach der Gaußschen Wahrscheinlichkeitskurve dargestellt. Am Scheitelpunkt der Glokkenkurve liegt der IQ-Wert 100: die durchschnittliche Intelligenz einer Altersgruppe. Die Schwelle zur Hochbegabung übertritt man in der Regel bei 130 (die obersten zwei Prozent der Bevölkerung). Zwei Drittel der Menschen einer Altersgruppe verfügen über einen IQ zwischen 85 und 115.

Einige Wissenschaftler verweisen darauf, daß die Gruppe der Hochbegabten noch einmal differenziert gesehen werden müsse, denn es mache schon einen großen Unterschied aus, ob jemand einen IQ von 130 oder von 170 habe. Manche Wissenschaftler gehen von einer »optimalen Intelligenz« aus. Das würde dann einem IQ zwischen 130 und 145 entsprechen. Jene Menschen wären dann so intelligent, daß sie einerseits leicht selbst schwierige Aufgaben lösen können, aber andererseits nicht so intelligent, daß sie kaum noch etwas mit dem normalen Leben zu tun hätten.

Außerdem müssen bestimmte Begabungen und der allgemeine IQ keinesfalls identisch sein. Ein Mensch kann auf einem bestimmten Gebiet hochbegabt sein, ohne daß ein außergewöhnlich hoher IQ festgestellt werden kann. Vor allem visuell-künstlerische Hochbegabung und ein hoher IQ bestehen häufig unabhängig voneinander. Die amerikanische Psychologin Ellen Winner spricht von einem »Mythos der universellen Begabung«, der immer noch in den Köpfen der meisten Menschen existiere.

Howard Gardner, der wichtigste Verfechter eines »Abschieds vom IQ«, geht von *einer* meßbaren Grundintelligenz von sieben multiplen Intelligenzen aus: linguistische Intelligenz, körperlich-kinästhetische Intelligenz, mathematisch-logische Intelligenz, räumliche Intelligenz, musikalische Intelligenz, intrapersonale Intelligenz und interpersonale Intelligenz.

Noch immer flackert gelegentlich der Streit darüber auf, ob nun die Intelligenz vor allem vererbt werde oder vornehmlich auf Umwelteinflüsse zurückzuführen sei. Eine Diskussion, die oftmals polemisch und mit politischen Hintergedanken geführt wird. Daß solche Diskussionen teilweise auch rassistisch motiviert waren und noch heute sind, zeigen u. a. die Untersuchungen von Richard J. Herrnstein und Charles Murray (*The Bell Curve*), die belegen sollen, daß weiße Amerikaner im Durchschnitt bei den Intelligenztests besser abschneiden als farbige Amerikaner. Auf die Tatsache, daß Intelligenztests kulturell gefärbt sind, und daß deshalb die Träger einer bestimmten Kultur bei allen Tests einen gewissen Vorsprung haben, auf diese Tatsache gehen die Autoren geflissentlich nicht ein.

Mittlerweile haben sich die Wissenschaftler weitgehend auf eine mittlere Linie geeinigt: Unbestreitbar ist, daß der Grad der Intelligenz von der individuellen Erbausstattung abhängt; doch zugleich wird die Intelligenz etwa zur Hälfte von verschiedenen Umweltbedingungen und selbstorganisierenden Wachstumskräften bestimmt.

Welche der 100 000 Gene im menschlichen Erbgut letztendlich für die Vererbung von Intelligenz verantwortlich sind, läßt sich – zumindest bislang – nicht genau ermitteln, auch wenn Zeitungsmeldungen gelegentlich etwas anderes suggerieren.

US-Forscher: Gen IGF2R bestimmt die Intelligenz
London. Ein US-Forscher hat erstmals ein Gen identifiziert, das auf Intelligenz hinweist. Der in Großbritannien arbeitende Professor Robert Plomin stellte bei einem Erbgutvergleich fest, daß sich bei hochintelligenten Kindern häufiger das Gen IGF2R fand als bei einer Gruppe durchschnittlicher Kinder. »Ich denke, das ist ein Durchbruch«, so Plomin. Einige Forscher befürchten nun, daß Eltern eine Abtreibung von diesem Gen abhängig machen könnten. (Neue Presse, 5. 11. 97)

Maria durchleidet fünf Schulen und die Psychiatrie

»Öfter mal eins aufs Maul hauen«

Irgendwann mit neun oder zehn Jahren fängt es an. Maria muß blinzeln. Zuerst nur manchmal, doch das Blinzeln wird im Laufe der Zeit immer stärker, wird zu einem richtigen Tick. Dazu verdreht das Mädchen auch häufig die Augen. Maria stört das nicht so sehr, doch die Mutter rennt mit dem Kind von einem Arzt zum anderen; viele Diagnosen, aber keine Besserung. Marias Klassenlehrerin – das Kind ist mittlerweile in der sechsten Klasse – empfiehlt der Mutter, eine Psychologin aufzusuchen. Die Psychologin überweist das Mädchen sofort in die Psychiatrie des Kinderkrankenhauses.

Dort auf der Station für Kinderpsychiatrie einer bayerischen Kleinstadt bleibt Maria fünf Monate. Nach einer Woche will sie weg – nach Hause, obwohl sie sich daheim überhaupt nicht wohl fühlt, aber immer noch besser als die Psychiatrie. Suizidfälle, Bulimie, Ausreißer – auf der Station kommen die Mädchen zusammen, die im Leben Schiffbruch erlitten haben. Ein Mädchen schreit die ganze Nacht durch – ihre Eltern sind nächtelang bei ihr; keiner weiß, was mit ihr los ist. Maria fleht die Mutter an, daß sie hier raus müsse, aber die Mutter bleibt hart. Sie sieht in der Psychiatrie den einzigen Ausweg, daß Marias Tick mit dem dauernden Blinzeln wieder aufhört. Maria bleibt. Täglich drei Stunden Unterricht im Krankenhaus, zweimal in der Woche Gespräche mit Ärzten. Außerdem noch Meditationsübungen und autogenes Training, damit sie ruhiger werde. Doch auch das hilft nicht weiter. Die Ärzte machen mit ihr einen Intelligenztest: Das Ergebnis erfährt weder

Maria noch ihre Mutter. Einziger Kommentar: Besonders dumm sei sie ja nicht gerade.

Nach draußen darf sie nur manchmal, immer in Begleitung, wie ein Häftling. Am Anfang kommt die Mutter noch jeden Tag, auch einige ihrer Klassenkameraden schauen öfter vorbei. Doch die Ärzte raten der Mutter von den häufigen Besuchen ab: Das sei nicht gut fürs Kind. Also kommt die Mutter seltener. »Ich habe nur noch geheult und wollte wieder raus«, erinnert sich Maria. Sie hat zwar ein eigenes Zimmer, doch nur zum Schlafen. Tagsüber darf sie das Zimmer nicht betreten. Sie muß den ganzen Tag bei den anderen Patienten bleiben; sie kann sich nicht zurückziehen, empfindet die ganze Atmosphäre der Station wie einen Horrorfilm. »Man fühlte sich einfach nur eingesperrt.«

Nach knapp einem halben Jahr wird Maria aus der Psychiatrie entlassen: Den Tick, das Blinzeln, hat sie immer noch, aber den Kontakt zu ihren alten Freundinnen hat sie verloren. Irgendwann einige Monate später hört das Blinzeln wieder auf – von allein. Trotz des verlorenen halben Jahres wird Maria in die siebte Klasse der Zisterzienserinnenschule, ein reines Mädchengymnasium, versetzt – allerdings nur auf Probe. Den Sprung schafft sie nicht. Sie muß die Lücken aufholen. Und als die neue Sprache Latein hinzukommt, stürzt sie in der Schule vollkommen ab und geht zurück in die sechste Klasse. Hier hat sie sofort wieder ihr altes Problem, das sie seit der Grundschule begleitet: Ihr ist furchtbar langweilig.

Mit fünf Jahren hat sich Maria das Lesen allein beigebracht. Die erste Klasse ist für sie eine einzige Enttäuschung. In der Volksschule ist sie extrem gelangweilt. Dennoch meldet sie sich in der ersten Klasse ständig; ihr Arm tut bald weh, weil der immer oben bleibt. Sie will der Lehrerin doch zeigen, was sie alles schon weiß. Doch die Lehrerin weiß, was Maria weiß, und deshalb nimmt sie das kluge Mädchen mit den dunklen Haaren nicht dran. Maria will aber so gern von der Lehrerin wahrgenommen werden. Deshalb beginnt sie, falls sie doch einmal an der Reihe ist, absichtlich Fehler zu machen, um dadurch vielleicht öfter dran zu kommen. Doch die Strategie der Sechsjährigen ist zu offensichtlich: Die Lehrerin ignoriert das Mädchen weiterhin, ruft aber bei Marias Mutter an und berichtet ihr, daß ihre Tochter langsam anfangen würde zu spinnen. Die Mutter, immer überbesorgt um das Schicksal ihrer Tochter, setzt ihr Kind sofort unter Druck: sie solle sich in der Schule ordentlich benehmen. Maria benimmt sich »ordentlich«: Sie schaltet im Unterricht ab. Ärger gibt es dennoch, wenn die Lehrerin sie mal wieder dabei erwischt, daß sie unter der Bank heimlich ihre Bücher liest. Obwohl sie im Unterricht selten aufpaßt, sind Marias Noten ganz ordentlich. In keinem Fach steht sie schlechter als »gut«.

Auch auf dem Gymnasium ändert sich Marias Situation zunächst nicht. Sie findet den Unterricht immer noch langweilig und macht nicht einmal das nötigste für die Schule. Immerhin kommt ihre damalige Klassenlehrerin auf die Idee, Maria könnte besonders begabt sein, wenn sie trotz ihres enormen Desinteresses noch passable Noten schreibt. In der sechsten Klasse wagt die Klassenlehrerin den Vorschlag, Maria könne vielleicht eine Klasse überspringen. Doch der Vorstoß, der auch bei den Eltern kaum Unterstützung findet, wird von der Schulleitung sofort abgebügelt. Die Sache mit der besonderen Begabung gerät für Jahre in Vergessenheit, und Maria sackt in ihren Zensuren immer mehr ab. Dann kommt der Aufenthalt in der Psychiatrie dazu und – statt Überspringen – die Wiederholung der sechsten Klasse. »Da war ich die totale Außenseiterin«, erzählt die heute 17jährige. Aber sie erträgt nicht mehr nur ruhig und devot die Langeweile, sondern zeigt in der reinen Mädchenklasse Tendenzen zum Klassenkasper. »Ich habe damals ziemlich viel Blödsinn gemacht und hatte meinen Spaß daran, die Lehrer zu ärgern und den Unterricht zu stören.« Die Hausaufgaben fallen bei ihr ganz aus, in Englisch hat sie den Zug verpaßt: Fehlende Vokabelkenntnisse führen schnell zur Fünf. »Toll war es eigentlich nur in Erdkunde. Das hat mir richtig Spaß gemacht. Da fand fast nur ein Dialog zwischen mir und dem Lehrer statt.« Doch in den anderen Fächern geht es weiter bergab, und Maria hat das Gefühl, selbst wenn sie will, kann sie nichts dagegen machen: »Ich merke das heute noch. Selbst wenn ich aufpassen möchte, dann kann ich mich trotzdem nicht zusammenreißen. Ich fange automatisch nach fünf oder zehn Minuten an zu malen oder zu träumen, wenn mich das Thema nicht interessiert.«

Das Mädchen mit dem dunkel gelockten Haar bleibt weiter die Außenseiterin. »Eigentlich wollte ich gern beliebt sein, aber das klappte meist nicht, weil ich irgendwie anders war und keinen Kontakt zu den anderen bekam.« Über die Außenseiterin wird öfter geredet und getuschelt; wenn es Streit gibt, fällt schnell das böse Wort von der Klapse, in die sie doch zurückgehen solle. Die Mitschüler haben nicht vergessen, daß sie fast ein halbes Jahr in der Psychiatrie gewesen ist.

In der achten Klasse ist sie soweit mit ihren Zensuren im Keller, daß die Versetzung wieder gefährdet ist. Da entschließen sich ihre Eltern, daß Maria besser zur Realschule gehen solle. Das eigentlich hochbegabte Mädchen landet mit 15 Jahren in der neunten Klasse der Ursulinenschule – einer Mädchenrealschule, die von Nonnen geleitet wird. Auf der neuen Schule setzt sich das alte Spielchen fort. Sie macht noch weniger für die Schule, kann allerdings im Zensurenspiegel ganz gut mithalten: Ende der 9. Klasse hat sie das zweitbeste Zeugnis. Doch mit den strengen Regeln der Klosterschule kann sich Maria nicht anfreunden: So bekommt sie Ärger mit einer Lehrerin, weil sie während der Pause auf dem Schulhof sitzt. Oder ihr wird ihr Walkman weggenommen, weil der nicht ordnungsgemäß in ihrer Tasche liegt, sondern am Hosenbund hängt. Dennoch entwickelt sich die Situation in der Schule einigermaßen erträglich, während die Luft zu Hause immer dicker wird. Ihre Mutter, immer in größter Sorge um ihre Tochter, ist sehr streng. Die 15jährige muß in der Winterzeit um fünf Uhr zu Hause sein, weil es dann dunkel wird. Während ihre Freunde von wilden Feten erzählen, fühlt sich das so aufmüpfige Mädchen zu Hause eingesperrt. Die Eltern lassen sich auf keine Argumente ein und verlangen von ihrer Tochter Gehorsam. Als Maria in der Schule öfter blau macht, gibt es Ärger mit der Schulleitung, die sofort die Eltern benachrichtigt. Daheim wartet auf sie ein Donnerwetter; die Mutter will Maria Hausarrest erteilen. Die 15jährige packt heimlich ein paar Sachen zusammen und verschwindet zu einem Bekannten. »Ich habe gedacht, vielleicht denken meine Eltern mal darüber nach, was mir nicht paßt, und warum mir das nicht paßt. Aber meine Eltern haben nichts kapiert. Die haben nur gedacht, ich wollte sie fertig machen.« Maria geht dann eine Woche nicht zur Schule, weil sie befürchtet, ihre Eltern könnten sie aus der Schule abholen lassen. Zugleich schaltet sie aber auch das Jugendamt ein, damit ein Gespräch mit den Eltern zustande kommt. Danach geht sie wieder zur Schule und kehrt nach zwei Wochen – gegen Ende des Schuljahres – zu ihren Eltern zurück. Der Direktor der Klosterschule hat überhaupt kein Verständnis für Marias Verhalten; sie erhält einen Verweis und die Androhung, bei der nächsten Kleinigkeit von der Schule zu fliegen. Diese Kleinigkeit passiert wenige Tage darauf: Der Chemielehrer erwischt Maria, als sie sich in seiner Unterrichtsstunde den Matheaufgaben widmet. Der Direktor reagiert sofort und verweist Maria von der Schule. Die Eltern sind stocksauer – auf ihre Tochter. Sie fühlen sich in aller Öffentlichkeit von ihrer Tochter blamiert.

Maria – immerhin die zweitbeste in der 9. Klasse – nimmt einen neuen Anlauf und wechselt mit den entsprechenden Aktenvermerken in die zehnte Klasse einer anderen Realschule. »Auf der neuen Schule habe ich einen ganz guten Direktor erwischt: Der hat gesagt, die Akten interessierten ihn erst einmal nicht. Ich müsse selbst sehen, daß ich zurechtkomme.« Der Direktor zeigt sogar Verständnis, als Maria einmal montags nicht zur Schule kommt, weil sie sich wieder einmal mit ihren Eltern verkracht hat und übers Wochenende abgehauen ist.

Ihre Mutter setzt zu Hause immer noch auf die medizinische Karte: Ein halbes Jahr lang fährt sie sonntags mit ihrer Tochter durch halb Bayern zu einem Naturheilpraktiker. Der soll ihrer Tochter helfen, mit ihrer inneren Unruhe fertig zu werden. Maria findet die Besuche bei dem Homöopathen nur nervig. »Da ging immer der ganze Sonntag mit drauf. Ich hatte eigentlich gar keine Probleme mit mir. Was stimmt: Ich war schon ein bißchen schusselig, ich habe manchmal Termine vergessen. Oder ich bin zum Beispiel aufgestanden, um ein Buch zu holen, und wenn ich im Nebenzimmer angekommen bin, dann habe ich das schon wieder vergessen.« Der Heilpraktiker versucht es erst einmal mit Massagen.

Doch damit erzielt er keinen Erfolg. Als er erfährt, daß Maria sich schon öfter ihre Arme aufgeritzt hat, verschreibt er ihr Beruhigungspillen. »Immer wenn ich Streß hatte mit meinen Eltern und traurig war, dann habe ich mir meine Arme aufgeschnitten«, erzählt Maria mit leiser Stimme und zeigt auf ihre Narben am Unterarm. In der 10. Klasse zieht sie sich häufig in ihr Zimmer mit den schwarzen Vorhängen zurück und greift fast jeden Tag zu Scherben oder Klingen, um sich feine Schnitte in die Haut zu ritzen. »Zuerst immer in den linken Arm, aber als der Arm ganz verschorft war, habe ich mich dann in den rechten Arm geschnitten. Das Ritzen wurde so schlimm, daß ich wegen Blutarmut nur noch zitterte.« Marias Eltern wollen sofort den Notarzt holen, als sie zum ersten Mal mitbekommen, daß ihre Tochter sich in den Arm schneidet. Doch Maria kann sie halbwegs beruhigen. Aber immer wieder kommt die Mutter ins Zimmer, um zu kontrollieren. Den Schlüssel haben die Eltern Maria schon lange weggenommen. Die Eltern reagieren natürlich entsetzt auf das blutige Ritzen, nehmen diese Selbstverletzung aber nicht als einen Hilfeschrei wahr, sondern halten der Tochter vor, sie würde »mal wieder nur so eine neue Mode mitmachen«. Doch für Maria war das Ritzen viel ernster: »Immer wenn ich geritzt habe, wollte ich eigentlich mit dem Leben Schluß machen. Aber wahrscheinlich nicht ernsthaft, denn es hat nie hingehauen, weil ich nie tief genug geschnitten habe. Danach kam ich mir noch mieser vor als vorher. Nur wenn es ganz doll geblutet hat, dann bin ich wieder ruhiger geworden.« An Suizid denkt sie zu der Zeit öfter; sie hat das Gefühl, nirgendwo einen wirklichen Rückhalt zu finden: in ihrer Familie nicht, in der Schule nicht und auch nicht in einer Clique von Jungen, mit denen sie häufig unterwegs ist, denen sie aber nichts über sich selbst erzählt. »Wenn ich dann mal wieder megafertig war, dann habe ich diese Beruhigungspillen vom Heilpraktiker genommen. Die waren ja nicht so stark, eben auf pflanzlicher Basis. Die habe ich dann überdosiert, statt zwei habe ich fünfzehn von den Pillen geschluckt. Das war kein richtiger Suizidversuch. Ich bin dann einfach sehr müde geworden und habe vieles nicht mehr so mitbekommen.«

Egal, was Maria macht: Die Eltern fühlen sich nur unter Druck gesetzt und von ihrer Tochter erpreßt. Der Streit mit der Mutter eskaliert. Nicht nur Maria, auch die Mutter wird immer verzweifelter. Sie hat das Gefühl, in der Erziehung versagt zu haben. Eines Abends nimmt die Mutter eine Überdosis Schlaftabletten. Ihr Mann wacht nachts auf und merkt, daß irgend etwas nicht in Ordnung ist. Er ruft sofort den Notarzt, seine Frau wird mit Blaulicht ins Krankenhaus gebracht. Ihr wird der Magen ausgepumpt; sie überlebt.

Danach bricht alles wie ein Kartenhaus zusammen. »Das war kein Familienleben mehr, das war nur noch Massaker«, erinnert sich Maria. Die Tochter wird schnell als der Sündenbock identifiziert, der die Mutter fast in die Selbsttötung getrieben hätte. Von den Verwandten kommen jetzt die »guten Erziehungstips«: Die Eltern hätten von Anfang an viel härter durchgreifen müssen und der Tochter »öfter mal eins aufs Maul hauen« sollen, dann hätten sie heute nicht diese Sorgen mit diesem »undankbaren Kind«.

Maria hat mittlerweile einen neuen Anfang gewagt – weit weg von zu Hause. Sie besucht jetzt die 11. Klasse der Christophorusschule in Braunschweig. Ein Bekannter ihrer Eltern hatte von der Schule gehört. Maria hat zwar wenig Lust auf Schule, aber »Braunschweig« ist für sie wie ein Strohhalm.

Weil die Eltern den Internatsplatz in Braunschweig nicht finanzieren können, bezahlt das Jugendamt die gesamten Kosten. Auch den Sozialarbeitern im Jugendamt der bayerischen Kleinstadt ist klar, wie wichtig das Internat für Maria ist. Doch auch Maria weiß, daß sie noch nicht über den Berg ist. Wenn es Streß gibt, reagiert sie immer noch mit Verletzungen gegen sich selbst. Sie schlitzt zwar nicht mehr ihre Haut auf, aber sie beißt sich in ihre Hand, so daß man die Abdrücke der Zähne tief im Fleisch sehen kann. »Das mache ich mehrmals im Monat, wenn ich wütend bin. Das habe ich auch früher schon gemacht, schon als Kind. Meine Mutter wollte mir das abgewöhnen, indem sie mir erzählte, ich würde Krebs davon bekommen.« Doch schon damals konnten solche Horrorstorys Maria nicht davon abhalten, ihre Wut und Verzweiflung auf sich selber zu lenken.

In Braunschweig gehört sie nun zur intellektuellen Elite des Landes. Den Aufnahmetest hat sie auf Anhieb bestanden: Zum ersten Mal wird ihr – mit 17 Jahren – bescheinigt, daß sie wirklich hochbegabt ist. »Für mich setzt sich jetzt vieles wie ein Puzzle zusammen«, meint Maria rückblickend. »Für mich ist es schon so, daß sich vieles im nachhinein erklärt mit der Hochbegabung, auch wenn ich nicht alles darauf schieben will.«

Mädchen werden oft zufällig entdeckt

Sammelstelle für ehemalige Ritzer

Andrea fühlt sich in ihrer Klasse einsam, isoliert, aber auch völlig unterfordert. Ihr ist im Unterricht schrecklich langweilig. Spätestens in der 10. Klasse hört sie auf, noch irgend etwas für die Schule zu machen. »Ich habe mich nicht mehr beteiligt. Ich bin richtig lethargisch geworden. Zu Hause habe ich nur noch Fernsehen geguckt, ich bin nicht mehr rausgegangen. Ich hatte zu nichts mehr Lust.« Mit ihren Mitschülern kann sie nichts anfangen, und die nicht mit ihr: »Die haben das einfach nicht verstanden, daß ich mich zum Beispiel für philosophische Themen interessiert habe. Oder auch für Latein oder für Sinnfragen: Warum ich gerade hier lebe? Und warum ich gerade jetzt lebe? Mit den anderen konnte ich nur triviale Gespräche führen. Ich war eine totale Außenseiterin.« Sie wird als Streberin beschimpft und besonders von den anderen Mädchen geschnitten. »Das haben vor allem zwei Mädchen aus der Klasse angezettelt. Ich weiß nicht, warum: vielleicht wegen Neid oder persönlicher Abneigung.«

Mädchen, die über eine besondere Intelligenz verfügen, fallen noch viel häufiger durch die Maschen des Schulsystems als Jungen. Noch immer werden in unserer Gesellschaft herausragende intellektuelle Fähigkeiten und Leistungen viel stärker mit Männern als mit Frauen assoziiert. Psychologen und Pädagogen, die Eltern potentiell hochbegabter Kinder beraten, berichten immer wieder darüber, daß für viele Eltern anscheinend noch immer der Schulerfolg der Söhne wichtiger ist als die Förderung der Töchter. So wurde beispielsweise die Tübinger Beratungsstelle bei einem Drittel der Mädchen nur dadurch auf deren Hochbegabung aufmerksam, weil sie den Bruder zum Test begleitet hatten und dann auf Nachfrage der Psychologin auch getestet wurden. Und die Deutsche Gesellschaft für das hochbegabte Kind (DGhK) hat festgestellt, daß drei Viertel aller Kontaktaufnahmen mit ihrer Organisation Jungen gelten. Und für die Christophorusschule für Hochbegabte in Braunschweig werden weit weniger Mädchen als Jungen angemeldet. Das Verhältnis beträgt zwei zu eins. Der Braunschweiger Studienrat Werner Kopp hat beobachtet, daß auch ökonomische Gründe die Entscheidung der Eltern beeinflussen, wer die teure Privatschule (Internatsplatz: 2600 DM pro Monat) besuchen darf: »Man merkt, daß in Zeiten, wo es mit den Finanzen nicht so gut bestellt ist, die Anmeldungen der Mädchen zurückgehen. Man investiert anscheinend nicht so sehr in Mädchen, wenn das Geld knapper ist.«

Auch die Eltern hochbegabter Kinder scheinen noch immer traditionellen Mustern zu folgen und ihren Söhnen und Töchtern vermeintlich typisch männliche und weibliche Attribute zuzuordnen. Das Muster funktioniert nicht nur im Elternhaus, sondern nach wie vor auch in der Schule: »Der heimliche Lehrplan für Mädchen existiert, er wird verstanden, und es wird nach ihm gehandelt. Wahrscheinlich spüren hochbegabte Mädchen den Konflikt zwischen Selbstverwirklichung und dem Verlust sozialer Anerkennung noch härter als ihre Geschlechtsgenossinnen«, meint die Pädagogin Annette Heinbokel, die sich seit über zwanzig Jahren intensiv mit dem Thema Hochbegabung beschäftigt. Ihre Erfahrung: Mädchen haben größere Angst vor Erfolg, ja sie sind sogar eher mißerfolgsorientiert. Sie wollen auf keinen Fall auffallen, passen sich sozialen Situationen besser an und kompensieren schulischen Frust leichter als Jungen. Die Folge: Ihre besonderen Begabungen werden seltener erkannt.

Ein Vergleichstest, den amerikanische Wissenschaftler zwischen hochbegabten Jungen und Mädchen durchgeführt haben, scheint dies zu bestätigen. Hochbegabte Jungen aller Altersstufen fühlten sich bei diesen Tests intelligenter, führungsfähiger, risikobereiter, selbstbewußter und weniger gruppenabhängig als normal begabte Kinder; bei den Mädchen kamen die Forscher zu einem ähnlichen Ergebnis – allerdings nahm das Gefühl für die eigene Stärke und die eigenen Fähigkeiten immer mehr ab, je älter die Mädchen waren. Während der Pubertät tendierten sie zu Gruppenabhängigkeit, persönlicher Unsicherheit und zu geringerem Selbstvertrauen. Gerade während der Pubertät stehen Mädchen oft unter einem enormen Anpassungsdruck, bestimmten Rollenbildern zu entsprechen, und noch immer scheint das Bild »intelligent = unweiblich« bei vielen Mädchen seine negative Wirkung zu entfalten.

Die amerikanische Psychologin Ellen Winner verweist auf US-Studien, wonach intellektuell begabte Jungen in ihrer Klasse zum Teil beliebter waren als normalbegabte. Hochbegabte Mädchen waren dagegen unbeliebter als normalbegabte. Hochbegabte Jungen wurden in der amerikanischen Studie als lustig, klug und kreativ eingeschätzt, die cleveren Mädchen dagegen als launisch, melancholisch, egozentrisch, herrschsüchtig und überheblich. »Was bei einem Jungen als Führungsqualität betrachtet wird, gilt bei einem Mädchen als Herrschsucht. Vielleicht liegt es daran, daß die Merkmale der Unabhängigkeit und Spitzenleistung, die charakteristisch für Hochbegabte sind, weit stärker gegen das weibliche Rollenklischee verstoßen als gegen das männliche«, meint Ellen Winner.

Die Tübinger Psychologin Aiga Stapf hat beobachtet, daß bei hochbegabten Schülerinnen und Schülern geringere Geschlechtsunterschiede im Verhalten zu finden sind als bei normalbegabten, was für hochbegabte Mädchen mit typisch männlichen Interessen eine weitere Behinderung bedeutet, da diese oft von den (nicht-hochbegabten) Jungen nicht akzeptiert werden. Die hochbegabten Mädchen reagieren auf ihre schwierige Position häufig entweder mit einer starken Anpassung, die bis zur Verleugnung ihrer besonderen Fähigkeiten geht, oder mit einem Rückzug in die Isolation. Doch auch die Anpassung bringt in der Regel nicht den gewünschten Erfolg: Zwar mag ihre Anerkennung bei anderen Mädchen steigen, wenn sie nicht ständig die besten in allen Fächern sind, doch bedeutet diese Anpassung, Langeweile und ständige Unterforderung auf sich zu nehmen. Der Braunschweiger Schulpsychologin Sabine Platzer ist aufgefallen, daß hochbegabte Schülerinnen langfristig ganz bewußt ihr Licht unter den Scheffel stellen, indem sie zum Beispiel Fehler in Klassenarbeiten einbauen oder zu psychosomatischen Krankheiten »greifen«. Und die Tübingerin Aiga Stapf stuft hochbegabte Mädchen als eine »Risikogruppe« ein – wegen der »höheren Wahrscheinlichkeit des Anders-Sein, der Vereinsamung und Isolierung«.

Wie schwierig es für hochbegabte Mädchen ist, ihren Platz in der Schule zu finden, zeigt der Lebensweg von Jeanette. Die heute 18jährige drohte auf dem Gymnasium in eine Sackgasse zu laufen. Jeanette ist kein Mädchen, das sich anpaßt, das ihr Licht unter den Scheffel stellt, das absichtlich Fehler in ihre Arbeiten einbaut, um nicht zu gut zu sein. »Es lief eigentlich oberflächlich ganz gut. Ich hatte in der 11. Jahrgangsstufe einen Schnitt von 1,4«, berichtet das Mädchen mit den kurzen blonden Haaren rückblickend. Einen Notenschnitt von 1,4 und das, obwohl sie nur ein Drittel der Unterrichtszeit in der Schule war. Die restliche Zeit schwänzte sie. »Die Lehrer wußten das, aber die haben das irgendwie akzeptiert. Ich hatte das Gefühl, in der Schule verpasse ich nichts, ob ich nun hingehe und mir den ganzen Kram anhöre, und noch mal und noch mal anhöre, oder mir das zu Hause im Buch kurz angucke. Vom Ergebnis her war das für mich das gleiche.« Also geht Jeanette nur selten in die Schule. Statt dessen sucht sie die Bücherei auf und studiert Kunstbücher. Sie interessiert sich vor allem für die Renaissance und die Kunst der 20er Jahre: Gustav Klimt, Egon Schiele. Und sie beginnt auch, selbst zu malen: vor allem Portraits mit Ölfarben und Bleistift.

Zu Hause »spielt sie oft Hausfrau«. Sie geht einkaufen, räumt auf, putzt. Die Mutter gibt immer wieder nach, wenn die Tochter die Schule schwänzt und um eine Entschuldigung bittet. »Wenn ich dann zu Hause herumgeheult habe, dann hat sie mir auch wieder Entschuldigungen geschrieben. Ich habe geheult, weil ich einfach nicht in die Schule wollte: die Mitschüler waren auch alle so flach, so oberflächlich. Ich hatte keine Lust, mit denen den ganzen Tag zu verbringen.« Doch die Mitschüler ahnen nicht, welche innerliche Distanz Jeanette zu ihnen hat. »In der Schule habe ich immer eine Show abgezogen. Ich habe ganz merkwürdige Sachen angezogen: ganz ausgeflippte Klamotten vom Flohmarkt. Meine Haare habe ich sehr oft verändert – ich fand das hübsch. Hauptsache, daß ich aufgefallen bin. Ich habe den Clown gespielt. Das wichtigste war: nie so ein Mittelmaß zu sein.«

Seit Jeanette 13 ist, sucht sie ihre eigene Identität und schlüpft immer wieder in neue Rollen, die sie dann wieder aufgibt. Bis zur 7. Klasse war sie ein ruhiges Mädchen, angepaßt, sehr gut in der Schule, aber eher unauffällig. Doch das änderte sich dann schlagartig. Mit einer Freundin zieht sie mit vierzehn Jahren durch Lübeck, raucht Joints: »Wir waren fast den ganzen Tag bekifft«, erinnert sie sich an jene Phase. Mit einigen Freunden besetzen die Mädchen ein Haus. »Da habe ich irgendwo in dem Haus Scherben gefunden. Ich habe erst mit den Scherben herumgespielt und mir dann in den Arm geritzt, bis das Blut herunterlief.« Das ist nicht das letzte Mal, daß Jeanette ritzt. Sie gewöhnt sich die Selbstverletzungen richtig an. »Immer wenn ich traurig war und nicht mehr konnte, dann war irgendwas in mir drin, was nicht herauskonnte, und sobald das Blut geflossen ist, ging auch dieses andere Gefühl mit raus. Es war schon merkwürdig, aber danach ging es mir besser. Dann wurde ich ruhiger.« Auch zu Hause beginnt das Mädchen mit dem Ritzen – meist, wenn sie mal wieder total verzweifelt ist, aber nicht weiß, warum. »Manchmal hatte ich abends so Ausraster, dann habe ich ins Kissen geschrien, habe mit Sachen herumgeschmissen, mit meinem Kopf gegen die Wand gehauen. Das Zimmer habe ich immer zugeschlossen, damit meine Mutter das nicht mitkriegt. Mit den Scherben habe ich mir dann wieder die Arme aufgeritzt, und danach ging es wieder.«

Für Jeanette ist dieses Aufritzen der Haut kein Suizidversuch gewesen. Sie ist zwar verzweifelt, denkt aber nicht ernsthaft daran, sich selbst zu töten. »Wenn es weh tat, war es ganz gut. Dann habe ich wenigstens gespürt, daß ich überhaupt noch lebe. Ich habe ja den ganzen Tag nichts gemacht, daß ich hätte merken können, wie ich bin und wer ich eigentlich bin.« Zeitweise greift Jeanette jeden Tag zu Scherben oder Klingen. Das läßt sich irgendwann nicht mehr vor ihrer Mutter verheimlichen. Die Mutter ist vollkommen erschüttert, hat Angst um das Leben ihrer Tochter, fühlt sich aber hilflos. Die Mutter geht dann mit ihrer 15jährigen Tochter zu einem Kinderpsychologen. Der Psychologe empfiehlt eine Beschäftigungstherapie: Das Mädchen müsse stärker ausgelastet werden; sie solle doch mal öfter Sport treiben.

Jeanette fühlt sich todunglücklich. Sie ist wütend auf sich selbst, weil sie es nicht schafft, Dinge zu machen, die sie wirklich befriedigen und ausfüllen. Statt dessen verletzt sie sich selbst. Und sie ist auch wütend, als sie auf ihre Probleme mit einer Magersucht reagiert. »Ich war auch total sauer, daß ich mit meinem Körper nicht umgehen konnte.«

Sie hat das Gefühl, überall zu versagen. Sie liebt die Kunst, sitzt stundenlang in Büchereien und wälzt dicke Schinken über die Malerei. Sie liest viel: Philosophie, »große Literatur«, ist begeistert von den Büchern und ganz unglücklich, weil sie merkt, sie kann mit niemandem über den Inhalt diskutieren.

Sie lebt in zwei Welten: Rein äußerlich hat sie sich wieder eine neue Rolle zugelegt. Von heute auf morgen hört sie mit dem Kiffen, mit dem Haschisch auf und fällt vom einen Extrem ins andere. »Ich habe angefangen, ein ganz geregeltes Hausfrauendasein zu führen. Nachmittags hatte ich eine ganz merkwürdige Freizeit: Ich bin zu unseren Nachbarn gegangen, die waren so Mitte 30, und habe mich mit denen vor den Fernseher gesetzt und irgendwas geguckt. Was da gerade lief, war mir eigentlich egal. Ab vier Uhr nachmittags bis abends haben wir geglotzt: irgendwelche Nachmittagsserien wie Star Trek oder die Simpsons und auch diese Talkshows. Ich hatte einfach keine Lust, irgend etwas anderes zu machen.« Zwischendurch geht sie noch einkaufen oder räumt zu Hause auf. »Mich mit den Klassenkameraden zu treffen, dazu hatte ich überhaupt keine Lust.«

Doch die andere Welt bleibt: Abends fühlt sie sich ausgepowert von dem Rollenspiel – und leer. Abends war Jeanette allein, und dann konnte sie alles herauslassen. »Abends gegen acht oder neun Uhr fing das mit dem Heulen an. Es war für mich sehr anstrengend, immer diese Rolle zu spielen: In der Schule immer so ganz kreativ zu sein, ganz ausgefallen, immer im Mittelpunkt zu stehen, immer nur zu agieren.«

Auf den ersten Blick scheint Jeanette in ihrer Klasse nicht isoliert zu sein. »Ich hatte ziemlich viele Bekanntschaften, weil ich auch immer ziemlich aufgedreht war, immer gut drauf nach außen.« Bei den meisten ist Jeanette beliebt, doch sie selbst findet kaum einen in der Klasse nett. »Ich habe schon gedacht, ich bin ein bißchen komisch, wenn die anderen alle so anders drauf sind als ich selbst. Die anderen waren entweder wie ihre 40jährigen Reihenhaus-Zwei Autos-Eltern oder sie waren nur gegen ihre Eltern – aber allein aus Prinzip. Die haben sich alle nichts Eigenes gedacht.« Auch im Unterricht gehen Jeanette die andern Schüler auf die Nerven: Sie findet es äußerst merkwürdig, daß der Lehrer bestimmte Inhalte »tausendmal erklärt, und die haben das immer noch nicht verstanden«. Dagegen sind die anderen des öfteren genervt, wenn Jeanette mit dem Lehrer Probleme durchdiskutieren will, sich nicht mit einfachen Anworten abspeisen läßt und immer wieder nachhakt.

In der elften Klasse kann Jeanette ihre Maske nicht mehr länger tragen. Im Unterricht bricht sie plötzlich zusammen: eine Art Nervenzusammenbruch. Sie fängt an zu weinen und kann gar nicht mehr aufhören. Der Lehrer bringt sie sofort nach Hause. Von einer Ärztin bekommt sie erst einmal Antidepressiva. Wenn sie schlecht drauf ist, dann schluckt sie eine Pille. »Dann fühlt man sich ganz sicher. Man hat das Gefühl: Mir kann nichts passieren, ihr könnt mich alle mal. Man fühlt sich richtig geborgen.« Doch die Pillen sind ihr zu gefährlich; sie hat Angst, davon abhängig zu werden. Sie setzt die Antidepressiva wieder ab.

Statt dessen geht sie mit ihrer Mutter zu einer Psychologin, die mit ihr nach einem langen Gespräch verschiedene Tests durchführt. Ihre Diagnose: Jeanettes »Krankheit« heißt Hochbegabung.

Mittlerweile besucht Jeanette die zwölfte Klasse der Förderschule für Hochbegabte in Braunschweig. Als das Mädchen mit den kurzen blonden Haaren ihren Mitschülerinnen neulich die

Narben zeigte, die sie sich durch das Ritzen zugefügt hatte, krempelten einige von ihnen auch Ärmel und Hosenbeine hoch und wiesen auf ihre Wunden. »Ich dachte schon, das ist hier wie eine Sammelstelle für ehemalige Ritzer«, meint Jeanette und grinst. Die Braunschweiger Schulpsychologin Sabine Platzer kennt dieses sich selbstverletzende Verhalten gerade der hochbegabten Mädchen: »Das ist ein Ausdruck einer schwer gestörten Persönlichkeit. Diese Selbstverletzung geschieht oft aus einer übersteigerten Identität, die ständig Gefahr läuft, wieder abzustürzen. Einerseits haben diese Mädchen das Gefühl: ›Ich bin die Größte‹ oder aber: ›Ich kann gar nichts‹.« Hochbegabte Mädchen leiden häufig unter der Frage, wer sie selbst eigentlich sind, ohne daß sie womöglich diese Frage bewußt stellen. Das Aufritzen der Arme sieht Sabine Platzer nicht als einen Suizidversuch, sondern eher als eine Art Antidepressivum, um sich selbst wieder wahrnehmen zu können.

Hochbegabte Mädchen stecken oft in der Zwickmühle: Sie ähneln mit ihren intellektuellen Interessen den Jungen in der Klasse oder zumindest dem traditionell vermittelten Jungenbild; andererseits stehen sie emotional und sozial den anderen Mädchen in ihrer Klasse nahe. Doch häufig werden sie weder von der einen noch von der anderen »Gruppe« akzeptiert. Sie sitzen zwischen allen Stühlen, fühlen sich isoliert von ihren Geschlechtsgenossinnen, denen sie zu intellektuell sind, fühlen sich aber auch getrennt von möglicherweise intellektuell interessierten Jungen, weil sie ein Mädchen sind. Oft versuchen Mädchen, einem Konflikt und einer Konkurrenzsituation zu Jungen aus dem Weg zu gehen, weil ein schulischer Erfolg möglicherweise den sozialen und zwischenmenschlichen Erfolg behindern könnte – sowohl zu den Jungen als auch zu den Mädchen.

Mädchen machen schnell die Erfahrung, als »besserwisserisch« und »rechthaberisch« abgestempelt zu werden. Konkurrierend-aggressive Verhaltensweisen, die wichtig wären, um sich durchzusetzen, werden bei Jungen nicht nur akzeptiert, sondern auch gefördert; bei Mädchen wird ein solch offensives Verhalten dagegen immer noch meist abgelehnt.

Hochbegabte Jungen zu finden und zu fördern, ist oft sehr schwierig – hochbegabte Mädchen zu entdecken, erfordert noch mehr Sensibilität der Eltern und der Pädagogen, denn diese Mädchen betreiben oft eine Mimikry, die eine Hochbegabung nicht einmal erahnen läßt.

Die Zeit auf dem Gymnasium

»Nicht die Kinder, die Schulen müßten in die Therapie«

Lena ist in ihrer Klasse auf dem Gymnasium mit Abstand die jüngste Schülerin, da sie auf der Grundschule die dritte Klasse übersprungen hat. Die fünfte Klasse findet sie noch recht spannend, doch dann geht es bergab. Im siebten Schuljahr kommt sie mittags weinend nach Hause, der Unterricht macht ihr keinen Spaß mehr. Das ganze Englischheft ist voll mit unterschiedlichsten Mustern: Rauten und Wellenlinien, mal schräg, mal gerade. Jedes Muster steht für eine bestimmte Wiederholung im Unterricht. Lena langweilt sich fürchterlich. Sie beginnt, an ihren Nägeln zu kauen, sie knabbert Bleistifte und Kulis an und sie wird krank. Häufig hat sie morgens Bauchschmerzen oder Kopfschmerzen: psychosomatische Beschwerden. Die Schule macht sie krank. Daß sie häufig in der Schule fehlt, ist ihren Noten nicht anzumerken: sie gehört weiterhin zu den Besten. Die Eltern, die bereits Erfahrungen mit den beiden älteren, hochbegabten Geschwistern von Lena gesammelt haben, wenden sich an die Schule. Der Klassenlehrer winkt belustigt ab: Das Überspringen einer Klasse ist für ihn bei Lena kein Thema; dann müßten noch ganz andere aus seiner Klasse springen.

Ihm kommt es allein auf die Zensuren und die »innere Reife« an. Der Schulleiter macht immerhin einen interessanten Vorschlag: Lena, die mittlerweile die achte Klasse besucht, könne ja in der 11. Jahrgangsstufe den Leistungskurs Spanisch besuchen. Lena sagt sofort begeistert zu, und tatsächlich verläßt sie morgens immer pfeifend das Haus, wenn Spanisch auf dem Stundenplan steht. Doch der Vorstoß des Direktors trifft bei etlichen Lehrern, auch bei Lenas Spanischlehrer, auf Irritationen. Sie verfassen einen Beschwerdebrief an den Schuldezernenten. Tenor: So etwas habe es ja noch nie gegeben! Doch der Schuldezernent reagiert nicht auf das Schreiben und toleriert damit das Experiment. Auch im Spanisch-Kurs selbst ist die Situation für Lena alles andere als einfach, immerhin ist sie vier Jahre jünger als ihre Mitschüler. Die Elftklässler müssen außerdem akzeptieren, daß Lena keine Probleme damit hat, ein halbes Jahr Spanischunterricht allein nachzuholen und die zweite Klausur immerhin mit »befriedigend« abzuschließen.

Und auch in ihrer achten Klasse wird es schwieriger. Etliche Schüler reagieren neidisch darauf, daß Lena eine Sonderbehandlung bekommt. Schlecht akzeptieren können sie auch, daß das Mädchen ausgerechnet in jenen Fächern noch besser steht als früher, in denen sie auf Grund des Spanisch-Leistungskurses öfter fehlt. Die Situation wird für Lena in der Klasse so schwierig, daß die Eltern abermals versuchen, ihre Tochter springen zu lassen. Als dies von der Schulleitung abgelehnt wird, sehen die Bertrams als einzigen Ausweg einen Schulwechsel.

Lena hat Glück gehabt. Nach dem Schulwechsel kann sie springen und geht wieder motiviert zum Unterricht. Sie hat Glück gehabt, weil der Leiter der alten Schule immerhin zu einem kleinen Experiment bereit war, und vor allem hat sie Glück gehabt, weil ihre Eltern bereits Erfahrungen hatten mit hochbegabten Kindern, denn Lena hat zwei ältere Geschwister, die ebenfalls einen IQ über 130 haben. Die Eltern haben den nötigen Druck gemacht, um die Situation ihrer Tochter zu verändern. Häufig ist dies nicht der Fall, da Eltern selten ahnen, warum ihr Kind bzw. ihre Kinder in der Schule so leiden. Langeweile ist ein Phänomen, das fast jeder Schüler kennt – doch die Langeweile nimmt bei hochbegabten Kindern ein solches Ausmaß an, daß Wissenschaftler davon sprechen, diese Kinder würden zwei Drittel ihrer Zeit in der Schule unnütz verplempern. Die Folgen sind oftmals nicht nur ein Leistungs- und Motivationsabfall, sondern auch erhebliche soziale Probleme mit den Mitschülern. Die amerikanische Psychologin Ellen Winner geht davon aus, daß 20 bis 25 Prozent der hochbegabten Kinder soziale und emotionale Schwierigkeiten haben – ein doppelt so hoher Anteil wie bei normal begabten Kindern.

Wenn Schüler trotz ihrer geistigen Potenzen in ihren Leistungen abrutschen, dann stehen dem sowohl die Schüler selbst als auch die Eltern meist hilflos gegenüber. Trotz getestetem Intelligenzquotienten von 130 oder 140 schreiben viele dieser Kinder Vieren oder gar Fünfen. »Diese Schüler lernen auf eine falsche Art und Weise«, meint Christa Hartmann, die sich seit über zwanzig Jahren mit dem Thema Hochbegabung beschäftigt hat. »Sie haben keine richtigen Arbeitstechniken gelernt. Und sie lernen nicht gezielt, sondern ganz spontan und eher in jede Richtung.« Das Manko dieser Kinder: Sie können das Begriffene später nicht richtig auf den Punkt bringen und resignieren dann. »Hochbegabt zu sein bedeutet, ein Potential zu haben, aber es bedeutet nicht, dieses Potential auch automatisch umsetzen zu können«, erläutert die Psychologin.

Genau vor diesem Problem steht auch Malte May. »Im Gymnasium ist er absolut untergegangen«, erzählt seine Mutter Sigrid May. »Er verfügt einfach über keine Arbeitsstrukturen, über keine Lernstrukturen.« Bereits nach einem halben Jahr in der fünften Klasse erklärt der Englischlehrer, Malte, der das erste Schuljahr übersprungen hat, gehöre nicht auf ein Gymnasium. Der Junge könne sich im Unterricht überhaupt nicht konzentrieren. Die Diagnose des Geschichtslehrers lautet: Das Kind sei dringend therapiebedürftig, weil es sich »so merkwürdig« verhalte. Am Ende der sechsten Klasse hat Malte zwei Fünfen im Zeugnis: in Englisch und Geschichte. Er muß die Klasse wiederholen. Sigrid May will nicht einfach akzeptieren, wie mit ihrem Sohn verfahren wird. Sie geht mit ihm zu einer Psychologin und läßt einen Intelligenztest machen. Ergebnis: Der Junge hat einen IQ von über 140, im sprachlichen Bereich einige Defizite, in Mathematik dagegen eine seltene Spitzenbegabung. Die Psychologin weist in ihrem Gutachten darauf hin, daß eine Wiederholung der sechsten Klasse dem Kind mehr schaden als nützen würde. Die Mutter versucht in einer Klassenkonferenz zu erreichen, daß Malte doch versetzt wird; doch die Lehrer bleiben hart. Die Schule will ein zweites Gutachten, aber

Malte bekommt bei der Fachstelle der Universität erst im September einen Termin. Solange will Sigrid May nicht warten; sie meldet ihren Sohn an einem anderen Gymnasium an. Auch an der neuen Schule muß Malte zunächst in die sechste Klasse. Die Entscheidung über eine mögliche nachträgliche Versetzung liegt jetzt bei der Schulbehörde. Der zuständige Dezernent schlägt der Mutter vor, doch bis zum Ende des Halbjahres zu warten, ob es Malte in der neuen Klasse gefalle; dann könne er ja vielleicht immer noch in die siebte Klasse vorrücken. Doch Sigrid May findet diesen Vorschlag absurd; sie will nicht warten. Sie schlägt einen anderen Weg ein und stellt einen Antrag auf Überspringen einer Klasse. Dem steht die Schulbehörde zunächst positiv gegenüber, bis ein Jurist der Schulbehörde der Meinung ist, der Antrag sei unzulässig, da es ja noch ein schwebendes Verfahren um Maltes Versetzung gäbe. Der Mutter platzt langsam der Kragen: Mittlerweile ist Malte schon ein Jahr und fünf Monate in der sechsten Klasse. Sie macht Druck, sie schildert in einem Brief an die Senatorin, die Fraktionen der Bürgerschaft und die Presse ihren bzw. Maltes Fall. Drei Tage später ruft sie der Leiter der Rechtsabteilung der Schulbehörde an und teilt ihr mit, Malte könne ab sofort die siebte Klasse besuchen.

Nach der Versetzung muß Malte fünf Monate Latein nach- und aufholen, doch Latein wie auch Mathe und Physik machen ihm anfangs Spaß. Aber sobald er den Wissensvorsprung der Mitschüler eingeholt hat, beginnt er sich wieder zu langweilen und kann sich nicht motivieren. Jetzt – in der achten Klasse – steht er wieder zwischen vier und fünf. »Ich weiß nicht, woran es liegt. Ich habe das Gefühl, in den ersten Klassen ist so viel verschüttet worden«, versucht seine Mutter den Leistungsabfall Maltes zu erklären. »Ich weiß nicht mehr, was ich machen soll.« Das Merkwürdige: Der hochbegabte Junge liegt nicht auf der faulen Haut, sondern bemüht sich, aber er schreibt trotzdem keine guten Noten. »Ich kriege manchmal Zustände, wenn ich sehe, daß er in Mathe eine Vier minus schreibt und zugleich die Testaufgaben für die Matheolympiade in zwei Stunden alle richtig gelöst hat.« Sigrid May ist auch von den Lehrern enttäuscht. In vielen Gesprächen bekommt sie immer wieder zu hören, wenn Malte hochbegabt sein soll, dann gäbe es aber sehr viele hochbegabte Kinder in ihren Klassen. Die Lehrer sind einfach nicht davon zu überzeugen, daß gute Noten nicht zwangsläufig ein Maßstab für einen entsprechenden Intelligenzquotienten sind und daß umgekehrt hochbegabte Kinder nicht automatisch die besten Noten haben müssen. Sie *können* die besten Noten haben – und sich dennoch langweilen, weil auch das Gymnasium sich am Durchschnitt der Schüler orientiert. Auch hier gilt: Nach Möglichkeit werden die Leistungsschwächeren gefördert, was ohne Zweifel bis zu einem gewissen Grad sinnvoll und wichtig ist. Doch der Blick der Pädagogen schweift erst gar nicht in die andere Richtung. Es wird schlichtweg übersehen, daß es durchschnittlich in jeder Jahrgangsstufe zwei bis vier hochbegabte Kinder gibt, deren Wißbegierde in keiner Weise befriedigt wird.

Auf Andrea ist eine Lehrerin erst in der zehnten Klasse aufmerksam geworden, als das Mädchen aufhört, noch irgend etwas für die Schule zu tun. Andrea hat in allen Fächern sehr gute Noten – das ist bei ihr kein Problem. Doch sie fühlt sich von keinem Lehrer herausgefordert, alles ödet sie nur an. Sie wird richtig lethargisch, zu Hause guckt sie nur noch Fernsehen: MTV, was immerhin ihren Englischkenntnissen zugute kommt. Sie geht nicht mehr raus, hat keine Lust, sich mit anderen zu treffen. »Mit Mitschülern und Freunden konnte ich einfach nicht über die Dinge reden, die mich beschäftigt haben. Die haben das nicht verstanden.« Andrea interessiert sich für philosophische Diskussionen; sie ist – nicht gerade typisch für eine 15jährige – von Latein fasziniert: Sie erprobt Möglichkeiten der Übertragung der lateinischen Grammatik auf die deutsche Sprache. »Ich war eher ein Außenseiter, war in keiner Clique drin.« In der achten und neunten Klasse ist es am schlimmsten gewesen. Sie wird in der Klasse isoliert, als Streberin beschimpft. »Angezettelt haben das zwei Mädchen aus der Klasse. Ich glaube, die waren einfach neidisch, weil die merkten, daß ich nie was tun mußte und trotzdem immer die Beste war«, meint Andrea. Ihre Eltern sind trotz der guten Leistungen nie auf die Idee gekommen, daß ihre Tochter hochbegabt sein könnte – bis die Deutschlehrerin in der zehnten Klasse den Vorschlag macht, Andrea testen zu lassen. »Ich habe mich zuerst super über das Ergebnis des IQ-Tests gefreut«, berichtet Andrea. »Für mich war das eine Erlösung, weil ich endlich wußte, was los ist, und quasi bescheinigt bekommen habe, warum ich mich so gelangweilt habe.«

In der Lernkultur eines normalen Gymnasiums haben hochbegabte Kinder kaum eine Chance, ihre Fähigkeiten zu entfalten. Wer sich für den Unterrichtsstoff interessiert, ist schnell als Streber verschrien, wird von den Mitschülern gemieden oder gar beleidigt. Die Konsequenz: Man zieht sich zurück, engagiert sich nicht mehr im Unterricht. Sven hat auf dem Gymnasium auch deshalb jegliche Motivation verloren, weil er mit seiner Wißbegierde nur auf Ablehnung gestoßen ist. »Der Lehrer ist meist nicht auf das eingegangen, was ich gesagt habe, und von den Mitschülern gibt es Druck, wenn man sich zu häufig meldet.« Sven hat dann irgendwann aufgegeben und sich gesagt: »Ich will nicht mehr, und dann macht man einen auf absolut hart und cool. Man zeigt nach außen nicht, wie weich man eigentlich ist. Man muß ein bestimmtes Image aufbauen. Man ist nur noch eine Hülle, die herumläuft, gut drauf sein muß und coole Sprüche macht.« Sven spielt seine Rolle gut, er ist nicht mehr der Außenseiter, jeder ist gern mit ihm auf irgend welchen Partys, weil Sven die coolen Sprüche gut drauf hat. »Aber es war alles nur Image. Ich habe mal überlegt, wie viele richtige Freunde ich eigentlich hatte, und das sind nicht viele gewesen.« Die Psychotherapeutin Barbara Schlichte-Hiersemenzel spricht sogar von einer Art Spaltung im Bewußtsein hochbegabter Kinder. Im Inneren wissen diese Kinder, daß sie eine Art Gabe haben, daß sie viel begreifen. Aber Kinder formen ihr Selbst im Spiegel der Umwelt. Sie brauchen Akzeptanz und Bestätigung im Spiegel des Gegenüber. Wenn sie aber von diesem keine Bestätigung und keinen Ausgleich erfahren, dann kann Fremdheit gegenüber sich selbst entstehen. Oft – so Schlichte-Hiersemenzel – sei eine Kompensation möglich. Sie geht davon aus, daß rund die Hälfte aller hochbegabten Kinder ohne große Probleme in der Schule klar komme. Die Kinder sind in der Schule vor allem dann sozial, emotional und intellektuell erfolgreich, wenn sie die richtige Schule oder die richtigen Lehrer finden (was selten der Fall ist), oder wenn sie in ihrer Freizeit einen entsprechenden Ausgleich finden.

Die Therapeutin Barbara Schlichte-Hiersemenzel behandelt in ihrer Praxis häufig hochbegabte Kinder, die auf dem und an dem Gymnasium zu scheitern drohen. »Ich bin in einem ganz großen Dilemma, weil ich weiß, daß diese Kinder ja primär nicht krank sind, sondern im Gegenteil brillant begabt.« Aber die Eltern fühlten sich in ihrer sozialen Fürsorgesituation weitgehend allein gelassen. In der Tat: Die Schulen wollen oder können ihren pädagogischen Auftrag nicht erfüllen, wenn es um die Hochbegabten geht. Doch die Kinder haben keine Wahl: Für sie gilt meist die Schulpflicht, und sie werden in eine Situation gezwängt, die ihre Lern- und Entfaltungsmöglichkeiten überhaupt nicht berücksichtigt.

Silke ist ein hochbegabtes Mädchen, das nicht aufgegeben hat, das sich und ihre Fähigkeiten nicht versteckt, das sich nicht abgefunden hat mit der Langeweile und der Langsamkeit der Stoffvermittlung. Wenn andere Kinder rufen, das gehe ihnen alles zu schnell, was der Lehrer erklärt, dann möchte sie am liebsten einwenden, daß der Unterricht immer zu langsam vorankrieche. Mit ihrer Leistungsbereitschaft macht sie sich natürlich unbeliebt bei ihren Mitschülern. Wenn Klausuren verschoben werden, weil drei Schüler erklären, sie seien gestern lange auf einer Party gewesen und könnten sich heute überhaupt nicht konzentrieren, dann freuen sich die meisten aus ihrer Klasse. Nur Silke ist sauer, weil es wieder bedeutet, daß es nicht vorangeht. Außerdem hat sie kein Verständnis dafür, daß die mangelnde Arbeitshaltung der Mitschüler von den Lehrerinnen und Lehrern auch noch akzeptiert wird.

Daß hochbegabte Kinder sich tatsächlich für den Unterrichtsstoff interessieren, scheinen andere Schüler offenbar nicht begreifen zu können. Konflikte können sich so an ganz harmlosen Situationen entzünden. So wurde in Silkes Klasse ständig die Sitzordnung verändert, weil es bei den Mitschülern häufig neue Vorlieben gab, neben wem man gerade am liebsten sitzen wollte. »Für Silke war das immer ein Alptraum«, erzählt ihre Mutter. Als Silke in der Klasse erklärt, daß sie das störe, weil sie sich dann schlechter auf den Unterricht konzentrieren könne, gucken die Klassenkameraden sie mit großen Augen an. Daß jemand konzentriert dem Unterricht folgen will, das scheinen sie nicht zu kennen. Silke setzt sich ganz bewußt neben Kinder, die sie nicht so gern mag: Nicht etwa, weil sie einen Hang zum Masochismus hätte, sondern weil sie weiß, daß sie sich von diesen Kindern nicht ablenken läßt. Schon in der Unterstufe verfolgt das Mädchen die Devise, in der Schule möglichst viel zu lernen und zu erledigen, weil sie dann zu Hause mehr Zeit hat für all die anderen Dinge, die sie interessieren.

Um nicht nur die Zeit in der Schule abzusitzen, hat Silke, die bereits die siebte Klasse übersprungen hatte, im 11. Jahrgang den Antrag gestellt, neben der Schule schon einmal Vorlesungen an der Universität zu besuchen. Der Schulleiter findet die Idee ausgezeichnet und gestattet Silke den Unibesuch – allerdings nur außerhalb der Unterrichtszeiten. Dafür hätte Silke natürlich keinen Antrag zu stellen brauchen. Ihr geht es ja gerade um eine Alternative zum langweiligen Absitzen, doch das lehnt der Schulleiter ab. Seine »Begründung«: Von Amts wegen sei er nicht in der Lage, einen solchen Antrag zu genehmigen.

Kinder, die viel wissen und die schnell begreifen, sind in ihren Klassen meist isoliert. Torben ist zwar von seinen Zensuren her nur ein durchschnittlicher Schüler, doch er ist blitzgescheit, und das registrieren auch seine Mitschüler. Zensuren interessieren ihn nicht, das sind für ihn nur Zahlen. Ehrgeiz entwickelt er nur, wenn ihn eine Sache interessiert. Zu Hause kann er sich stundenlang hinsetzen und Fachbücher wälzen, wenn er ein Problem lösen will. Er verfügt über ein großes Wissen, weil er das, was er liest, abspeichern kann. »Für die Lehrer wird das dann zum großen Problem, wenn er sie korrigiert und ihnen erklärt, das habe er aber bei jenem Autor ganz anders gelesen«, meint Torbens Mutter Heidi Kriegel, die selbst Lehrerin ist. »Besonders für die Lehrer am Gymnasium, die lange studiert haben, ist das ganz schwer zu akzeptieren, wenn da so ein Knirps kommt und sagt: ›Nein, das stimmt aber nicht, was Sie gerade gesagt haben.‹« Mit solchen Bemerkungen machen sich die Neunmalklugen weder bei Lehrern noch bei Schülern beliebt, auch wenn sich mancher Mitschüler mehr oder weniger heimlich darüber freut, wenn der Lehrer zurechtgewiesen wird. Doch die Klassenkameraden registrieren zugleich, daß Torben einfach anders ist als sie selbst. Schnell bekommt er den Spitznamen »Professor«, und das empfindet er als beleidigend. »Das hat ihn tief verletzt«, erinnert sich seine Mutter.

Hochbegabte Kinder versuchen, sich an die Normalität des Schulalltags anzupassen, und scheitern doch häufig daran. Einerseits seine Gaben nicht völlig zu verstecken, andererseits aber auch ein gutes Verhältnis zu den Mitschülern aufzubauen, das erscheint vielen wie die Quadratur des Kreises. »Das Kind versucht eine Lösung für dieses Dilemma zu finden, um in seinem inneren Empfinden zu überleben«, beschreibt die Therapeutin Barbara Schlichte-Hiersemenzel diesen Prozeß. »Psychisch krank werden die Kinder dann, wenn das nicht geht. Man kann nicht dagegen anarbeiten, daß man eine andere Hautfarbe hat. Man kann viel verstecken und vielleicht verschleiern, aber es geht letztlich nicht. Und diese Hochbegabung ist wie eine innere Hautfarbe.« Wenn die Kinder dann versuchen, sich dem Durchschnittsniveau anzupassen, und zum x-ten Mal das wiederholen, was sie beim ersten Mal schon verstanden haben, dann leisten sie eine unglaubliche Anstrengung und entwickeln eine große Frustrationstoleranz. Doch letztlich scheint diese Anpassung zum Scheitern verurteilt, erläutert Barbara Schlichte-Hiersemenzel: »Man kann nicht einen wesentlichen Selbstanteil ausmerzen. Wenn man ihn über lange Zeit zu sehr ausgrenzt, dann wirkt er aus dem Untergrund, dann macht er einen krank und bewirkt Leid.«

Für Schlichte-Hiersemenzel liegt die Ursache des Problems aber eindeutig nicht bei den Kindern: »Eigentlich denke ich oft, die Schule, die Lehrer, müßten hier in die Therapie.«

Christophorusschule in Braunschweig: Förderschule für Hochbegabte

Traue keinem unter 130?

Endstation Braunschweig, Georg-Westermann-Allee 76: die Christophorusschule des Christlichen Jugenddorfwerkes Deutschland. Letzter Versuch für jene Wunderkinder, die an anderen Schulen gescheitert sind. Zugleich aber auch Endstation Hoffnung für jene, denen es in den alten Klassen todlangweilig war.

Der 17jährige Sven stand kurz vor dem Scheitern. In seiner alten Klasse auf einem Bochumer Gymnasium ist er immer mehr abgesackt: Mit 30 Mitschülern sitzt er dort in der neunten Klasse, lustlos, genervt von den ewigen Wiederholungen. »Eigentlich habe ich da nur noch Party gemacht in der Schule«, erzählt Sven. Ein ruhiger Typ, dunkle Haare, dunkle Augen, etwas verschlafen wirkt er, doch das täuscht. »Ich wurde richtig schlecht und drohte sitzenzubleiben.« Gegen Ende der neunten Klasse steht er in sechs Fächern glatt Fünf, doch im letzten Moment bekommt er noch einmal die Kurve: Immerhin – sechsmal die Note Vier, das ist nicht gerade das, was man sich gemeinhin unter hochbegabt vorstellt.

Svens Mutter hat die Nase voll: Sie weiß, daß ihr Sohn mehr kann. In der Grundschule ist er stets der Beste in der Klasse gewesen, obwohl er wegen einer Lungenkrankheit häufig gefehlt hat. Svens Mutter hört von der Christophorus-Schule und schickt ihren Jungen zur Kontaktwoche nach Braunschweig. Die Klassenlehrerin gibt Sven noch eine Warnung mit auf den Weg von Bochum nach Braunschweig: Auf die Hochbegabtenschule passe er überhaupt nicht hin. Außerdem seien dort nur die krassen Außenseiter. Die

Warnung versteht der Junge eher als Ermutigung, fühlt er sich in seiner alten Klasse doch selbst als krasser Außenseiter.

In der Christophorus-Schule absolviert Sven erfolgreich die Kontaktwoche; hier macht er auch zum ersten Mal einen Intelligenztest. Ergebnis: Hochbegabt – im mathematischen Bereich spitzenbegabt. »Das war schon komisch, als ich das Ergebnis erfuhr. Da hatte ich dann eine Begründung, warum das vorher nicht so funktioniert hat. Ich hatte eine Erklärung für meine ganzen Probleme.« Solche Sätze hört die Schulpsychologin der Christophorus-Schule, Sabine Platzer, gar nicht gern. »Es gibt nicht nur positive Auswirkungen des Begriffs Hochbegabung, sondern auch sehr negative. Vor allem dann, wenn alles, was bisher schief gelaufen ist in der Schulkarriere des Schülers, mit diesem Konstrukt erklärt wird.« Die Schulpsychologin sieht die Gefahr, daß die Jugendlichen durch das Etikett Hochbegabung von außen lahm gelegt und zur Passivität verführt werden. Viele Schüler hätten die Tendenz, dann alles mit der erwiesenen Hochbegabung zu entschuldigen. Den Eltern bzw. den Lehrern würde dann die alleinige Verantwortung zugeschoben nach dem Motto: »Ihr habt doch gesagt, daß ich hochbegabt bin. Dann macht jetzt mal etwas für mich.«

Das gilt auch für Sven. Er weiß mittlerweile, daß durch die Christophorus-Schule nicht alle Probleme von allein gelöst werden. Seit eineinhalb Jahren geht er nun ins Braunschweiger Internat. Seine Note für die Schule: sehr gut. Auch die Noten der Lehrer für Sven sind besser geworden. Vor allem in den Sprachen, in denen er laut Testergebnis gerade mal gut-, aber keinesfalls hochbegabt ist, schreibt er Einsen und Zweien. »In Englisch immer eins. Meine erste Arbeit in Französisch war eine zwei plus, und in Japanisch habe ich auch direkt eine Eins geschrieben«, berichtet er stolz. Dagegen hapert es bei ihm ausgerechnet in Mathe. Da habe er zu große Lükken, meint der 17jährige. Es sei sehr schwer, diese Lücken zu schließen. Doch nach Meinung der Lehrer läßt es Sven in einigen Fächern auch an der nötigen Arbeitshaltung fehlen. Die Konsequenz: Er ist kurzerhand von dem B-Zweig (für die Hochbegabten) »strafversetzt« worden in den A-Zweig des normalen Gymnasiums. Sven nimmt die Aktion gelassen hin: »Das ist nur für einige Monate, damit ich das Lernen lerne. Danach komme ich wieder in den B-Zweig.« Hinter der coolen Gelassenheit kann man aber den Wunsch spüren, wieder zu den anderen Schülerinnen und Schülern zurückzukehren. Denn daß die im B-Zweig anders sind, das weiß hier jeder. »Das fängt schon damit an, daß hier kein Wert auf Äußerlichkeiten gelegt wird«, erläutert Sven. »Ich sehe morgens oft total fertig aus, weil ich seit Jahren chronisch schlecht schlafe – immer nur so drei Stunden am Stück. Aber den Leuten hier ist das völlig egal, wie man herumläuft. Es interessiert die nur, wie man selbst ist.« Zu Hause in Bochum auf der alten Schule, da hätten die Mitschüler nur darauf geachtet, welche Klamotten man trage, was man trinke, wie man auftrete. »Aber das ist doch alles so was von unwichtig«, meint Sven und grinst. Dann fügt er leise hinzu: »Das waren keine Freunde, die haben nur auf das Image geachtet.«

Jeanette weiß, wovon Sven spricht. »Hier brauche ich mich nicht mehr zu verstellen«, meint die 18jährige, die seit einem halben Jahr die 12. Klasse des B-Zweiges besucht. »Ich erkenne in den anderen auch Dinge, die ich von mir kenne.« Zum ersten Mal hat Jeanette in ihrer Klasse mehrere Freundinnen. »Mit einer Freundin mache ich hier manchmal Wortspiele, die sich auch auf Literatur beziehen, die wir irgendwann einmal gelesen haben. Wir gucken uns dann bei bestimmten Zitaten an und lachen uns kaputt dabei. Früher hätte ich das nie machen können: Die Leute hätten mich nur blöd angeguckt und für verrückt erklärt.« In dem Braunschweiger Internat kann man sich dagegen auf einer gemeinsamen Ebene unterhalten, hier wird man verstanden. »Die Leute akzeptieren hier, daß man anders ist, weil ja fast alle irgendwie anders sind.«

Etwas anders ist auch Jeanettes Kurskollegin Carmen. Auch sie hat das Gefühl, hier unter ihresgleichen zu sein. »Das hört sich vielleicht etwas pathetisch an, aber es ist wirklich so: Selbst wenn hier Leute sind, die mir nicht so sympathisch sind, weiß ich trotzdem, ich könnte mit jedem ein intelligentes Gespräch führen, und das verbindet. Das ist ein gutes Gefühl. Früher an meiner alten Schule habe ich oft zu hören gekriegt: ›Du bist ein bißchen verrückt‹ oder ›Ich verstehe gar nicht, was du meinst‹. Da habe ich mich oft völlig allein gelassen gefühlt.« Carmen weiß die Gemeinschaft der Hochbegabten durchaus zu schätzen, doch zugleich beschleicht sie ein ungutes Gefühl, wenn das ganze so einen elitären Touch erhält. Für die 17jährige ist es immer noch schwierig, sich zu ihren Fähigkeiten, zu ihrem IQ, zu ihrem Potential zu bekennen. Mit einem Spruch, der durch die Braunschweiger Schule geistert, kann sie sich gar nicht anfreunden: »Traue keinem unter 130« – IQ 130. Sie will keine geschlossene Gesellschaft der jungen Genies; sie sucht den Kontakt nach außen.

Den sucht auch Andrea. »Das ist voll die Insel hier, eine künstliche Welt, und es gibt auch etliche, die keinen Kontakt mehr zur Außenwelt haben«, räumt die 18jährige ein. »Vor allem die spleenigen Typen, die werden hier zwar irgendwie anerkannt und akzeptiert, aber draußen kämen die nicht klar. Es ist sehr angenehm, hier in diesem Klima zu leben, aber man darf nicht den Kontakt nach draußen verlieren; sonst kommt man spätestens im Studium nicht mehr klar.« Andrea befürchtet, daß einige ihrer Mitschüler so »abgefahrene Verhaltensweisen« drauf haben und so sehr in ihrer eigenen Welt leben, daß sie den Kontakt zur Außenwelt nicht mehr geregelt bekommen.

Die Schulpsychologin Sabine Platzer weiß, wie wichtig die Gemeinschaft der Gleichartigen für die Schüler ist. »Viele kommen als Schüler, die früher sozial vollkommen isoliert waren. Sie waren die absoluten Außenseiter in der alten Klasse: Sie sehen schon anders aus, sie unterwerfen sich keiner Mode, die meisten sind nicht so sportbegeistert, sie widmen sich einfach ganz anderen Themen.« Oft gehe es bei ihrem Außenseiterstatus gar nicht vordergründig um die hohe Intelligenz, sondern einfach um dieses Anderssein. In Braunschweig sei dieses Anderssein aber plötzlich verschwunden. »Allein dieses Aufeinandertreffen von vielen Außenseitern hat einen sehr regulativen Effekt und ist sehr entlastend für die Jugendlichen.« Die Schüler erleben hier, daß sie so anders und einzigartig gar nicht sind, wie sie immer gedacht haben. Zugleich finden sie in dem Braunschweiger Eliteclub Menschen, die ähnliche Interessen haben wie sie. Und sie finden einfach Kommunikationspartner, was an ihrer alten Schule meist nicht der Fall gewesen ist.

Auch die Psychotherapeutin Barbara Schlichte-Hiersemenzel, die sich auf die Behandlung hochbegabter Kinder spezialisiert hat, plädiert für ein gemeinsames Lernen Hochbegabter. »Es ist eine humane Verpflichtung, den Kindern zu ermöglichen, sich unter gleichen zu entwickeln.« Schlichte-Hiersemenzel zieht den gewagten Vergleich zu behinderten Kindern. Sie habe selbst an ihrer geistigbehinderten Schwester erfahren, daß eine bedingte Integration durchaus sinnvoll sei, doch die Integration dürfe nicht so weit gehen, daß ausschließlich nur noch Kontakte zu »Normalen« bestehen. »Hochbegabte Kinder und Jugendliche brauchen auch den Austausch mit der gleichen Denkgeschwindigkeitsgruppe und mit Menschen, die genauso komplex denken wie sie.« Diese Stimmigkeit im Austausch bewirke ein Selbstwertgefühl, an dem es Hochbegabten oft mangele. Doch der Vorteil dieser Gemeinschaft der Gleichschlauen hat auch einen Nachteil für das Innenleben der Christophorusschule: In dem Gymnasium hat sich eine Zwei-Klassen-Gesellschaft entwickelt. Sven – zur Zeit ja in die 11. Klasse des A-Zweiges »strafversetzt« – macht keinen Hehl aus der Stimmungslage: Die B-Schüler mögen die A-Schüler nicht, und die A-Schüler die B-Schüler nicht. Die A-Schüler gelten bei den Schlaubergern als reich und dumm; die würden nur auf Partys rennen, Marken-Klamotten und Pop-CDs seien für die das wichtigste. Und die typischen B-Schüler? Die haben fettige Haare, dicke Brillengläser und Jesustreter, sind Müslifresser, laufen mit Büchern unter dem Arm rum und hängen ansonsten die ganze Zeit nur vor dem Computer. Alles nur Klischees! Alles nur Klischees? »Die Vorurteile sind auf jeden Fall da«, meint auch Faramarz, und er räumt ein: »Bei uns im B-Zweig gibt es schon krasse Leute. Die würden draußen in der Realität schon ganz schön herausfallen. Die schweben ein bißchen jenseits der Welt, sie leben in ihrer eigenen Welt. Manche lernen den ganzen Tag lang diese Science Fiction-Serien, die Star Trek-Folgen, auswendig. Oder sie können den Philosophen Husserl und Goethes *Iphigenie auf Tauris* auswendig. Andere spielen hier *Monkey Island 3* nachts fünfmal hintereinander und dazu ergötzen sie sich an der Musik. Wenn man selbst nebenan im Zimmer schlafen will, dann ist das nicht immer so angenehm.« Für den

Computer-Laien sei angemerkt: *Monkey-Island* ist ein Computer-Adventure-Spiel, das man in *einem* Durchlauf schon stundenlang spielen kann. Doch die »krassen Typen« sind auch im B-Zweig nur eine kleine Minderheit – und sie werden von den anderen nicht nur ertragen, sondern auch mitgetragen.

Vielleicht ein Beleg dafür, daß in Braunschweig die Maxime des christlichen Jugenddorfwerkes zumindest teilweise umgesetzt wird: Jeder Mensch hat das Recht auf Entfaltung der ihm geschenkten Begabungen; jeder hat aber auch die Pflicht, diese Begabungen zum Wohl der Gemeinschaft einzusetzen. Eine Maxime, die in der Christophorusschule zwar nicht wie eine Monstranz herumgetragen wird, der man sich aber schon verpflichtet fühlt. Die Ganztagsschule wurde 1977 gegründet; vier Jahre später wurde der Förderzweig für hochbegabte Kinder eingerichtet – damals wie heute einmalig in Deutschland. Zunächst war die Hochbegabtenförderung nur für die Sekundarstufe II vorgesehen, aber 1987 wurde dann diese Förderung ab der 9. Klasse angeboten. In der Regel machen jedes Jahr rund 23 Schülerinnen und Schüler des B-Zweiges das Abitur.

In den B-Zweig kommt natürlich nicht jeder: Der begehrten Aufnahme geht eine Kontaktwoche voraus. Zu dieser werden rund 25 Kinder eingeladen, die sich für die neunte oder elfte Jahrgangsstufe der Christophorusschule interessieren. Zwei Lehrkräfte beobachten in einem speziellen Unterricht den Kenntniszuwachs, die Lernstrategien, die Arbeitshaltung und das Problemlöseverhalten. In testdiagnostischen Verfahren ermittelt die Schulpsychologin Leistungs-, Motivations- und Persönlichkeitsaspekte des Jugendlichen. Außerdem achten zwei Sozialpädagogen des Internatsbereichs auf das Sozialverhalten der Novizen.

Während der Woche werden dann alle Informationen über den Schüler zusammengetragen, und eine Konferenz trifft die für manchen Schüler schwerwiegende Entscheidung. Doch die Pädagogen heben oder senken den Daumen nicht nur über die Frage, ob nun jemand den Eintritt in den Club der jungen Genies geschafft hat. Die Schulpsychologin Sabine Platzer legt Wert darauf, daß den Bewerbern mehrere Optionen unterbreitet werden: Aufnahme auf die Christophorusschule in den B- oder den A-Zweig; wenn das nicht geht, dann sollte man die Möglichkeit des Überspringens in der alten Schule oder einen Wechsel zu einer ganz anderen Schule erwägen. Es sind verschiedene Szenarien denkbar, die nach der Woche in einem Beratungsgespräch mit dem Jugendlichen und seinen Eltern diskutiert werden. Aus jeder Kontaktwoche, die viermal pro Jahr stattfindet, wird rund ein Drittel der Bewerber angenommen. Doch bei manchen Jugendlichen ist der Grad des Nicht-Mehr-Wollens so groß, daß sie auch in Braunschweig keine Aussicht auf Erfolg haben, erläutert die Schulpsychologin. »Es gibt Jugendliche, bei denen ist so viel schiefgelaufen, daß ihr Wunsch nach Veränderung gering ist. Das können wir mit unserem System auch nicht mehr leisten. Die müssen auch wir ablehnen.« Endstation Braunschweig – für diese Handvoll Jugendliche pro Jahr gibt es so gut wie keine Hoffnung mehr auf einen schulischen Abschluß, der ihren Begabungen entsprechen würde.

Entscheidende Kriterien für die Aufnahme sind der IQ sowie die Arbeitshaltung. Wer die Kontaktwoche verpaßt hat, kann aber noch an einer »Schnupperwoche« innerhalb des Schuljahres teilnehmen. Schwierig sind jene Fälle, die sich kurzfristig ergeben, wenn sich – vor allem in der Oberstufe in den ersten Monaten nach den Sommerferien – bei Schülern große Probleme zeigen. Dann noch spontan zur Christophorusschule zu wechseln, ist mittlerweile fast unmöglich. »Es gibt keine Pufferzone mehr für Notfälle«, bedauert Sabine Platzer. Eine kleine Hoffnung bleibt doch: Innerhalb des ersten Halbjahres springen im B-Zweig einige Schüler wieder ab, bei denen es an der rechten Motivation und Leistungsbereitschaft mangelt. Ohne Aufnahmeverfahren wird allerdings kein Schüler in Braunschweig angenommen, auch wenn böse Zungen das immer mal wieder kolportierten, betont Studienrat Werner Kopp. »In unser Förderprogramm ist noch kein Kind gekommen, von dem nur die Eltern meinten, es sei so furchtbar hochbegabt, daß es unbedingt gefördert werden müsse.«

Mittlerweile ist der Andrang auf das Braunschweiger Elitegymnasium so groß geworden, daß im Schuljahr 96/97 im 11. Jahrgang erstmals eine zweite B-Klasse eingerichtet wurde. In Zukunft soll auch die neunte B-Klasse zweizügig gefahren werden. Und die Braunschweiger wollen weiter expandieren: In die 5. Klasse sollen gezielt Hochbegabte aufgenommen werden, allerdings sollen die kleinen Neunmalklugen im Alter von zehn oder elf Jahren nicht unter sich bleiben, sondern integrativ zusammen mit normal Begabten gefördert werden. »So früh schon mit diesem Label Hochbegabung zu operieren, macht keinen Sinn«, meint die Schulpsychologin. »Man muß sich wirklich genau überlegen, auch als Lehrer und Eltern, ab wann man mit diesem Begriff umgeht, und ab wann man gegenüber den Kindern mit diesem Begriff argumentiert.« Die Sorge der Psychologin: Man tut den Kindern keinen Gefallen, wenn sie als hochbegabt etikettiert werden und zum Beispiel ihre Bequemlichkeit, manchmal auch ihre Faulheit, damit zu kaschieren versuchen.

Mit der Bequemlichkeit und dem Dolce Vita ist es bei der 17jährigen Carmen schon etwas länger vorbei – genau seit 18 Monaten, als sie von Aurich nach Braunschweig wechselte: der zweite Kulturschock in ihrem Leben. Den ersten erlebt die Tochter einer deutschen Mutter und eines englischen Vaters, als sie nach Deutschland kommt. Zuvor hat sie schon im Jemen, in England und in Pakistan gelebt, wo sie jeweils in englischen Privatschulen unterrichtet worden ist: ganz kleine Klassen mit einem sehr kreativen Unterricht und individueller Förderung. Wie außergewöhnlich dieser Unterricht war, merkt sie erst, als sie in die vierte Klasse der Grundschule nach Aurich kommt. Obwohl sie bislang nur in englischer Sprache unterrichtet wurde, fällt ihr die Umstellung leicht. Das Problem ist die Langeweile, die ewigen Wiederholungen. Carmen tut nur das Allernötigste für die Schule, Hausaufgaben macht sie selten, dennoch gehören ihre Zensuren immer zu den besten. Das bleibt auch so in der 5. und 6. Klasse auf der Orientierungsstufe und auf dem Gymnasium: mit minimalem Aufwand das optimale Ergebnis. Effektiv ist das, aber Spaß macht es nicht. »In der alten Klasse habe ich auch erlebt, daß die anderen Schüler echt frustriert waren. Die haben tagelang für eine Arbeit gelernt, und ich kam morgens in die

Schule und habe gesagt: ›Ach, wir schreiben heute eine Arbeit.‹ Dann habe ich mitgeschrieben und meine Note war zwei Zensuren besser als deren Noten. Das hat zu Konflikten geführt.« Schule ist für sie nur etwas Nerviges, es interessiert sie nicht. Doch ihre Mutter macht Druck. Sie spürt, daß in ihrer Tochter noch mehr steckt. Widerwillig erklärt Carmen sich bereit, einen Intelligenztest zu machen. Resultat: Carmen ist hochbegabt. Das kann sie für sich aber schlecht akzeptieren. Als die Mutter miterlebt, wie sehr sich ihre Tochter in der Schule langweilt, drängt sie auf eine Kontaktwoche in Braunschweig. Trotz Bedenken willigt Carmen ein. Heute ist sie froh, daß sie den Rat ihrer Mutter befolgt hat. Allerdings will sie noch nicht nach der 9. Klasse wechseln. »Ich war privat noch sehr stark an Aurich gebunden und ich bin auch froh, daß ich erst nach der 10. Klasse gewechselt habe. Das Internat hier ist nämlich nicht ganz ohne.« Drei Jahre im Braunschweiger Internat – das reiche schon, meint das quirlige Mädchen. »Für mich war es auf jeden Fall toll, daß ich noch ein Party-Jahr in Aurich hatte.«

Wenn Carmen über ihre Begabung spricht, dann spürt man ihre Begeisterung und ihre Lust zu lernen; natürlich ist sie auch irgendwie stolz auf ihre Begabungen, aber es klingt nie so, als wolle sie mit ihrem IQ prahlen. Als sie damals Ende der neunten Klasse von Ostfriesland nach Braunschweig zur Kontaktwoche gefahren ist, da weiß außer ihrer Mutter keiner Bescheid. »Mit der Hochbegabung konnte ich nie so gut umgehen. Es ist wohl die Befürchtung, daß zu viele hohe Erwartungen in mich gesetzt werden könnten, die ich nachher nicht erfüllen kann. Vielleicht spüre ich auch eine zu starke Verpflichtung und habe Angst vor den Klischees, daß Leute, die ganz schlau sind, dann auch reich und berühmt werden müssen.« Carmen will sich nicht unter Druck setzen lassen; sie will ganz normal weiterleben. Doch ihr Leben verändert sich radikal. Sie hatte zu Hause sehr viele Freiheiten und befürchtet, daß sie mit den Reglementierungen und der Hausordnung des Internats große Schwierigkeiten haben wird. Doch es kommt anders: In der Christophorusschule hat die eigentlich sehr lebenslustige Schülerin kaum noch Zeit, irgend etwas anderes zu machen außer Lernen. Doch das stört sie nicht: »Jetzt habe ich eine vollkommen andere

Einstellung zur Schule. Es macht insgesamt wahnsinnig Spaß. Wenn mir vor drei Jahren jemand gesagt hätte, daß ich mal mehr als 40 Stunden Unterricht machen würde, ich wäre schreiend davon gelaufen. Ich habe mir das nie vorstellen können, daß ich das mal wirklich machen will. Aber jetzt sage ich: Die Schule hat für mich absolute Priorität.« Die 17jährige ist über sich selbst und ihre Wandlung verblüfft. Selbst am Wochenende bleibt sie jetzt häufig im Internat und bereitet sich auf Klausuren vor. Da muß selbst ihr Freund zurückstecken.

Kein Wunder, daß Carmen auch am Wochenende noch büffeln muß, denn in der Woche bleibt dafür wenig Zeit. Fünf statt üblicherweise zwei Leistungskurse sind Pflicht in der Oberstufe der Christophorusschule: Deutsch, Mathematik, Geschichte, eine Fremdsprache und eine Naturwissenschaft. »Ich habe Englisch, Mathe, Latein, Biologie und Physik. Außerdem habe ich als Leistungskurse noch Deutsch und Geschichte belegt«, erzählt die 17jährige strahlend. Macht zusammen mit den anderen Fächern 43 Unterrichtsstunden. Zweimal in der Woche hat sie bis zur 10. Stunde, bis 16.10 Uhr, Unterricht. Samstags geht der Unterricht bis ein Uhr; lediglich jeder vierte Sonnabend ist frei. Am leichtesten fallen ihr die Sprachen: Englisch, Latein, Französisch und Japanisch. »Ich brauche eigentlich keine Vokabeln zu lernen. Ich gucke sie mir einmal an und dann sind die abgespeichert.« Beneidenswert.

Nebenbei singt Carmen noch in einer Barbershop-AG, erteilt Nachhilfe, um ihr Taschengeld aufzubessern, und spielt Klavier. »Das ist die arbeitsintensivste Phase meines Lebens«, meint die 17jährige. »Aber man gewöhnt sich schnell an diesen Unterricht. Wenn ich jetzt die alte Klasse besuche, dann denke ich meist: Wie habe ich das nur so lange ausgehalten. Es sind so gravierende Unterschiede: zum Beispiel das Tempo des Lernens und die breite Fächerauswahl.« Aber Carmen räumt auch ein, daß sie fast schon so intensiv gefördert werde, daß sie kaum noch hinterherkomme. »Manchmal habe ich das Gefühl, ich werde hier überfordert. Aber dann merke ich auch wieder, daß es mir wahnsinnig gut tut.« Das Lernen ist fast wie eine Sucht. Viele Schüler testen ihre Grenzen aus, nehmen so viel Stoff auf, wie sie gerade noch verkraften können: Nicht nur fünf Leistungskurse, sieben sollen es sein. Die 35-Stunden-Woche ist für die meisten kein Thema – neben dem rund 40stündigen Unterricht fallen natürlich noch die Hausaufgaben an, die Klausurvorbereitungen sowie mindestens eine der zahlreichen Arbeitsgemeinschaften am Abend. »Das ist manchmal auch echter Streß«, gesteht Carmen, «aber ich genieße es auch, daß ich das Gefühl habe: Es ist etwas, was mich mal richtig beansprucht, was nicht nur so leicht ist, daß es mich nicht mehr interessiert.«

Grundlage für den Unterricht im Hochbegabtenzweig sind die normalen Rahmenrichtlinien des Kultusministeriums. Das Unterrichtstempo in Braunschweig ist allerdings stark erhöht. Wiederholungs- und Sicherungsphasen fallen quasi ganz weg. Das Schuljahr ist hier auch anders strukturiert: Es teilt sich in Trimester auf. In den ersten beiden Trimestern wird der normale Unterrichtsstoff durchgenommen, im letzten schließt sich eine Vertiefungsphase an. In den ersten beiden Trimestern geht es auch um die Zensuren, in der Vertiefung um den Spaß und die eigenen Präferenzen. Als Themen werden hier von den Lehrkräften, aber auch von auswärtigen Dozenten Projekte angeboten wie zum Beispiel Film und Literatur, assyrische Keilschrift oder Codierungstheorien.

Zum normalen Fächerkanon in der 11. Jahrgangsstufe kommen als Fremdsprachenangebote noch Japanisch und Griechisch hinzu sowie Informatik und Philosophie. »Der Japanisch-Unterricht ist ganz wichtig für die Schüler, weil es für sie etwas ganz Neues ist«, erläutert der Geschichts- und Sozialkundelehrer Werner Kopp. »Die Schüler müssen mal wieder richtig lernen, und diese neue Lernmotivation überträgt sich auch auf die anderen Fächer.« Denn das Lernen zu lernen, das ist eigentlich der wichtigste Unterricht in Braunschweig, der in jedem Fach erteilt werden muß. Vor allem in der 11. Jahrgangsstufe sollen Schüler sich ganz gezielt Lern- und Arbeitstechniken (noch einmal) aneignen.

Für die Neuen bietet die Schulpsychologin ein obligatorisches Seminar über Arbeits- und Lerntechniken an. Sabine Platzer fände es besser, wenn das Seminar Motivations- und Arbeitseinstellungen genannt würde, denn das Gelingen sei nicht so sehr eine Frage der Technik oder Strategie, sondern mehr der Arbeitshaltung. »Die hochbegabten Schüler sind schon in der Lage, sich eine Lernmethode auszudenken. Das Problem ist nur, daß sie das erst gar nicht machen, weil sie meinen, sie haben das nicht nötig.« Das Seminar habe schon fast eine therapeutische Aufgabe, nämlich den Schlaumeiern klarzumachen, daß ihr Erfolg oder ihr Scheitern vor allem etwas mit ihrer Motivation zu tun hat. »Wie erfolgreich sie dann auf der neuen Schule sind, hängt stark davon ab, wie groß der Leidensdruck der Kinder ist.« Doch es gibt auch Schüler, die ganz klar sagen, sie wollen nichts bei sich verändern; die können dann eigentlich sofort wieder gehen. »Viele Kinder müssen hier ihr Selbstbild verändern. Das bedeutet natürlich nicht, daß wir eine Gehirnwäsche oder eine Persönlichkeitsveränderung mit ihnen machen. Aber wir müssen manchmal den Begriff der Begabung verändern von so etwas Mystischem hin zu einem normalen Teil ihrer Persönlichkeit.« Für die Schulpsychologin ist die Vermittlung von Motivation das A und O in der Förderung der Hochbegabten. »Viele Eltern sind auch der Ansicht, wir müssen diese Motivation den Schülern vermitteln. Aber wir können das natürlich nur, wenn der Schüler die Notwendigkeit einsieht; aufoktroyieren können wir nichts. Das funktioniert nur mit dem, aber nicht gegen den Schüler.«

In der 9. und 10. Jahrgangsstufe ist der Unterricht des B-Zweiges fächerübergreifend strukturiert. Die Schüler werden nicht in einzelnen Fächern, sondern in vier Lernfeldern unterrichtet. 1. Lernfeld: Deutsch, Geschichte, Religion und Sozialkunde; 2. Lernfeld: Erdkunde, Biologie, Chemie; 3. Lernfeld: Mathematik, Physik; 4. Lernfeld: Unterricht in der 1. und 2. Fremdsprache. An vier Tagen findet der Unterricht in den Lernfeldern statt, an zwei Tagen gehen die Schüler in zusätzliche Projekte.

Die einzelnen Lernfelder werden gleich von zwei Lehrern betreut: Zum Beispiel im Lernfeld eins ein Lehrer, der sich mehr um Geschichte und Sozialkunde kümmert, und ein anderer, der

Deutsch und Religion mit einbringt. »Das macht viel mehr Spaß als normaler Fachunterricht, weil wir zwischendurch nicht immer aufhören, wenn es gerade spannend wird. Wir können hier große Themen im Zusammenhang behandeln«, berichtet Carsten. »Zum Beispiel nehmen wir gerade die Zeit des Ersten Weltkrieges durch. Das ist natürlich ein Thema für Geschichte, aber es geht auch um Gedichte zum Thema Krieg in Deutsch oder in Religion um die Theologie am Ende des Kaiserreiches.«

Carsten besucht mit seinen 14 Jahren die 10. Klasse des B-Zweiges. Er ist gleich zweimal gesprungen: einmal auf der Grundschule und dann noch einmal in der 7. Klasse der Christophorusschule. Er gehört zu den wenigen »Externen« des B-Zweiges, die nicht im Internat wohnen. Der Nachteil für ihn: Er muß jeden Morgen um sechs Uhr aufstehen, fährt täglich über zwei Stunden mit dem Bus. Bei rund 40 Stunden Unterricht pro Woche bedeutet das, daß er in der Regel erst nachmittags um fünf Uhr zu Hause ankommt. Danach folgt noch einmal durchschnittlich eine Stunde Hausaufgaben, vor den Klausuren meist ein bißchen länger. Trotzdem schafft er es, dreimal in der Woche zum Badminton zu gehen und einmal wöchentlich zum Trompetenspiel. Für ihn ganz wichtige Termine, um den Kontakt zur Außenwelt nicht zu verlieren.

Die Überlegung, ob die Kinder ins Internat ziehen oder nicht, ist für viele Eltern auch eine finanzielle Frage. Für jeden Braunschweiger Schüler, egal ob A- oder B-Zweig, müssen die Eltern im Monat 450 DM plus Essensgeld auf das Schulkonto überweisen. Kinder aus dem umliegenden Landkreis werden mit 600 DM zur Kasse gebeten, und für einen Internatsplatz müssen sogar 2600 DM berappt werden. Der Studienrat Werner Kopp weist darauf hin, daß die Schüler, deren Eltern ein geringes Einkommen hätten, ab der 10. Klasse BAFöG-berechtigt seien. Außerdem gäbe es noch die Möglichkeit, Stipendien über Sponsoren zu erhalten. Immerhin stehen dafür pro Jahr 860 000 DM zur Verfügung. In ganz schwierigen Erziehungsfällen zahlen auch Jugendämter Zuschüsse. Und diese schwierigen Fälle sind gar nicht so selten, berichtet der pädagogische Leiter des Internats, Wendelin Leinhäuser. Die Schule arbeitet zur Zeit immerhin mit 18 Jugendämtern in der ganzen Bundesrepublik zusammen. Manche Jugendämter seien sogar bereit, eine Betreuung von eins zu eins, also einen Sozialpädagogen für einen Schüler, zu bewilligen, weil sie sonst keine Chance mehr für den Jugendlichen sähen.

Daß der Aufenthalt im Internat nicht gerade billig ist, das ist auch der Schule bewußt. »Es soll nicht vom Geldbeutel der Eltern abhängen, wer hier hin kann und wer nicht«, meint Werner Kopp. »Wir wollen auf keinen Fall eine elitäre Ausbildung für die Kinder der Reichen.« Doch auch der Pädagoge weiß, daß die Elternschaft der Christophorusschüler in der Regel mindestens in der oberen Mittelschicht zu finden ist.

Wie wichtig die Schule in Braunschweig für manche Kinder und ihre Eltern ist, belegt der Aufwand, den die Eltern von Janosch unternehmen. Der 13jährige besucht die 10. Klasse, zu Hause in Kassel hat Janosch die sechste und achte Klasse übersprungen; jetzt ist er seit eineinhalb Jahren in Braunschweig – aber nicht im Internat. Um die Kosten für den Internatsplatz zu sparen, sind die Eltern gleich mit nach Braunschweig gezogen – zumindest tageweise. Das rentiert sich, da auch Janoschs Schwester zur Christophorusschule geht. Die Eltern, beide berufstätig, wechseln sich in der Betreuung ihrer Kinder ab. Am späten Nachmittag kommt entweder Janoschs Mutter oder sein Vater aus Kassel angereist, um mit den Kindern in der Zweitwohnung in Braunschweig zu übernachten. Am nächsten Morgen geht es dann wieder zur Arbeit; jedes Wochenende feiert die Familie in Kassel Wiedervereinigung.

Von den meisten Schülern und ihren Eltern bekommt die Christophorusschule hervorragende Noten. Doch die Unterstützung durch die Politik hält sich noch sehr in Grenzen. »Hochbegabung ist eben immer noch ein politisches Thema«, meint Werner Kopp. »Manchmal schmückt sich auch das Land Niedersachsen gern mit unserer Schule, aber eine richtige Rückendeckung, vor allem auch finanzielle Rückendeckung, erhalten wir vom Kultusministerium nicht.« Auch die Wirtschaft halte sich mit Spendengeldern zurück. Die würden lieber Universitäten und hochbegabte Studierende fördern. Werner Kopp ist schon enttäuscht, daß der Prophet im eigenen Land so wenig zählt. »Im Ausland genießen wir tatsächlich größere Anerkennung als in Deutschland. So sind wir zum Beispiel die Vorbildschule für die Karl-Popper-Schule in Wien.«

Bio-Leistungskurs, 13. Jahrgang. Vier Jungen, fünf Mädchen, der Biolehrer. Die Schüler sehen eigentlich ganz normal aus: weder das Klischee vom Strebertyp mit graumelierter Stoffhose, Brille und ordentlich gescheiteltem Haar wird hier bedient noch das vom abgedrehten Genie, das schon eher dem Wahnsinn zuneigt. Thema der Stunde: das tierische Auge. Schnell ist der Kurs mitten im Thema. Die Fragen werden immer spezieller: Eine Diskussion entspinnt sich darüber, wie groß der Grad des Augenwinkels beim Fluchttier und beim Jäger ist. Danach ein kurzer Videofilm über die Augenfunktionen bei verschiedenen Tierarten. Herbe Kritik der Schüler an dem Film: die Formulierungen seien zu ungenau, keine exakten Erläuterungen. Und auch der Lehrer wird von der Kritik nicht verschont, als es um die Frage geht, ob es Schlangen schaffen, über die Wärmesensoren ein Bild eines anderen Tieres im Kopf entstehen zu lassen. Der Lehrer weicht erst einmal aus, diese Frage soll in der nächsten Stunde geklärt werden. »Das Beste, was ein Lehrer da machen kann«, meint sein Kollege Werner Kopp. »Ein Lehrer, der vorgibt, er weiß alles, der hat von vornherein hier verloren.« Die Schüler seien durchaus in der Lage, einem Lehrer schnell klarzumachen, was er alles nicht weiß. Die Lehrer an dieser Schule müssen natürlich nicht hochbegabt sein. Sie müssen inhaltlich einen guten Überblick haben, die Bereitschaft mitbringen, sich fortzubilden, aber vor allem sollten sie pädagogisch geschickt und flexibel sein.»Die Schüler haben manchmal eine etwas andere Art zu denken, und darauf sollten sich Lehrer einstellen können«, erklärt Werner Kopp. Außerdem sei es wichtig, daß die Pädagogen Humor mitbrächten, denn man müsse bereit sein, sich selbst auch mal in Frage zu stellen.

Die Christophorusschule kann den Schülern nicht nur eine andere Form von Unterricht und ein schnelleres Lernen bieten, sondern vor allem einen Unterricht, der Spaß macht. »Hier beteiligen sich die Schüler viel mehr«, erzählt die 17jährige Carmen. »Der Lehrer braucht manchmal nur ein Stichwort zu geben, und dann kommen sofort etliche Wortmeldungen, und es entwickeln sich verschiedene Gedanken ganz von allein mit einem soliden Ergebnis – sogar in Mathe.« Carmen hat noch genau die Situation in der alten Schule vor Augen: »Der Lehrer stellt schon gelangweilt die Frage, weil er weiß, daß ohnehin keiner Lust hat. Und keiner hat Lust, weil der Lehrer schon gelangweilt und genervt daherkommt.« Und Faramarz, dessen Eltern aus dem Iran stammen, der aber in Deutschland zur Welt gekommen ist, ergänzt: »Da saßen zwanzig Leute gelangweilt in den Bänken, und der Lehrer war der böse Feind.« Am schlimmsten war es für Faramarz in der elften Klasse. »Da war dann Schluß. Die Leute in der elften waren ganz anders.« Sie seien nicht mehr bereit gewesen, irgend etwas zu leisten, meint der 19jährige. Bei der ersten Mathe-Klausur seien 20 Arbeiten unterm Strich gewesen. »Ich war der einzige überm Strich. Man konnte mit denen einfach nicht diskutieren, die waren richtig konservativ. Ich hatte das Gefühl, ich konnte keine fünf Minuten mit denen in einem Raum sitzen.« Und die Lehrer hätten es auch nicht geschafft, die Schüler zu motivieren. Wenn er einmal weitergehende Fragen gestellt hätte, dann sei das stets abgeblockt worden. Zum Glück habe er damals von der Braunschweiger Schule erfahren und seinen Eltern gesagt: »Da will ich hin.« Da ist er nun, und auch nach eineinhalb Jahren noch begeistert. Hier herrsche ein ganz anderes Klima. Die Pädagogen seien entschieden besser als an seiner alten Schule, meint Faramarz. Die Deutsch-Lehrerin zum Beispiel sei »ganz schön heftig.« Inhaltlich sei die »total gut drauf, der kann man nichts vormachen.« Im 12. und 13. Jahrgang hätten sie in Deutsch 16 Lektüren durchgearbeitet: »Das ist Wahnsinn.«

In den Klassen und Kursen des B-Zweiges gibt es wahrscheinlich genau so häufig Streit wie in anderen Klassen auch, nur werden hier die Konflikte weniger gewalttätig ausgetragen. Und die Intelligenz sowie das oft sehr ähnliche Schicksal verbindet: »Es herrscht hier so ein unausgesprochener Konsens. Keiner ist hier, weil er auf der alten Schule überglücklich war«, berichtet Faramarz. Die Gemeinschaft der Gleichschlauen ist manchmal wie eine Familie. Das hat auch Heidi Kriegel bei ihren Kindern beobachtet. Ihr Sohn und ihre Tochter haben mittlerweile ihre Wurzeln in Braunschweig. »Das ist für mich als Mutter schon sehr schmerzhaft und auch schwierig zu akzeptieren. Aber dort haben sie richtige Freunde gefunden, die auf ihrer Wellenlinie liegen.« An der Christophorusschule konnten sich ihre Kinder psychisch stabilisieren und zugleich gute Klausuren schreiben.

Doch eine Garantie für den weiteren Lebensweg, für ein gelingendes Studium, für eine akademische Karriere ist der Abschluß in Braunschweig nicht. Der älteste Sohn von Heidi Kriegel hat vor drei Jahren an der Eliteschule Abi gemacht. Danach habe er gemerkt, wie schlimm es ist, ohne seine »Braunschweiger Familie« zu leben. Er habe erst herumgehangen, dann zwei Semester Maschinenbau studiert. Das Studium wieder abgebrochen, seinen Zivildienst gemacht. »Mit dem Zivildienst, das lief eigentlich auch ganz gut«, erinnert sich seine Mutter. Nach dem Zivildienst ein erneuter Versuch zu studieren: diesmal Philosophie und Anglistik. »Das fand er aber stinklangweilig.« Das Studium hat er schnell wieder geschmissen, jetzt steht er seit einem Jahr bei VW am Fließband und jobbt. »Er kann für sich die Frage nicht klären, was er machen soll. Er ist noch nicht bereit, unangenehme Dinge beim Studium in Kauf zu nehmen.« Am Band steht er, um sich das Geld für sein Hobby zu verdienen: das Fliegen. Darin geht er auf. Er besitzt einen Segelflugschein, einen Motorflugschein und jobbt nur für sein Hobby. »Am Wochenende fliegt er mal eben die Verwandten durch die Lüfte; da ist er perfekt«, berichtet Heidi Kriegel. Doch besonders glücklich ist sie über die Entwicklung ihres Sohnes nicht. »Ich kann ihm da jetzt auch nicht mehr helfen. Er kriegt es einfach nicht gebacken. Ich weiß nicht, an was für einen Punkt er kommen muß, damit er sagt: ›O.K., ich fange jetzt an zu studieren.‹«

Vielleicht wird dieser Punkt nie kommen …

Neben der Braunschweiger Christophorusschule gibt es mittlerweile zwei »Ableger« in Rostock und Königswinter mit unterschiedlichen Modellen. Die Christophorusschule in Rostock, die 1992 eröffnet wurde, ähnelt in ihrer Konzeption sehr stark der Braunschweiger Schule. Auch in der Hansestadt existiert ab dem 9. Schuljahr ein Förderzweig speziell für hochbegabte Kinder. In der Oberstufe müssen mindestens vier Leistungskurse belegt werden. Und auch die Rostocker wenden sich mit ihrem Angebot nicht nur an jene besonders motivierten, hochbegabten Kinder, deren Problem bislang in der Schule vor allem die Langeweile war, sondern auch an jene Schüler, »die durch unbefriedigende oder problematische Lern- und Umwelterfahrungen bereits Verhaltensweisen entwickelt haben, die eine positive Gemeinschaftserfahrung und eine befriedigende individuelle Entwicklung schwierig werden lassen oder gar gefährden.«

In Königswinter wurde 1994 mit einer integrativen Förderung hochbegabter Kinder ab den Klassen fünf und sechs begonnen. Man hat hier bewußt darauf verzichtet, Spezialklassen einzurichten. Das Förderprinzip sieht die Einrichtung sogenannter Leistungsklassen vor, in denen sehr leistungsfähige Gymnasiasten mit allgemein hochbegabten Kindern unterrichtet werden. Neben dem normalen Unterrichtsbereich werden noch rund 80 Arbeitsgemeinschaften angeboten wie zum Beispiel Linguistik für Kinder, English-Club, Philosophieren mit Kindern, Schach oder Informatik. Die Schule verfügt über einen integrierten sonderpädagogischen Bereich, in dem Kinder und Jugendliche mit Lese-Rechtschreibschwächen und Mathematik-Dyskalkulie betreut werden können. Allerdings hat die Jugenddorf-Christophorusschule, die zwischen Rhein und Petersberg am Naturpark Siebengebirge in der Nähe Bonns liegt, noch kein Internat.

Manuela erfährt, was sie kann

Von »Flatliners« zu »Tabaluga«

Manuela ist heute mit ihren 19 Jahren in der Oberstufe sehr selbstbewußt. Wenn andere sie meiden, dann trifft es sie jetzt nicht mehr so wie früher. Die anderen ziehen abends zusammen in die Disco, sie geht allein zum Astronomiekurs der Volkshochschule. Das stört das Mädchen mit den langen blonden Haare nicht mehr. Sie weiß, daß sie andere Interessen als ihre Mitschüler hat, und sie akzeptiert es.

Das ist nicht immer so gewesen. Manuela hat eine ungewöhnliche Schulkarriere hinter sich. In der Grundschule fühlte sie sich oft isoliert, kam mit ihren Mitschülern nicht klar. Viele Klassenkameraden zeigten Manuela ihre Abneigung. »Ich hatte einfach das Gefühl, ich kam an die anderen nicht ran.« Ihre Strategie: Sie paßt sich stark an, macht Sachen mit, die sie eigentlich blöd findet. Doch auch diese Anpassungsstrategie fruchtet nicht: Sie bleibt außen vor. Das gleiche Problem im Unterricht: Im ersten Schuljahr ist Manuela immer schnell dabei mit den Antworten, gibt auch schon mal Kommentare ab, die bei den anderen Schülern und beim Lehrer Kopfschütteln hervorrufen. Immer wieder bekommt sie von ihrem Klassenlehrer vorgehalten: Das machen wir jetzt noch nicht, das kommt erst später dran. »Irgendwann in der zweiten oder dritten Klasse habe ich beschlossen, gar nichts mehr zu sagen und auch gar nicht mehr mitzumachen. Meine Motivation war weg, nachdem man mir immer wieder gesagt hatte, wenn ich was machen wollte: ›Nein, das paßt jetzt noch nicht; erst später.‹« Manuelas Kommentar im Rückblick: »Wenn man im Unterricht immer wieder das gleiche durchkaut, obwohl man es schon vorher wußte, und das vier-, fünfmal wiederholt, dann sieht man irgendwann weiße Mäuse.«

Ihr Klassenlehrer glaubt zwar nicht, daß Manuela weiße Mäuse sieht, aber er hält sie für verhaltensgestört, da sie kaum Kontakt zu den Mitschülern habe, im Unterricht häufig widerspreche und oft nicht das mache, was sie tun solle, nämlich die Anweisungen des Lehrers befolgen. Nach einem Gespräch des Lehrers mit den Eltern wird das Mädchen von einer Psychologin untersucht, ob sie verhaltensgestört sei. Die Psychologin macht auch einen Intelligenztest und stellt fest, daß Manuela sehr begabt ist. Noch heute mit 19 Jahren redet Manuela nicht gern über das Ergebnis des Tests. Es ist ihr fast unangenehm. »Ich möchte das Wort nicht gern in den Mund nehmen, daß ich hochbegabt bin. Es ist so, daß ich sehr selten darüber spreche. Wenn ich anderen davon erzähle, dann wird man eher belächelt, wenn man erwähnt, daß man hochbegabt ist.« Von dem Ergebnis des Intelligenztests erfahren zwar die Eltern sofort, aber Manuela erst Jahre später. Die Eltern messen der Begabung ihrer Tochter kein besonderes Gewicht bei; dafür scheinen ihre Noten schon in der Grundschule zu durchschnittlich.

Auf dem Gymnasium will das blonde Mädchen einen Neuanfang wagen. Sie entscheidet sich ganz bewußt für eine Schule, auf die kein anderer Schüler aus ihrer alten Klasse wechselt. Von der neuen Klassengemeinschaft ist sie ganz begeistert und findet sogar eine richtige Freundin – ein Gefühl, das sie bis dahin noch gar nicht kannte. Doch im Unterricht läuft es schlecht: Mit einigen Lehrern kommt sie überhaupt nicht klar, und sie kann sich oft nicht aufraffen, die Hausaufgaben zu machen. Ergebnis: ein schlechtes Zeugnis. Obwohl sie mit ihren Noten versetzt werden könnte, entscheiden sich die Eltern dafür, daß ihre Tochter die Klasse noch einmal wiederholen soll. Auch in der neuen Klasse hat sie wieder Glück: Mit den anderen Schülern kommt sie sehr gut klar, nur nicht mit der Klassenlehrerin. Manuela ist ein Mädchen mit Ecken und Kanten, das sich mittlerweile nicht mehr alles gefallen läßt. Manchem Pädagogen an der Schule fällt es schwer, mit ihr klar zu kommen, zumal sie auch nicht so leicht einzustufen ist. In einigen

Fächern schreibt sie ausgezeichnete Arbeiten, in anderen steht sie mangelhaft. »Meine damalige Klassenlehrerin wollte mich schon in der siebten Klasse zur Realschule schicken, aber dann habe ich am Ende der 7. Klasse noch mal zwei Zweien geschrieben, und dann konnte sie mir keine Fünfen geben. Wenn ich wollte, konnte ich mich auf die Hinterbeine stellen und das wieder gut ausgleichen.« Doch ein Jahr später bekommt sie die Kurve nicht mehr; ihr drohen wieder Fünfen, doch diesmal gelingt es ihr nicht mehr, den Zensurenspieß noch einmal umzudrehen. Sie muß das Gymnasium verlassen und in die neunte Klasse der Realschule wechseln.

Auf der Realschule trifft sie auf eine ganz andere Welt. »Die haben einen Unterrichtsstoff durchgenommen, den hatte ich schon in der sechsten Klasse gehabt. Die neunte und zehnte Klasse, das waren für mich nur Wiederholungen, Wiederholungen, Wiederholungen, und ich hatte natürlich überhaupt keinen Bock drauf.« Das neunte Schuljahr empfindet sie als Katastrophe. Der Unterricht ist für sie todlangweilig. »Wenn das so bleibt, dann halte ich das nicht lange aus«, schreibt sie damals in ihr Tagebuch. »Die einzige Perspektive: Ich nehme mir einen Strick und hänge mich weg.« Jeden Tag, wenn sie von der Schule nach Hause kommt, ist ihr klar: So kann es nicht weitergehen. Aber wie? Zu den neuen Mitschülern findet sie kaum Kontakt.

Sie kapselt sich gegen die anderen Schüler ab, doch sie hat das Gefühl, die anderen scheinen zu merken, daß sie anders ist. »Woran die das merkten und wieso ich vielleicht anders war, wußte ich auch nicht. Aber die haben hinter meinem Rücken gelacht. Auch über Sachen, die ich im Unterricht gesagt habe, haben die gelacht. Kann ja sein, daß sie solche Äußerungen im Unterricht noch nicht gehört haben; kann ja sein, daß ich auch Sachen gesagt habe, mit denen auch der Lehrer nicht gerechnet hat. Es war aber einfach verpönt, sich zu melden, wenn der Lehrer irgendwas fragte. Man sollte sich statt dessen wegducken und warten, bis man dran war«, erzählt Manuela. »Sich freiwillig zu melden, war einfach verpönt. Ich hatte aber ein Ziel: Ich wollte gute Noten bekommen, weil ich zurück wollte in die alte Klasse auf das Gymnasium.« Manuelas Verhalten wird von den anderen nicht akzeptiert.

Schnell taucht der Vorwurf der Streberin auf, und es entsteht eine Front gegen die Neue, die nicht ins Klassenbild hineinpaßt. »Die Leute haben mir schon deutlich zu verstehen gegeben, daß sie mit mir nichts zu tun haben wollten. Und das war schon schlimm für mich, daß ich so isoliert war. Es wurde getuschelt und über mich gelacht, ich wurde verarscht: Das war sehr bitter.«

Manuela zieht sich immer stärker zurück. In dieser Zeit guckt sie viel Fernsehen, sieht auch den amerikanischen Spielfilm *Flatliners*. Der Film handelt von den Experimenten einiger Medizinstudenten, die selbst ausprobieren wollen, wo die Grenze zwischen Leben und Tod liegt. Das Mädchen ist fasziniert von dem Film; die damals 16jährige beschäftigt sich intensiv mit dem Thema Tod. Auch sie grübelt – ähnlich wie ihre Filmhelden – darüber nach, was eigentlich passiert, wenn man klinisch tot ist. »Ich habe damals viele Bücher zum Thema Sterben und Tod gelesen. Irgendwann bin ich an dem Punkt angekommen, daß ich dachte, es wäre besser, wenn ich selbst tot wäre, weil ich dann die ganzen Probleme nicht mehr hätte.» Ihre Überlegungen werden konkret: Was ist die beste Art und Weise, sich umzubringen? Doch einen Suizidversuch unternimmt sie nicht. Eines Tages bemerkt Manuelas Mutter, was mit ihrer Tochter eigentlich los ist. »Ich habe damals ein Bild über *Flatliners* gemalt, über die Herzlinie, die Sinuslinie und unter das Bild habe ich geschrieben: Heute ist ein guter Tag zum Sterben. Das hat meine Mutter entdeckt. Sie war total schockiert und hat mich darauf angesprochen. Ich glaube, in dem Moment ist mir selbst erst richtig klar geworden, wie konkret ich schon über Selbstmord nachgedacht hatte.« Es kommt zu einem intensiven Gespräch zwischen Mutter und Tochter, und die Mutter erzählt Manuela zum ersten Mal, daß sie als kleines Mädchen einmal bewußtlos ins Krankenhaus eingeliefert wurde, und die Ärzte nach der ersten Untersuchung einen Gehirntumor diagnostiziert hatten. Für die Eltern war diese Diagnose wie ein Todesurteil. Doch am nächsten Tag konnten die gleichen Mediziner nach einer gründlichen Untersuchung nichts mehr feststellen. Für die Mutter war das Ergebnis dieser zweiten Diagnose wie eine Neugeburt ihrer Tochter, wie ein geschenktes Leben. Und auch Manuela hat das Gefühl, nachdem ihre Mutter ihr die Geschichte erzählt hat, daß es vielleicht »wirklich so etwas wie eine Fügung des Schicksals« gewesen sei, und daß sie ihr »Leben nicht einfach so wegwerfen« dürfe. Die Mutter erzählt ihr in dem Gespräch auch zum ersten Mal davon, daß die Psychologin in dem Test damals Manuela eine besondere Begabung attestiert habe. Zuerst kann das Mädchen damit wenig anfangen, daß sie angeblich vieles schneller begreife als andere in ihrem Alter. Zu sehr scheint der Abgang vom Gymnasium auf die Realschule dagegen zu sprechen, daß sie hochbegabt sein soll. »Ich habe mich in dem Moment natürlich gefragt, warum dann in der Schule nicht alles ganz easy läuft.« Doch mit der Zeit findet Manuela in ihrer Hochbegabung nicht nur etwas Beklemmendes, sondern auch etwas Erklärendes, das ihr hilft, bestimmte Stationen ihres Leben in einem anderen Licht zu sehen. »Ich habe mir dann irgendwann gesagt: ›O.K., ich bin anders, ich akzeptiere das und muß irgendwie meinen eigenen Weg gehen.‹«

Manuelas Mutter beschließt nach dem Gespräch mit ihrer Tochter, mit dem Thema Hochbegabung offensiver umzugehen. Sie berichtet einigen von Manuelas Lehrern, daß ihre Tochter getestet worden sei und besonders begabt sei. Doch bei den Pädagogen stößt sie auf völliges Unverständnis. Ihr wird erklärt, das könne gar nicht sein, denn dann wäre Manuela wohl kaum auf der Realschule.

»Zumindest ein Lehrer hat seine Meinung revidieren müssen«, erzählt Manuela, und an ihrem Lächeln kann man ablesen, daß sie stolz darauf ist. In der für sie so tristen Zeit auf der Realschule gibt es plötzlich einen Lichtblick: eine Theater-AG. Anfangs ahnt Manuela noch nicht, daß diese Theater-AG das Projekt ihres jungen Lebens wird. »Wir haben das Stück *Tabaluga* von Peter Maffay gespielt, und nach einigen Treffen merkte ich, daß es das war, worauf ich wirklich Bock hatte.« Manuela hängt sich in das Projekt rein, als hätte sie selbst das Stück komponiert. Von morgens bis abends lebt sie monatelang nur noch für die Theater-AG. »Das war mir egal, ob ich acht oder zehn Stunden in der Schule verbracht habe: Hauptsache Theater-AG. Egal ob es nachmittags vier, fünf oder sechs Stunden waren, da habe ich mich dran hochgezogen.«

Mit Begeisterung berichtet das Mädchen, daß sie ihre »Finger in allen Sachen drin« hatte: Sie spielt zwei Rollen in dem Stück, sie organisiert das Rahmenprogramm, sie macht die An- und die Absage, sie ist für die ganzen Masken und Kostüme zuständig. »Das führte dazu, daß irgendwann gar nichts mehr ohne mich ging. Das hat mir unheimlich gut getan zu merken, daß alle fünf Minuten irgendein Lehrer nach mir rief, weil er ohne mich nicht klar kam.« Und der Leiter der Theater-AG kommt irgendwann während der Proben zu ihr und gesteht ihr, daß er Manuela mit ihrer Hochbegabung wirklich falsch eingeschätzt habe. »Das rechne ich ihm hoch an, daß er seine Meinung geändert hat.« Mittlerweile habe sich der Lehrer intensiv mit dem Thema Hochbegabung beschäftigt und auch schon an Fortbildungen teilgenommen.

Für Manuela wird der Unterricht immer mehr zur Nebensache; der Grund, warum sie morgens als eine der ersten in der Schule ist, das ist nur die Theater-AG. »Ich saß dann manchmal mit Kostüm im Unterricht, wenn der Klassenlehrer mich in den Unterricht beordert hatte, obwohl Proben waren. Aber dann kam ein Schüler aus der Theater-AG angelaufen und erklärte, ohne mich kämen sie nicht weiter. Dann mußte mein Klassenlehrer mich wieder ziehen lassen. Das war natürlich ein tolles Gefühl für mich.«

Tabaluga bedeutet für Manuela, daß sie zum ersten Mal das Gefühl hat, sich mit vielen Begabungen voll einbringen und verwirklichen zu können. »Ich habe Talente in mir entdeckt, die ich vorher bei mir nie vermutet hätte: Zum Beispiel, daß ich singen kann oder daß ich mich so für eine Sache einsetzen kann. Und vor allem, daß ich wirklich so gut sein kann in allem, was ich angepackt habe.« Nicht nur die Aufführung von *Tabaluga* wird für Manuela ein großer Erfolg; ganz nebenbei schafft sie auch parallel zu dem Theater-Projekt in der zehnten Klasse ihre Qualifikation für das Gymnasium. Sie wechselt über den Umweg Realschule in die Oberstufe und trifft hier wieder auf ihre früheren Mitschüler. Sie ist jetzt im Kurssystem der Oberstufe zwar nicht die beste, aber sie hat sich gefangen, sie weiß, daß sie das Abitur schaffen wird und sie hat vor allem die Erfahrung gemacht, was sie alles auf die Beine stellen kann, wenn sie so richtig gefordert wird.

Die Lehrer

»Hochbegabt? Von denen habe ich doch zehn in meiner Klasse«

Hochbegabte Kinder brauchen keine Genies als Lehrer, auch wenn manche Menschen meinen, den Gedankengängen der kleinen Schlauberger könnten nur Pädagogen folgen, die ebenfalls über einen IQ von 130 plus verfügen. Doch gute Lehrer zeichnen sich vor allem dadurch aus, daß sie die Gefühle, Verhaltensweisen und Überzeugungen ihrer Schüler ernst nehmen, daß sie die Kinder als ganze Menschen schätzen und daß sie nicht auf Zensuren fixiert sind. Natürlich ist es gerade für hochbegabte Kinder wichtig, daß Pädagogen die Stärken der Kinder erkennen und fördern, auch wenn die Begabungen manchmal nicht offensichtlich zutage treten und schon verschüttet sind.

Wie schwer sich Pädagogen damit tun, hochbegabte Kinder als solche zu erkennen, belegt eine Untersuchung aus den USA. In einer Versuchsreihe hat eine Gruppe von Lehrern die Hälfte aller Hochbegabten nicht als besonders intelligent eingeschätzt, und sogar ein Viertel der Höchstbegabten, die über einen IQ über 145 verfügten, wurden von den Lehrern als normalbegabt eingestuft; andererseits »erkannten« die Lehrer zehn Prozent der Schüler als hochbegabt, die einen normalen IQ aufwiesen. Das Problem zeigt sich auch immer wieder im deutschen Schulalltag: Als besonders begabt gilt, wer sehr gute Noten hat. Noch immer fehlt vielen Pädagogen das Bewußtsein dafür, daß hochbegabte Kinder auch schlechte oder durchschnittliche Zensuren haben können. Die Folge: Eltern, die trotz schlechter Noten ihrer Kinder auf deren besondere Begabungen hinweisen, werden von Pädagogen müde belächelt. Standardantwort vieler Lehrer: »Ja, wenn der hochbegabt sein soll, dann habe ich fast nur Hochbegabte in meiner Klasse.« Ähnlich ergeht es dann häufig den Kindern: Wenn sich die Eltern erst einmal geoutet haben, gelten sie in den Augen ihrer Lehrer dann schnell als Aufschneider, als Möchtegern-Genies, als verhinderte Wunderkinder. Deshalb haben zahlreiche Eltern die Erfahrung gemacht, daß man es sich gut überlegen sollte, bevor man mit einem Lehrer über eine mögliche Hochbegabung des Kindes spricht. Noch immer erleben Eltern, daß so mancher gestandene Oberstudienrat felsenfest davon überzeugt ist, daß ihm in seiner dreißigjährigen Schullaufbahn noch kein Hochbegabter über den Weg gelaufen sei. Dies ist rein statistisch gesehen völlig unmöglich, zeigt aber das Gespür manches Pädagogen für die schlummernden Talente seiner Zöglinge. Falls Sie nicht wissen, wie der Lehrer Ihrer Tochter oder Ihres Sohnes über Hochbegabung denkt, sollten Sie das Thema zunächst einmal unabhängig vom eigenen Kind ansprechen. Haben Sie dann das Gefühl, schon bei einem vorsichtigen Ansprechen des Themas Hochbegabung sofort auf Granit zu stoßen oder beim Lehrer nur hämische Kommentare zu provozieren (»Ja, ja, heutzutage hält sich ja jeder für hochbegabt!«), dann wissen Sie, daß Sie von der betreffenden Lehrkraft keine Hilfe erwarten können. In diesem Fall sollten Sie versuchen, sich Rat bei Selbsthilfegruppen und Beratungsstellen zu holen. Häufig ändert sich die Haltung von Lehrern und der Schulleitung, wenn Ihr Kind von einem Gutachter bescheinigt bekommt, daß es über einen außergewöhnlichen Intelligenzquotienten verfügt.

Immer wieder fragen verzweifelte Eltern, warum sich die meisten Lehrkräfte so schwer tun mit hochbegabten Kindern. Eine Antwort ist schwierig. Zum einen dürften die Schwierigkeiten damit zusammenhängen, daß Lehrer Eltern von hochbegabten Kindern schnell unterstellen, sich für etwas Besseres zu halten. Diese Einstellung dürfte vor allem dann zutreffen, wenn Ihr Kind in der Schule eher durchschnittliche Leistungen zeigt, Sie als Eltern aber gleichzeitig auf die besondere Begabung verweisen. Ihnen wird dann schon mal unterstellt, Ihren offenbar nicht so herausragenden Kindern ein Etikett verpassen zu wollen. Schreiben hochbegabte Kinder aber gute Noten, kommt es nicht selten vor, daß der Vorwurf der »Eislaufmütter« erhoben wird: überehrgeizige Eltern, die ihre Kinder unter Druck setzen, überall die besten zu sein.

Zu Recht weisen Pädagogen, vor allem wenn sie in Sachen Hochbegabung vom Saulus zum Paulus geworden sind, darauf hin, daß das Thema in der Lehrerausbildung so gut wie überhaupt nicht vorkommt. Auch in der Lehrerfortbildung lassen sich erst erste Ansätze beobachten, dieses Thema zu problematisieren. Andererseits zeigt die Resonanz auf diese Fortbildungsmaßnahmen, daß vor allem *eine* Gruppe unter den Lehrkräften diesem Thema besonders aufgeschlossen gegenübersteht: die lehrenden Väter und Mütter hochbegabter Kinder. Sie bilden oft die Mehrheit der Teilnehmer an derartigen Fortbildungsmaßnahmen.

Die mangelnde Bereitschaft nicht betroffener Lehrer, an den entsprechenden Fortbildungen teilzunehmen, wirft die Psychologin Barbara Schlichte-Hiersemenzel den Pädagogen vor. Häufig höre sie von Lehrern den Einwand, daß das Thema in der Aus- und Fortbildung nicht vorgekommen sei, und sie sich deshalb damit auch nicht auskennen können. »Es gibt bei vielen Lehrern einfach einen Mangel an Bereitschaft, sich fortzubilden. Die Probleme werden nicht angegangen.« Zugleich sei vielen Lehrern offenbar nicht klar, was sie mit ihrer Rigidität, mit ihren vielen kleinen Entwertungs- und Isolierungsaktionen bei hochbegabten Schülern anrichten. Immer wieder höre sie die Ansicht von Pädagogen, wenn jemand nicht zeige, was er könne, dann sei er auch nicht hochbegabt, berichtet die Psychologin. »Was mutet die Gesellschaft diesen Kindern eigentlich zu? Warum muß ein Kind mit einer Gabe, über die wir uns alle freuen sollten, sich verstecken, weil es sonst Ablehnung fürchtet?«, empört sich Barbara Schlichte-Hiersemenzel über die Ignoranz vieler Pädagogen.

Zudem gerät Hochbegabung leicht in das Fahrwasser ideologisch befrachteter Debatten, Debatten über die uralte Kontroverse zwischen dem Faktor der Vererbung und dem der sozialen Einflüsse. Nicht umsonst scheuen sich viele (vor allem sozialdemokratische)

Politiker, diesen eher konservativ besetzten Begriff zu benutzen; sie sprechen meist lieber von Kindern mit besonderen Begabungen. Hochbegabung – da mag man an Hochadel denken, an alte Eliten, die sich qua Titel und Geld Macht und Einfluß verschafft haben. Und bei dem Begriff Elite denken nicht wenige an die nationalsozialistische Elitenideologie. Dies alles mag eher unbewußt mitschwingen, wenn sich spontan Abwehrreflexe gegen das Thema Hochbegabung aufbauen.

Helmut Quitmann hat diese Abwehrreflexe bei sich selbst erlebt. Der Pädagoge und Psychologe ist mittlerweile Leiter der Hamburger Beratungsstelle für Kinder mit besonderen Begabungen. Quitmann fühlt sich als Mitglied der 68er-Generation. Offen bekennt er, daß er noch vor einigen Jahren empört gewesen wäre, über das Thema Hochbegabung überhaupt nur zu diskutieren. »Das ist genau dieses Element von Tabuisierung, daß man sich erst gar nicht mit einem Thema beschäftigt. Man lehnt es einfach ab«, weiß der Psychologe aus eigener Erfahrung. Quitmann ist sich heute sicher, daß manch kritischer Geist eigentlich gar keine wirkliche Meinung zu dem Thema Hochbegabung hatte, sondern nur ablehnende Vorurteile. »Die Ablehnung wurde damit begründet, daß man sagte: ›Bitte, erst die Benachteiligten.‹ Heute würde ich sagen, das war eine Rationalisierung, um sich erst gar nicht damit zu beschäftigen.« Als Leiter der Beratungsstelle, deren Türen auch für Lehrer jederzeit offen stehen, stellt Quitmann immer noch große Berührungsängste bei seinen Kolleginnen und Kollegen fest. »Diese Unsicherheit hängt mit dem Nationalsozialismus zusammen, mit dieser unguten Art der Elitenförderung. Nach dem Krieg gab es dann eine durchgängig ablehnende Reaktion auf Elitenförderung, und die führte schließlich zur Tabuisierung des Themas«, schlußfolgert der Hamburger. Die Elitenförderung der Nationalsozialisten hatte allerdings wenig mit Hochbegabtenförderung zu tun; ihre Förderung war rassistisch und ideologisch motiviert.

Doch die ablehnende Haltung der Lehrkräfte hat noch einen anderen Grund. Denn oft haben die Pädagogen Angst, eigenes Unwissen einzugestehen oder sich von Schülern korrigieren zu lassen. Die

Psychologin Barbara Schlichte-Hiersemenzel sieht bei manchem Lehrer eine mangelnde Stabilität der Persönlichkeit, die es ihm schwermache einzugestehen, daß er etwas nicht wisse. Doch es liegt nicht nur an der Persönlichkeit der betreffenden Person, sondern auch am tradierten Lehrerbild: Der Magister, der in seinem Fach alles weiß. Ein (Selbst-)Bild, das nicht zuletzt aufgrund der ständigen Ausdehnung der Wissensmenge nicht mehr haltbar ist; doch ein Lehrerbild, welches den Pädagogen eher als didaktisch geschickten Anleiter für ein selbstbestimmtes Lernen sieht, ein solches Lehrerbild kann sich nicht zuletzt aufgrund der überalterten Kollegien nur sehr langsam durchsetzen. So fühlt sich mancher Lehrer narzißtisch gekränkt, wenn ein Schüler in »seinem« Fachgebiet offenbar besser informiert ist als er selbst.

Die besondere Schwierigkeit der Beziehung der hochbegabten Kinder zu ihren Lehrern, aber auch zu ihren Mitschülern hängt mit der gesellschaftlichen Bedeutung der Intelligenz zusammen. Intelligenz ist für den Menschen etwas ganz Wesentliches und Wichtiges, eine Begabung, über die jeder gern verfügen würde. Es ist einfacher zu akzeptieren, daß ein anderer handwerklich geschickter oder musikalischer ist als man selbst, aber einzugestehen, daß ein anderer intelligenter ist, das fällt fast jedem sehr schwer. Das hat auch Faramarz erleben müssen. Er hat oft Probleme, mit seinen alten Freunden klar zu kommen. »Ich entwickle auch eine gewisse Arroganz. Wenn ich zu Hause bei den alten Bekannten bin, dann habe ich schon das Gefühl, ich bin den anderen intellektuell überlegen. Das heißt nicht, daß ich ein besserer Mensch bin oder ein feinerer Kerl, sondern nur, daß ich bestimmte Dinge schneller peile. Aber ist es denn moralisch verwerflich, das festzustellen und sich dessen bewußt zu sein?« fragt sich der 19jährige, der kurz vor dem Abitur steht. »Wenn ich mit jemandem rede, der schneller läuft als ich, dann spielt das keine Rolle. Der weiß das, ich weiß das, und es ist kein Problem, darüber zu reden. Aber wenn ich jemandem sage, ich bin intelligenter als du, das ist ein ganz kritisches Thema.«

Lehrer werden beim Thema Hochbegabung aber auch meist allein gelassen. Selbst viele Schulpsychologen können mit dem

Thema wenig anfangen. Was Pädagogen fehlt, ist Wissen und das Verständnis, daß auch superschlaue Schüler gefördert werden müssen. Nicht nur jene, die Probleme haben, dem Unterrichtsstoff zu folgen, brauchen Unterstützung, sondern auch die, die weit über dem Durchschnitt liegen und sich täglich furchtbar langweilen. Auch jene Schüler, von denen Lehrer wissen, daß sie alles wissen, brauchen Anerkennung. So beklagt Silkes Mutter, daß ihre Tochter in der Schule nie gelobt worden sei, obwohl sie ständig die besten Noten geschrieben hat. »Kein Lob ist auch eine Art Liebesentzug, und das hat Silke auch so empfunden.« Silke wurde auch so gut wie nie im Unterricht drangenommen, obwohl sie sich permanent meldete. Begründung des Lehrers: Er wisse doch, daß Silke es könne. »Aber daß hinter der sehr guten Schülerin auch eine Kinderseele steckt, das ist ihm entgangen«, meint Silkes Mutter. Wenn hochbegabte motivierte Schüler indirekt vom Unterricht ausgeschlossen werden, dann resignieren sie und ziehen sich zurück oder stören den Unterricht.

Die Fördermöglichkeiten der Lehrer sind allerdings tatsächlich oft begrenzt: Mit immer größeren Klassen und sinkender Lehrerzahl in den meisten Bundesländern sind Pädagogen in der Regel mit der Aufgabe überfordert, sich um jene zu kümmern, von denen sie bislang in ihrer Ausbildung noch gar nichts gehört haben: die hochbegabten Kinder. Es erfordert sicherlich ein besonderes Maß an Engagement, diese Aufgabe zu lösen, obwohl der Auftrag der Förderung von (besonderen) Begabungen mittlerweile in zahlreichen Schulgesetzen zu finden ist. Es kann sowohl für Lehrer als auch für Schüler optimal laufen, wenn es den Pädagogen gelingt, hochbegabte Schüler mit Zusatzaufgaben zu füttern und zu fördern. Dies bedeutet natürlich Mehrarbeit für die Lehrkräfte, zumal wenig Unterrichtsmaterialien vorhanden sind, die die Lehrer bei dieser Aufgabe entlasten könnten. Besonders hilfreich für alle Schüler, aber besonders für hochbegabte Kinder ist ein offener Unterricht, der den Schülern bei ihrer Aufgabenbewältigung einen individuellen Freiraum läßt.

Der Erziehungswissenschaftler Klaus Urban hat einmal zehn

»Qualitätskriterien eines begabungsentwickelnden Offenen Unterrichts« zusammengetragen:

1. **Methodenvielfalt:** Gibt es mehrere unterschiedliche Methoden wie Freie Arbeit, Projekte, Kreisgespräche, Kleingruppenarbeit, Partner- und Gruppenarbeit, (längerfristige) Einzelprojekte, Berichte, Ausstellungen oder Vorführungen von Schülerinnen und Schülern?
2. **Freiräume:** Gibt die Klasse / Schule den Kindern definitiv in ihrem Organisationsrahmen Freiräume zum vertiefenden, spielerischen, selbständigen, entdeckenden Lernen? Wochenplanarbeit, Freie Arbeitszeit, Projekte, Projekttage und -woche? Teilbefreiung vom obligatorischen Unterricht zugunsten spezifischer Tätigkeiten im Interessen- bzw. Fähigkeitsbereich? Gibt es Möglichkeiten, an anderen Lernorten zu arbeiten?
3. **Umgangsformen:** Gibt es klare, gemeinsam ausgehandelte Regeln, die von beiden Seiten eingehalten werden? Wieweit sind Lehrerinnen und Lehrer bereit, Kinder in ihrer emotionalen Befindlichkeit und in ihren Abweichungen von (imaginären) Durchschnittserwartungen anzunehmen? Werden Konflikte gemeinsam bearbeitet? Toleranz und Akzeptanz des Anders-sein? Lob? Ermutigung? Humor?
4. **Selbständigkeit und Inhalt:** Werden Kindern aktive Rollen bei der Steuerung von Lernprozessen ermöglicht? Welche Wahl- und Entscheidungsmöglichkeiten haben die Kinder, z. B. bezüglich Inhalts- und Zeitgestaltung? Gehen die Kinder wirklich ihren eigenen, extra-curricularen Fragen nach? Gibt es ein Helfersystem?
5. **Lernberatung:** Gibt es Beratungssituationen in / neben dem Unterricht? Ist der Unterricht (begabungs-)förderungsorientiert? Werden Umwege, Irrwege, Fehler als notwendige Bestandteile des Lernprozesses akzeptiert und wird entsprechend beraten? Werden eigenständige, abweichende Lösungswege aufgegriffen und unterstützt? Beschäftigung mit leistungsschwachen und hochleistungsfähigen Schülerinnen und Schülern? Diagnosekompetenz für Leistungsversagen und für be-

sondere Begabungen? Schulische Beratungslehrerinnen und Lehrer für besondere Begabungen?

6. **Öffnung zur Umwelt:** Bietet der Unterricht / die Schule neue Erfahrungen in direkter Begegnung mit der Umwelt? Erkundungsgänge? Exkursionen? Experten in der Klasse? Tutoren oder Mentoren für einzelne Kinder mit spezifischen Interessen und Fähigkeiten? Ständige oder projektbezogene Kooperation mit außerschulischen Lernorten?
7. **Sprachkultur:** Bietet der Unterricht Möglichkeiten zur direkten Koppelung von Sprache an sinnlich-konkrete Erfahrungen? Freier Ausdruck in Texten? Sprachspiele? Narrative Kultur? Kreatives Schreiben?
8. **Lehrerrolle:** Wird der Beziehungsarbeit Raum gegeben? Verständnis für die Vielfältigkeit der Lehrerrolle (nicht nur belehren, sondern anregen, moderieren, initiieren, teilnehmen, beobachten, instruieren, stabilisieren, herausfordern, helfen, vermitteln, beraten, organisieren, Experte, Vorbild und Freund sein u. a.m.)? Geduld, Gelassenheit und Toleranz für langsame Schülerinnen und Schüler? Keine Angst und Verunsicherung bei intellektuell hochbefähigten Schülerinnen und Schülern? Verfügbarkeit über Bearbeitungsinstrumente zur Klärung von Störungen und Konflikten? Umgang mit pädagogischen »Imperativen« (Bewußtsein über die eigene Rolle, Umgang mit den Zwängen, guten Unterricht zu machen? Teamarbeit oder Supervision mit den Kollegen?).
9. **Akzeptanz des Unterrichts:** Wieweit wird der Unterricht als gemeinsame Arbeit verstanden? Wie gut wird die Unterrichtszeit genutzt? Stoffbewältigung im Unterricht und nicht über Hausaufgaben? Erfahrbarkeit von Person und Unterricht als positiver Zusammenhang? Akzeptanz durch die Eltern, Mitarbeit von Eltern?
10. **Lernumgebung:** Gibt es handlungsorientierte Materialien? Offene Lernflächen? Karteien, Differenzierungsmaterial, Spiele, Bücher, Druckerei, Computer, Experimentierecke, Leseecke usw.? Hat die Schule eine Bücherei, einen Werkraum, Lerngarten oder eine Lernwerkstatt? Austausch von Spiel-

und Lernmaterialien? Zusammenarbeit mit anderen Schulen oder Institutionen? Offene Klassentür?

Diese Form des Unterrichts setzt allerdings eine bessere materielle Ausstattung der meisten Schulen sowie eine andere Lernkultur in den Schulen voraus, die zum Teil auch mit mehr Arbeit verbunden wäre und deren Umsetzung oft an den praktischen, auch personellen Voraussetzungen vor Ort scheitert.

Doch einige der Fördermöglichkeiten, die sich nicht speziell an hochbegabten Kindern orientieren, die aber auch gerade diesen Schülern zugute kommen, könnten schon heute umgesetzt werden.

Sehr hilfreich wäre zum Beispiel das Angebot von Arbeitsgemeinschaften oder Förderkursen für besonders motivierte Schüler. Hier sollte nicht die Note das entscheidende Kriterium für die Auswahl der Schüler sein, sondern das Gespür und die Sensibilität des Pädagogen, wer für solch eine Arbeitsgemeinschaft in Frage käme. Diese Sensibilität des Lehrers erfordert eine neue Sichtweise der Fähigkeiten seiner Schüler: nicht nur auf die Noten zu achten, sondern auch möglicherweise verborgene Begabungen aufzuspüren; flexibel genug zu sein, um auch querschießende und manchmal verworren erscheinende Gedanken nicht abzubügeln; souverän genug sein, auch andere Methoden der Lösungsfindung (zum Beispiel bei Rechenaufgaben) zu akzeptieren. Thematisch sollten in diesen Arbeitsgemeinschaften, die es in einigen Bundesländern bereits gibt, Inhalte behandelt werden, die nicht zum normalen Unterrichtsstoff gehören.

Trotz vieler hoffnungsvoller Ansätze in der Förderung besonders begabter Schüler erinnert immer noch so manches im Schulalltag an einen Satz, den Hermann Hesse in seinem Buch *Unterm Rad* vor über 90 Jahren geschrieben hat: »Ein Schulmeister hat lieber einige Esel als ein Genie in seiner Klasse, und genau betrachtet hat er ja recht, denn seine Aufgabe ist es nicht, extravagante Geister heranzubilden, sondern gute Lateiner, Rechner und Biedermänner.«

Die Familiensituation

»Liebt ihr mich nur, weil ich so gute Noten schreibe?«

Wenn Hochbegabte als Erwachsene darüber reden, wer sie am meisten geprägt und gefördert hat, dann sind das in der Regel die Eltern. Nicht die Lehrerinnen und Lehrer sind für die Förderung ihrer Begabungen entscheidend gewesen, sondern das familiäre Umfeld.

Vertrauen, Sicherheit und Geborgenheit sind für alle Kinder die wesentliche Basis, um sich optimal entwickeln zu können. Das entscheidende für die Förderung nicht nur hochbegabter Kinder ist das elterliche Interesse an den Kindern, an ihren Fragen, an ihren Problemen, an ihren Erfolgen. Wenn hochbegabte Kinder ihre Fähigkeiten entfalten können, dann ist das Familienleben meist von einem ausgeprägten Interesse an Bildung bestimmt. Hochbegabte Kinder wachsen oft in einer sie bereichernden Umwelt mit einem reichhaltigen Kulturangebot auf: viele Bücher, interessante Diskussionen, Museumsbesuche, Theateraufführungen, anspruchsvolle Filme. Diese kulturellen Angebote setzen die Kinder häufig in eigene Aktivitäten um. Für Kinder ist es ganz wichtig, daß sie bei diesen Aktivitäten von Eltern nicht gebremst, sondern ermutigt werden. Immer wieder hört man von Kindergarten-Erzieherinnen oder anderen Pädagogen den wohlmeinenden Rat, Kinder im Vorschulalter sollten möglichst noch nicht lesen, schreiben oder rechnen können. Die Begründung: Wenn sie vor der Schule schon die grundlegenden Kulturtechniken beherrschen, dann langweilen sich diese Kinder später in der ersten Klasse. Das mag schon zutreffen, doch für fast alle hochbegabten Kinder wird es in der Grundschule ohnehin langweilig werden, da sie den anderen Schülern immer zwei bis drei Schritte voraus sind. Die Kinder in ihrer Wiß- und Lernbegierde zu bremsen oder gar zu stoppen, wenn sie von sich aus mit drei, vier oder fünf Jahren das Lesen, Schreiben oder Rechnen erlernen wollen, ist allerdings geradezu kontraproduktiv. Eine grundlegende Voraussetzung für die Entfaltung von Begabungen ist die intensive Kommunikation in Familien. Pia Keller hat drei hochbegabte Kinder, die alle zu Hause ohne Fernsehen aufgewachsen sind. Statt dessen haben die Eltern den Kindern abends immer viele Geschichten vorgelesen; Gedichte wurden vorgetragen und diskutiert. Als die beiden Söhne bereits 14 und elf Jahre alt waren, stand die Frage an, ob sich die Familie nicht doch endlich ein Fernsehgerät kaufen sollte. Doch die Brüder bestanden darauf, daß auch ihre dreijährige Schwester besser ohne TV groß werden solle. Die beiden hatten den Verzicht auf das Fernsehen als ausgesprochen positiv erlebt.

Doch natürlich können auch interessante Fernsehberichte die Kinder fördern, wobei vor allem die jüngeren Kinder diese Filme keineswegs allein gucken sollten. Eltern von hochbegabten Kindern sollten immer bedenken, daß Kinder gerade Berichte über dramatische Ereignisse zwar intellektuell richtig auffassen können, oft aber nicht in der Lage sind, das Gesehene auch emotional zu verarbeiten und in seiner relativen Bedeutung richtig einzuordnen.

Amerikanische Untersuchungen belegen, daß Bildung in Familien mit besonders begabten Kindern eine wichtige Rolle spielt. Meist verfügen die Eltern über ein überdurchschnittliches Bildungsniveau oder sie räumen der Bildung – ihrer eigenen und besonders der Bildung der Kinder – einen hohen Stellenwert ein.

Dennoch sind auch manche Probleme in Familien mit hochbegabten Kindern geradezu vorprogrammiert. Hochbegabte Kinder leben nicht selten in ihrer eigenen Welt, und die ist manchen Eltern kaum zugänglich. Der Kontakt zu den eigenen hochbegabten Töchtern und Söhnen fällt vielen Eltern noch schwerer, als dies – vor allem in der Pubertät – ohnehin in vielen Familien der Fall ist. Heidi Kriegel gesteht ganz unumwunden, daß ihre drei hochbegabten Kinder oft in einer anderen Welt leben. »Ich mußte mehr kämpfen als andere Eltern, damit die Kinder auch ganz einfache, alltägliche Sachen machten«, meint die Mutter, die ihre Kinder nach der Scheidung seit elf Jahren allein erzieht. »Die Kinder hatten keine Zeit für den Alltagskram, weil die ganz gefangen waren von irgendwelchen Ideen. Oder sie waren so vertieft in ihre Bücher, daß sie überhaupt nicht ansprechbar waren. Man mußte sie ständig in die Realität zurückholen. Aber irgendwann kann man das nicht mehr machen, dann wird es zu anstrengend.«

Heidi Kriegel ist Akademikerin, aber sie sagt von sich, daß sie keinesfalls hochbegabt sei. Das merke sie auch daran, daß sie in vielen Fällen den »wahnsinnigen Ansprüchen« der Kinder nicht genügen könne. »Die denken einfach, ich hätte die gleiche geistige Power wie sie. Zum Beispiel: Als meine Tochter anfing, Japanisch zu lernen, da hat sie mir japanische Zeichen mitgebracht. Das waren mehrere Seiten, und sie hat dann gesagt: ›So, ich laß dir jetzt das Buch hier, du kannst das ja mal lernen und in zwei Wochen können wir dann japanisch sprechen.‹ So war ihre Welt. Ich mußte ihr dann begreiflich machen, daß ich das nicht kann und nicht will.« Heidi Kriegel hat ein gutes Verhältnis zu ihren Kindern, doch sie hat das Gefühl, daß den drei Schlaubergern manchmal ein Stück Empathie, das richtige Einfühlungsvermögen, fehlt, um zu begreifen, daß andere nicht so schnell denken können, nicht so leicht alles abspeichern können, und daß auch bei der Mutter der Groschen eben manchmal etwas langsamer fällt als bei den eigenen Kindern.

Eltern legen mit ihrer Erziehung die Grundlage für ihre Kinder – das gilt auch für die Entwicklung der Hochbegabung. Zwar mag es Kinder mit einer extrem hohen Begabung geben, die – wie der Schriftsteller Roald Dahl dies in *Matilda* beschreibt – auch ohne elterliche Förderung zu einem »Wunderkind« heranreifen, doch solch eine Entwicklung dürfte die große Ausnahme sein. Eltern von hochbegabten Kindern müssen natürlich nicht selbst hochbegabt sein, obwohl etliche das zweifellos sind; häufig bemerken sie es allerdings erst, wenn die Hochbegabung bei ihren Kindern diagnostiziert wurde. Eltern müssen vielmehr – und das gilt ja für alle Kinder – auch Vorbild sein. Zum Beispiel Vorbild sein, wenn es um die Arbeitsmotivation ihrer Kinder geht. Die amerikanische Psychologin Ellen Winner weist auf wissenschaftliche Untersuchungen hin, nach denen die Eltern erfolgreicher, hochbegabter Kinder selbst nicht gerade Faulenzer oder Anhänger eines Dolce Vita sind, sondern in der Regel sehr arbeitsorientiert und auch sehr ambitioniert sind. Im besten Fall bedeutet die Orientierung auf die Arbeit, daß man diese Arbeit als etwas Positives begreift. Kinder interessieren sich häufig für die Arbeit der Eltern und empfinden es als sehr bereichernd, wenn sie in irgendeiner Form Anteil an oder Einblick in die Arbeit erhalten.

Ellen Winner geht auch davon aus, daß man aufgrund der vorliegenden Untersuchungen Eltern hochbegabter Kinder einen bestimmten Erziehungsstil zuschreiben könne: Die Eltern seien selten streng, dominierend und autoritär. Sie würden die Selbständigkeit ihrer Kinder fördern und erwarten, daß die Kinder eigenständige Entscheidungen träfen und sogar gewisse Risiken eingingen.

Mit diesem Erziehungsstil könnte sich auch Ruth Carl identifizieren. Sie läßt ihrer Tochter viele Freiheiten, sich auszuprobieren, weiß aber auch, daß diese Freiheiten oft sehr verführerisch sein können. »Ihre Schwäche ist, daß sie sich selbst so leicht verzettelt. Sie hat das Gefühl, als würde sie ein Stück aus sich herausschneiden, wenn sie auf etwas verzichten müßte«, berichtet Ruth Carl. Ihrer Tochter Silke macht fast jede intellektuelle und künstlerische Herausforderung Spaß – das gilt sogar für die Schule. »Im Prinzip findet sie jedes Fach spannend.« Nach der Schule geht es dann weiter: Sie spielt Geige und Klavier. »Jetzt hat sie sich für einen Klavierwettbewerb angemeldet, und darüber freue ich mich überhaupt nicht«, gesteht ihre Mutter. »Das bedeutet: Sie wird stundenlang am Klavier sitzen und üben, denn sie will auch ihre Grenzen testen.« Und sie hat den Ehrgeiz, nach Möglichkeit zu den Besten zu gehören, was ihr bislang auch immer gelungen ist. Grundsätzlich unterstützen ihre Eltern das musikalische Engagement der Tochter – nicht nur wegen der schönen Künste, sondern auch aus ganz pragmatischen Gründen. Silke möchte nämlich nach dem Abitur gern ins Ausland gehen und andere Länder kennenlernen. Die Hoffnung der Mutter: »Dann kann die Musik eine ganz große Hilfe sein. Denn sie kann mit ihrer Geige zu jedem Orchester gehen und dort mitspielen. Die Musik vermittelt Kontakte und gibt schnell das Gefühl, dazuzugehören.« Das Interesse an vielen verschiedenen Dingen birgt die Gefahr in sich, nirgendwo perfekt zu werden. Doch hochbegabte Kinder brauchen auch die Unterstützung und Ermunterung der Eltern, wenn es darum geht, sich intensiv mit einer Sache auseinanderzusetzen. Häufig verlieren gerade diese Kinder schnell das Interesse, wenn sie das Gefühl haben, sie haben etwas im Prinzip durchschaut.

Hochbegabte sind sehr sensibel. Nicht selten »übersehen« selbst Eltern, daß ihre kleinen Einsteins, die so viel können und so klug dozieren, doch zugleich noch Kinder oder Jugendliche sind, die manchmal auch darunter leiden, daß sie so intelligent sind.

Nach außen zeigt sich Silke sehr entschlossen und selbstbewußt – zum Beispiel auch bei musikalischen Mißerfolgen. Als sie bei einem öffentlichen Konzert während ihres Solos aus dem Takt kam, unterbrach sie kurz und erklärte einfach, an dieser Stelle würde sie noch einmal beginnen. »Ich wäre wahrscheinlich vor Scham im Boden versunken«, meint Ruth Carl, »aber Silke hat das ganz selbstbewußt geregelt.« Doch wie labil das Selbstvertrauen ihrer Tochter sein kann, hat Ruth Carl ebenfalls erleben müssen. »Eigentlich hätte man denken können, daß sie durch ihre sehr guten Leistungen in der Schule auch sehr selbstbewußt ist«, erzählt sie. Doch in der Familie kommt es häufig zu kleinen Streitereien zwischen den Geschwistern, bei denen Silke hochsensibel reagiert und sich leicht verletzt fühlt. Vor allem mit ihrem nur elf Monate älteren Bruder kann sich das Mädchen ganz schön fetzen. Und Silke kann ganz schlecht zurückstecken. Um ihre Position in Auseinandersetzungen zu verteidigen und am Ende doch recht zu behalten, »fliegt sie oft Schleifen«, wie ihre Mutter es nennt, wenn die Tochter immer wieder neue »Argumente« auftischt. Manchmal hat sie alle anderen der Familie gegen sich, die ihr klar machen wollen, daß sie diesmal nun wirklich nicht recht habe. Doch Silke greift dann zu immer abenteuerlicheren Argumentationen, die in sich ganz logisch klingen und ihrer Ansicht nach ihre Position belegen. Nach einer dieser Auseinandersetzungen springt Silke plötzlich auf und rennt aus der Tür. Ihre Mutter läuft hinter ihr her, um mit ihr zu reden. In diesem Gespräch erfährt die Mutter zum ersten Mal von ihrer Tochter, wie sehr sie auch unter ihrer Hochbegabung leidet. »Ich weiß gar nicht, ob ihr mich wirklich lieb habt oder ob ihr mich nur lieb habt, weil ich immer so gute Noten schreibe«, offenbart sich die Tochter ihrer Mutter. Sie fühle sich oft wie das Aushängeschild der Familie. »Ich war wie vom Donner gerührt«, erzählt Ruth Carl. »Dann habe ich meiner Tochter erklärt, daß wir uns natürlich freuen, wenn sie gute Noten schreibe. Aber daß unsere Liebe zu ihr nichts mit den Zensuren zu tun hat.«

In diesem Gespräch versucht sie ihrer Tochter klar zu machen, daß auch Silke Defizite hat: Zum Beispiel in den Auseinandersetzungen in der Familie, wenn sie nicht zurückstecken kann. »Für meine Tochter war das ein Schlüsselgespräch«, meint Ruth Carl. »Sie hat gelernt, daß sie sich jetzt auch mal entschuldigen kann. Früher ist sie nach einem Streit herausgerannt, und nachher war alles, als wäre nichts geschehen.« Auch in Situationen, in denen sie eindeutig im Unrecht war, habe Silke immer versucht, recht zu behalten. »Diesen Zahn muß man ihr ziehen, denn sie strapaziert ständig formalistische Argumente, um ihr Gesicht zu wahren.«

Eltern hochbegabter Kinder begeben sich auf mehreren Ebenen auf eine Gratwanderung. So sollten sie ihre Kinder einerseits in ihren intellektuellen Fähigkeiten stärken, andererseits aber auch die Hochbegabung und die Intelligenz nicht zum wichtigsten Bestandteil der menschlichen Persönlichkeit erhöhen. Intelligenz ist *ein* Bestandteil der Persönlichkeit, aber nicht der einzige und nicht unbedingt der wichtigste. Gerade in Familien mit Geschwistern, die normal begabt sind, ist es für Eltern wichtig, die jeweiligen individuellen Stärken der einzelnen Kinder zu unterstützen und nicht allein einen intellektuellen Maßstab anzulegen. Wie schwierig ein geschwisterliches Verhältnis sein kann, zeigt die Beziehung zwischen Silke und ihrem elf Monate älteren Bruder. Jan mußte sich in der Schule immer plagen und brachte doch nur mittelmäßige Leistungen nach Hause. Für den Jungen ist es ganz schwierig, anerkennen zu müssen, daß seine jüngere Schwester ihm intellektuell überlegen ist. »Er hatte sehr unter ihr zu leiden, weil sie ihm immer die Schau gestohlen hat«, meint Ruth Carl. »Er nannte ein Problem, und sie kannte die Lösung. Er mußte sich in der Schule abstrampeln, und sie guckte einmal auf die Seite und kapierte es.« Die Beziehung zwischen den beiden hat sich im Lauf der Zeit sehr verändert. Als kleine Kinder waren Silke und Jan ein Herz und eine Seele, unzertrennliche Geschwister, die keine anderen Spielkameraden brauchten, weil sie allein so viel Spaß hatten. Doch bereits im Kindergarten ändert sich die Beziehung langsam. Silke macht allein ihre eigenen Sachen, und Jan fühlt sich ausgeschlossen, langweilt sich. In der Schule wird das Verhältnis immer problematischer. Jan hat Probleme im Unterricht, Silke kann alles auf Anhieb und auch noch besser. Und sie wird ihm gegenüber immer rechthaberischer. Jan kann sich gegen ihre intellektuelle Überlegenheit schlecht wehren, er gibt nach und zieht sich immer mehr von seiner Schwester zurück. »Bei ihm wuchs langsam ein richtiger Haß«, erinnert sich Ruth Carl. »Silke war erschrocken über diesen Haß, sie versuchte Brücken zu bauen, aber Jan ließ sie am ausgestreckten Arm verhungern.« Silke hat sehr darunter gelitten, daß Jan sich immer stärker von ihr distanzierte. Um ihren Bruder nicht zu verletzen, verheimlichte sie ihm, daß sie wieder lauter Einsen geschrieben hatte. Doch zugleich war sie nicht in der Lage, nachzugeben und einmal darauf zu verzichten, recht zu behalten. »Mir hat das sehr weh getan, zu merken, daß die eigenen Kinder sich gegenseitig hassen.« Doch Ruth Carl kann das heute etwas gelassener sagen, weil die beiden sich wieder annähern. »Silke trainiert das mittlerweile ganz bewußt, nicht immer darauf zu bestehen, recht zu haben, sondern auch Beziehungen zu pflegen.« Die 17jährige bemüht sich heute viel intensiver um ihren Bruder. Jan registriert diese Bemühungen auch, und das Mädchen merkt, daß es wieder eine Annäherung zwischen ihnen gibt. Silke und Jan müssen lernen, mit dem Widerspruch zu leben, daß es zwischen ihnen eine soziale und emotionale Nähe gegeben hat und noch gibt, aber daß sie intellektuell in vielen Fragen nicht übereinkommen können.

Wissenschaftler haben festgestellt, daß sich typischerweise vor allem Erstgeborene oder Einzelkinder zu Hochbegabten entwickeln. Als Ursache vermuten Psychologen, daß diese Kinder eine Sonderstellung in ihren Familien einnehmen: Erstgeborene wie Einzelkinder würden zumindest in den ersten Lebensjahren wesentlich mehr Anregungen durch die Eltern erhalten als die Nachgeborenen. Besonders schwierig scheint die Situation für die Sandwich-Kinder, die Dazwischen-Geborenen. Sie erhalten in der Regel weder die besondere Aufmerksamkeit der Erstgeborenen noch die Fürsorglichkeit, die Eltern für die jüngsten Kinder aufbringen. Doch jede Regel hat ihre Ausnahme, und *diese* wissenschaftliche Erkenntnis zeichnet sich durch zahlreiche Ausnahmen aus!

Hochbegabte Kinder stehen häufig im Mittelpunkt ihrer Familien, denn: Einerseits legen viele Eltern großen Wert darauf, ihr Kind oder ihre Kinder nach Kräften zu fördern; andererseits beanspruchen hochbegabte Kinder aber von sich aus mehr Aufmerksamkeit als andere Kinder. Sie zeichnen sich durch frühes und intensives Fragen aus. Besonders beliebt sind bei ihnen Warum-Fragen, mit denen sie ihre Eltern nicht nur häufig herausfordern, sondern auch manchmal ganz schön nerven können. Doch für Eltern ist es wichtig, diese Fragen ernstzunehmen, ihnen nicht auszuweichen oder sie mit Scheinantworten abzubügeln. Natürlich kann man nicht jede dieser Fragen aus dem Stegreif beantworten. Doch für Kinder ist es auch ein Beweis dafür, daß sie und ihre Bedürfnisse sehr ernstgenommen werden, wenn sich die Eltern zum Beispiel bemühen, über Nachschlagewerke eine Antwort zu finden. Statt die zugegebenermaßen manchmal nervige Fragerei abzuwürgen (»Warum? Warum? Warum? Woher soll ich das denn wissen ...«), ist es hilfreicher, dem Kind zu erklären, daß man zwar momentan zu wenig über das Thema weiß, aber daß man sich um die Antwort kümmern werde. Diese Zusage muß dann allerdings auch eingehalten werden!

Der kindlichen Forderung nach Förderung sollten Eltern natürlich nachgeben und ihren Töchtern und Söhnen »intellektuelles Futter« anbieten, obwohl dies – je nach der Region, in der die Familie lebt – nicht immer so ganz einfach ist. Dieses »Futter« kann – zum Teil zumindest – auch zu Hause bereitgestellt werden: zum Beispiel in Form von Kinderlexika, Sachbüchern, Tierfilmen oder auch zunehmend über das Internet. Doch die Bereitschaft, immer den Wünschen und Bedürfnissen der Kinder nachzugeben, muß auch ihre Grenzen finden.

Diese Grenzen hat Heidi Kriegel manchmal überschritten. Als Alleinerziehende hat sie sich vielleicht noch stärker für ihre Kinder verantwortlich gefühlt als andere Mütter. Oft hat sie es nicht geschafft, sich von ihren drei hochbegabten Kindern abzugrenzen. »Wenn meine Tochter in den Ferien den ganzen Tag zu Hause ist, dann kann die mich von morgens bis abends mit irgendwelchen Ideen beschäftigen. Es fällt mir dann sehr schwer, mich gegenüber den Kindern abzugrenzen, weil sie auch so begeisterungsfähig sind, wenn man ihnen die Möglichkeit läßt.« Doch eine zu enge Beziehung nimmt den Kindern auch die Chance, sich selbst zu entwikkeln, für sich selbst Verantwortung zu übernehmen und nicht jedes Problem an die Eltern zu delegieren. »Ich habe früher viel mitgetragen, aber ich bin müde geworden darüber. Ich konnte nicht mehr«, erinnert sich Heidi Kriegel. »Ich war an einem Punkt, als Miriam ins Internat ging, daß ich dachte, ich kann nicht mehr, ich bin alle. Das merke ich heute noch oft.«

Als Miriam im Internat trotz ihrer Hochbegabung große Probleme in der Schule hat, spricht sie offen über Selbstmord. Heidi Kriegel ist hin-und hergerissen, was sie für ihre Tochter tun kann. »Ich habe oft zu viel gemacht, zu viel übernommen«, gesteht sie rückblickend selbstkritisch ein. Doch in dieser kritischen Situation vertraut sie auch auf die pädagogischen Erfahrungen der Internatspsychologin. Ihrer Tochter macht sie deutlich, daß sie für Miriam da ist, wenn sie sie braucht. Und vermittelt ihr auch, daß sie weiß, daß es ihr schlecht geht. Zugleich ermuntert die Mutter sie aber auch, selbst etwas zu unternehmen, um aus dem Tief herauszukommen. »Ich konnte nicht mehr für alles die Verantwortung übernehmen. Sie war alt genug.« Heidi Kriegel ist an einem Punkt angekommen, wo sie oft nur noch hoffen kann. Fast fatalistisch meint sie: »Ich habe schon öfter gedacht, es hat keinen Sinn mehr, sich Sorgen zu machen. Du vertraust jetzt einfach darauf, daß es positiv weiter geht. Nach einem Tief kommt auch wieder ein Hoch.« Miriam überstand ihre Krise; mittlerweile macht ihr der Unterricht wieder Spaß und sie steht kurz vor dem Abitur. Heidi Kriegel hat begriffen, daß sie die richtige Entscheidung getroffen hat, trotz der Depressionen ihrer Tochter Miriam nicht zu nahe zu sein. Aus dieser Distanz hat Miriam gelernt, selbst Verantwortung für ihr Leben zu übernehmen.

Der kurze Lebensweg einer hochbegabten Schülerin

»Als sei das Leben ein einziges Nichts gewesen«

»Die ist nicht normal. Irgendwas stimmt mit dem Kind nicht.« Elkes Tante hat es zuerst gemerkt. Sie hat bereits drei Kinder und schnell festgestellt, daß Elke irgendwie anders ist. Anders ist zum Beispiel ihr geringes Schlafbedürfnis: Elke ist gerade mal zwei Jahre alt und steht am Bett ihrer Eltern: »Duten Morden! Habt ihr dut deschlafen?«, begrüßt das Mädchen fröhlich ihre Eltern. Die sind nicht ganz so gut gelaunt: Es ist vier Uhr morgens, und die Eltern wissen, daß sich einer um Elke kümmern muß. Sie ist hellwach und will beschäftigt werden. Anders ist auch die Sache mit dem Lesen. Ihr Vater schreibt einen Einkaufszettel und er notiert sich, daß er die Zeitschrift *Spiegel* mitbringen will. Elke schaut ihm über die Schulter und fragt, warum er denn Spargel einkaufen wolle. Da begreift er, daß die Vierjährige sich das Lesen schon selbst beigebracht hat. Ein Jahr später kann sie dann auch in Druckschrift schreiben. Doch oft ist das Leben mit Elke sehr schwierig. »Wenn sie sich langweilte, und das war nicht gerade selten der Fall, dann konnte sie ganz schön lästig und knatschig sein. Manchmal hatte sie wirklich eine Stinklaune«, erinnert sich ihr Vater. »Wenn sie krank wurde, dann hatten wir schon prophylaktisch jede Menge Stoff gesammelt, mit dem sie sich dann beschäftigen konnte, damit es ihr im Bett nicht zu langweilig wurde. Sie brauchte einfach ständig intellektuelles Futter.«

Die Eltern versuchen, das clevere Mädchen schon mit fünf einzuschulen. Eigentlich wird sie erst im Dezember sechs Jahre alt, aber was zählt schon das Alter, wenn sie mit fünf Jahren ohnehin schon über alle Fertigkeiten verfügt, die sie eigentlich erst in der zweiten Klasse beherrschen muß. Doch die Eltern beißen bei der Schule auf Granit. Der Schulleiter gibt zu erkennen, daß er gerade bei einem Mädchen eine frühe Einschulung für falsch halte. Sein Kommentar: »Sie ist ja nur ein Mädchen ...« Die Tatsache, daß Elke schon lesen und schreiben kann, liege wohl an dem übertriebenen Ehrgeiz der Eltern: Wenn man wolle, könne man Kindern viel antrainieren. Auch die Schulärztin rät von einer frühen Einschulung ab. Doch ein Jahr später ist es dann soweit: Elke darf in die Schule. Aber der ersten Freude folgt schnell die tiefe Enttäuschung: die totale Langeweile. Diese Langeweile kann sie nicht einfach ertragen, sie rebelliert gegen den Unterricht und die Lehrerin oder verweigert sich. Elke protestiert auf ihre Weise: Sie sitzt während der Stunde unter dem Tisch und schaltet ab. Die Lehrerinnen sind hilflos, schreien das Mädchen an. »Bei einigen Lehrkräften ging das bis zum offenen Haß«, berichtet der Vater. Auch innerhalb der Klassengemeinschaft ist Elke isoliert. Manchmal bekommt sie Klassenkeile, einmal kommt sie bespuckt nach Hause, oft verdreckt und mit blauen Flecken. Doch ansonsten erzählt sie daheim kaum etwas über die Schule.

Elke gehört zu den besten in ihrer Klasse, ist aber weiter verhaltensauffällig und den Lehrern ein Dorn im Auge. Der Rektor läßt Elke von einer Schulpsychologin testen, verrät den Eltern allerdings nicht, daß er untersuchen lassen will, ob das Mädchen nicht auf eine Sonderschule gehöre. Die Schulpsychologin stellt fest, was die Eltern längst wissen: daß Elke sehr intelligent ist. Doch den Eltern wird das Testergebnis und die Höhe von Elkes IQ nicht genannt. Die Schulpsychologin teilt ihnen allerdings mit, daß der in Elkes Klasse angebotene Unterrichtsstoff für Elke viel zu einfach sei. Selbst dann, wenn man die beiden nächsthöheren Klassen dazunähme, würde sie immer noch zu den besten fünf Schülern zählen. Die Schulpsychologin macht der Schulleitung verschiedene Vorschläge, wie die Schule mit den besonderen Begabungen des Mädchens umgehen könne. Unter anderem empfiehlt die Psychologin auch, Elke am Matheunterricht der höheren Klasse teilnehmen zu lassen. Doch der Schulleiter lehnt alles kategorisch ab.

Mit der neuen Mathelehrerin kommt Elke im zweiten Schuljahr gar nicht klar – die Eltern auch nicht. Die Lehrerin fordert die Eltern sogar auf, sie müßten ihrer Tochter mal öfter »eins drauf geben«. Sie als Lehrerin dürfe das ja leider nicht.

Als die Eltern im zweiten Schuljahr mitbekommen, daß ihre Tochter abends im Bett weint, ist der Vater alarmiert: Elke ist verzweifelt, fragt immer wieder, warum sie nur am nächsten Tag wieder in diese Schule müsse. »Das hat mir einen Stoß gegeben, und da habe ich gesagt: ›Jetzt ist Schluß, jetzt suche ich eine andere Schule.‹« Unverzüglich geht der Vater zum Schulamt und kann innerhalb kurzer Zeit erreichen, daß seine Tochter auf eine Grundschule in die nahegelegene Großstadt wechseln kann.

Die neue Klasse behandelt im Matheunterricht – im Gegensatz zur bisherigen Schule – die Mengenlehre; das ist für Elke fremd und spornt sie zugleich an. Schon nach vier Tagen auf der neuen Schule schreibt die Klasse eine Arbeit in Mengenlehre. Bislang hat Elke noch nichts mit Mengenlehre zu tun gehabt. Der Lehrer ermuntert Elke, die Arbeit mitzuschreiben, auch wenn sie ja noch nichts darüber weiß. Sie könne ruhig eine Sechs schreiben, ihre Arbeit würde noch nicht gewertet. Doch Elke schreibt keine Sechs, sondern eine fehlerlose Eins. Innerhalb von drei Tagen hat sie das ganze Pensum begriffen, mit dem sich der Rest der Klasse bereits seit dem ersten Schuljahr herumgeschlagen hat. Der Lehrer spricht die Eltern an und wundert sich, wie intensiv die Eltern mit ihrer Tochter geübt hätten. Er will zunächst nicht glauben, daß die Eltern weder von der Arbeit gewußt noch mit ihrer Tochter Mengenlehre eingeübt haben. Wie das mit der Mengenlehre überhaupt funktioniert, das lernen die Eltern erst Jahre später in einem Volkshochschulkurs.

Bis zum Ende des vierten Schuljahres läuft es auf der neuen Schule ganz gut. Die Lehrer greifen ein, wenn Elke Streß mit anderen Schülern aus der Klasse hat. Sie wird manchmal gehänselt, weil sie nicht nur hochbegabt ist, sondern auch eine leichte Behinderung hat. Wegen einer minimalen Schädigung des Gehirns ist ihre Feinmotorik gestört, so daß sie zum Beispiel kaum einen Ball fangen kann und Schwierigkeiten beim Radfahren hat. Für

Außenstehende ist die Behinderung kaum sichtbar; doch einige Kinder bemerken das schnell und machen sich manchmal über Elke lustig.

Dann der Wechsel zum Gymnasium. Elke steht auch hier bald in allen Fächern außer Sport meist sehr gut, wird aber von den anderen Kindern geschnitten und gemieden. Unter den Schülern herrscht schon in der fünften Klasse eine starke Konkurrenz um die Noten. Elkes Eltern erleben den Druck nicht nur bei den Schülern, sondern auch unter den Eltern. Elkes Eltern schlägt überall Neid entgegen, weil ihre Tochter so gute Noten bekommt. Daß Elke von den Mitschülern als Streberin drangsaliert und wegen ihrer Behinderung gehänselt wird, verteidigt eine Mutter sogar noch gegenüber Elkes Mutter: Warum sollten die Kinder auf Elke Rücksicht nehmen, wenn sie doch so gut in allen Fächern ist. »Die Eltern verstärkten dadurch noch den Neid der Schüler auf Elke und auch ihre Vereinsamung in der Klasse«, schätzt der Vater die damalige Situation ein.

Während eines mehrtägigen Klassenausflugs flippt Elke eines Tages aus. Sie fühlt sich von den anderen schikaniert, gequält. Sie versucht, sich immer möglichst in der Nähe des Lehrers aufzuhalten, weil sie Angst hat, geschubst und getreten zu werden. Als sie sich bei einem Spiel wieder einmal ausgegrenzt fühlt, schreit sie ihre Mitschüler an: Wenn die anderen sie nicht mitmachen ließen, dann wolle sie lieber tot sein. Der Klassenlehrer ist schockiert und ruft Elkes Eltern an. Die nehmen Elkes Verzweiflung und die Reaktion der Schule zum Anlaß, um bei ihrem Kinderarzt Rat zu suchen, und erzählen ihm von dem Vorfall. Doch der Kinderarzt wiegelt ab. Auch das mit Elkes Todeswunsch sei nicht so ernst zu nehmen. Nicht Elke sei das Problem, sondern die Klassengemeinschaft. Das mag auch so sein, nur Elke ist diejenige, die unter dem »Problem« furchtbar leidet.

Elke entfernt sich innerlich immer mehr von ihren Mitschülern. Während die anderen zum Reiten fahren, über Musik und Klamotten reden oder sich abends zur Disco verabreden, entdeckt sie die Philosophie. Als ihr Vater mit ihr eine Buchhandlung aufsucht, findet die 12jährige eine dicke Reclam-Ausgabe von Kants *Kritik der reinen Vernunft*. Elke ist sofort Feuer und Flamme, auch als der Vater ihr sagt, das sei eher etwas für 17- oder 18jährige, aber nicht für sie. Sie will das Buch unbedingt haben und kauft es sich von ihrem Taschengeld. Dazu besorgt sie sich noch ein philosophisches Wörterbuch und vertieft sich – ganz für sich allein – in Kant. In ihrer Freizeit widmet sie sich häufig der *Kritik der reinen Vernunft*, und am nächsten Morgen erzählt sie ihrem Vater im Bus zur Schule, was sie an Kant so fasziniert und welche Ausführungen sie sehr kritisch sieht.

Während sie von Kant fasziniert ist, erlischt ihr Interesse an der Schule immer mehr. Ihre Eltern erleben zum Beispiel während einer Hospitation im Lateinunterricht, daß ihre Tochter anfangs noch hartnäckig versucht hat, sich am Unterricht zu beteiligen: Während der ganzen Unterrichtsstunde meldet sie sich. Offenbar ist sie sich sicher, auf jede Frage des Lehrers eine Antwort zu wissen. Aber schon ein anderer Lehrer hat den Eltern mal anvertraut, daß er Elke lieber nicht drannehme, weil dann schon das Ergebnis der gesamten Unterrichtsstunde erreicht sei. Und ein anderer Lehrer berichtet, er würde Elke nur aufrufen, wenn das Ergebnis noch mal richtig zusammengefaßt werden solle. Kein Wunder, daß sie immer mehr die Freude am Unterricht verliert.

Die Eltern fragen bei der Schule an, wie es denn mit der Möglichkeit des Springens aussieht. Aber davon hält die Schule nichts. Vom Springen wird abgeraten. Einzige ›Begründung‹: »Das halten wir nicht für richtig.«

Zu Hause sitzt sie stundenlang apathisch vor den Schularbeiten und kommt nicht weiter. »In der Mittelstufe hat die Schule sie nur noch angeödet«, erinnert sich ihr Vater. »Zu Hause tat sie wochenlang überhaupt nichts mehr. Sie saß nur da und brütete vor sich hin. Und am Ende des achten Schuljahres kommt sie doch mit einem Zeugnis aus der Schule, in dem lauter Einsen stehen. Aber Elke hat das Zeugnis kommentarlos ohne Freude hingelegt. Die guten Zensuren allein genügten ihr nicht.«

Für ihre guten Zeugnisse bekommt Elke von der Schule zahlreiche Buchprämien. Sie hat mehrmals hintereinander den besten Notenschnitt. Als sie fünfzehn Jahre alt ist, schreibt sie an einem solchen Zeugnistag ein Gedicht über diese Prämien:

»Von einem Leben, das auszog, die Prämie zu bekommen und
von einer Prämie, die einzog, das Leben zu nehmen.
Leider kein Märchen, sondern eine wahre Erfindung.

Sie war die Beste.
Sie hatte die Prämie bekommen.
Sie war die Prämie.
Was sie auch tat, tat die Prämie.
(...)
Wenn sie dachte, dachte sie nicht. Wenn sie dachte, dachte ja bloß die Prämie.
(...)
Wenn sie über den Schulhof ging.
Bist du die eins komma null? Bist du die Prämie?
(..)
Wer war sie denn eigentlich sonst? – Ach nichts.
Nichts! Nichts!
Die nächste Bahn kam um die Ecke.
Durchschnitt eins komma null.
Irgendein Impuls ließ sie in Richtung Schienen fallen.
(..) Dann war sie für immer nichts.
Die Prämie war zerstört. Die Prämie war Nichts.
Sie war tot. Sie war Nichts.
Ihr Leben war so gut, als sei es ein einziges Nichts gewesen.
Vertan ....

Drei Jahre später ist Elke tot. Das Gedicht finden die Eltern erst nach Elkes Tod. Ihr Vater: »Daß sie nicht glücklich war, das war nicht zu übersehen, aber daß das so weit ging, wußten wir natürlich nicht.«

Elke wartet und wartet, daß sich auf der Schule etwas ändert. »Sie hat ihre Stellung innerhalb des Bildungssystems klar erkannt«, meint ihr Vater. »Sie hat mal gesagt: ›Ich weiß, ich habe meine Fähigkeiten, aber ich kann sie nicht entwickeln.‹« Die Eltern hoffen immer noch darauf, daß es auch innerhalb des Schulsystems für ihre Tochter eine Perspektive gibt.

In der zehnten Klasse überlegen sie, ob sie Elke nach Braunschweig wechseln lassen auf den Förderzweig für hochbegabte Kinder der Christophorusschule. Doch der Direktor des Gymnasiums rät ab. In Braunschweig seien nicht so sehr hochbegabte Kinder, sondern vornehmlich Schüler, deren Eltern gern möchten, daß ihre Töchter und Söhne hochbegabt seien. Außerdem beginne im nächsten Schuljahr das Kurssystem, und dann könne Elke die Kurse belegen, die ihr Spaß machen würden. Da werde sie dann entsprechend gefordert und gefördert.

Die Eltern verlassen sich auf die Zusage des Direktors, Elke könne *die* Kurse nehmen, die sie sich aussuche. Die Eltern verzichten auf einen Wechsel nach Braunschweig. Später bereuen sie diese Entscheidung bitter.

Doch auf Elke wartet die nächste Enttäuschung. Sie hat sich Biologie ausgesucht, weil dies das einzige Fach ist, das sie wirklich noch interessiert. Doch sie kommt nicht in den Kurs rein. Es haben sich zu viele gemeldet, und Elke wird in einen anderen Kurs verwiesen. Begründung: Sie könne doch ohnehin alles, und da sie ja nicht Medizin studieren wolle, komme es für sie als gute Schülerin auf ein paar Punkte mehr oder weniger nicht an. Elkes Vater ist heute noch empört über diese Argumentation: »Das stellt doch die Sache auf den Kopf, daß die Lehrer schon anfangen zu rechnen, wer wieviel Punkte braucht und in welchem Fach er die am besten bekommt.»

Die Eltern überlegen, ob sie gegen die Schule klagen, lassen es dann aber doch. Elke will jedoch nicht mehr länger auf dieser Schule bleiben. Ihre Eltern melden sie ab, und die 17jährige wechselt zur 12. Klasse auf eine andere Schule.

Nach dem Schulwechsel wagt sie einen neuen Anfang. Sie ist politisch interessiert, hat zu Hause im stillen Kämmerlein schon viele kleine Essays zu politischen Themen geschrieben. Jetzt beobachtet sie interessiert den »Wahlkampf« an der Schule um das Amt des Schülersprechers. Das »Wahlkampfabkommen« untersagt jegliche Agitation während der Unterrichtszeit. Als die amtierende Schülersprecherin dagegen verstößt, ist Elke empört und reimt ein Spottgedicht auf den übertriebenen Eifer der Jungpolitikerin. Sie legt das Gedicht nicht einfach zu ihren Unterlagen, sondern kopiert es und hängt es in der Schule aus. Das sorgt für Ärger. Die Schülersprecherin nimmt die Sache sehr ernst und ist furchtbar aufgebracht. Weinend rennt sie zum Direktor, der ihr parteipolitisch verbunden ist. Angeblich, so die Schülersprecherin zu Elke, habe ihr der Direktor angekündigt, daß das für die »Neue« ernste Konsequenzen haben werde. Doch zunächst geschieht nichts.

Ein paar Wochen später findet an der Schule ein »Tag der offenen Tür« statt. Elke hat an einer Ausstellung über die Geschichte der Juden in jener Kleinstadt mitgewirkt. Als die Eltern sich auf dem Weg in die Schule befinden, kommt ihnen ihre Tochter kreidebleich und voller Panik entgegengerannt. Fast wäre sie vor ein Auto gerannt. Der Anlaß für Elkes Reaktion: Der Schulleiter hat Elke auf dem Ausstellungsstand angesprochen und erklärt, er habe noch mit ihr zu reden; sie wisse ja wohl, worum es gehe. »Für Elke muß das existenzbedrohend geklungen haben«, meint ihr Vater. »Ersichtlich ist sie mit diesem Angsterlebnis nicht mehr fertig geworden. Zunächst latent entwickelte sich eine Psychose.«

Elkes Eltern sprechen mit dem Schulleiter noch einmal über den Vorfall im Schulwahlkampf. Die Eltern sind mit dem Verlauf des Gesprächs zufrieden, Elke nimmt wieder am Unterricht teil und erzielt ihre guten bis sehr guten Noten.

Doch acht Monate später verläßt die 18jährige während des Unterrichts ohne erkennbaren Anlaß den Klassenraum und kommt nach Schulschluß verstört nach Hause. Sie berichtet von Stimmen, die sie bedrohen und ihr – auch unter Anspielung auf die Vorgänge im vergangenen Schulwahlkampf – zunehmend Angst einjagen. Der hinzugezogene Hausarzt diagnostiziert eine Psychose und verordnet ein beruhigendes Medikament, das jedoch nicht hilft. Er schlägt deshalb am folgenden Tag, einem Freitag, den Eltern vor,

Elke gleich am Montag einem Psychiater vorzustellen. Doch das will Elke nicht. Allerdings stuft auch sie die Stimmen, die nur sie hört, als Symptome einer Psychose ein. Sie wendet sich generell gegen eine psychiatrische Behandlung.

Am Sonnabend beginnt Elke, mehrere Schreibhefte mit ihren Gedanken zu füllen. Die ganze Nacht hindurch und auch noch am Sonntag kreisen ihre Gedanken um ihre verzweifelte Lage, um den Sinn eines Weiterlebens und enden mit dem Entschluß, sich das Leben zu nehmen. Sie versteckt diese letzten Aufzeichnungen. Erst einige Tage später werden ihre Eltern die Hefte finden. Sie legt eine falsche Fährte und verläßt am späten Sonntagabend ihr Elternhaus durch ein Fenster. Sie läuft mehrere Stunden durch die Nacht – bis zu einem Bahnhof. Dort besteigt sie – kurz nach Mitternacht – einen Hochspannungsmast und greift nach dem stromführenden Kabel. Am frühen Montagmorgen wird ihr Leichnam neben den Gleisen gefunden.

Später stellen die Eltern fest, daß ihre Tochter sich wohl schon längere Zeit vorher auf eine Selbsttötung vorbereitet hatte. Ihre sämtlichen Unterlagen, ihre Gedichte, Zeichnungen, Essays hat sie noch einmal sortiert und wie einen Nachlaß hinterlegt. Die Mutter denkt oft an den Tod ihrer Tochter. »Ich glaube, mit der Psychose hätte sie in klinische Behandlung gemußt und dabei wäre ihre Persönlichkeit wahrscheinlich zerstört worden. Das wußte sie, und aus dieser Sicht hat sie wahrscheinlich das richtige getan. So sehe ich das wenigstens. Sie hat sich viel erspart. Das mag vielleicht merkwürdig klingen, aber ich sehe das so.« Auch der Vater ist sich sicher: »Elke wollte sterben. Einer ihrer letzten Sätze lautete: ›Ich möchte leben, ich möchte leben, wenn man mich nur läßt‹. Aber sie hatte das Gefühl, sie kann sich ihre Würde nicht bewahren.«

Die Eltern haben ihre Tochter durch ein Schulsystem verloren, das nicht flexibel auf Menschen reagiert, die nicht der Norm entsprechen. »Das, was meine Tochter konnte, hat man von ihr nie gefordert. Sie konnte sich nie richtig beweisen.« Die Folge: Ihr Selbstvertrauen sank immer weiter. Doch das sahen ihre Lehrer nicht. Sie haben nur auf die Noten geguckt, und die waren ja sehr gut. Elkes Vater: »Elke war leistungshungrig und wissensdurstig. Die Schule hat sie verhungern und verdursten lassen.«

Das Überspringen von Klassen

Warum das Springen vielen Schülern so schwer gemacht wird

In der siebten Klasse geht Jan nur noch sehr lustlos zur Schule. Er wird von seinen Mitschülern als Streber beschimpft und regelrecht fertig gemacht. Die Lehrerin geht auf Jans Situation gar nicht ein. Seine Eltern, die inzwischen mit dem Thema Hochbegabung konfrontiert worden sind, lassen einen Intelligenztest machen. Der Test bestätigt ihre Vermutung, daß Jan hochbegabt ist. Doch die Klassenlehrerin interessiert sich nicht für das Testergebnis. Um Jan aus der schwierigen Situation der ständigen Unterforderung, des Mobbings durch die Mitschüler und der Ignoranz der Lehrerin zu befreien, stellen die Eltern einen Antrag auf Überspringen einer Klasse. Die Schulleitung lehnt den Antrag ohne weitere Begründung ab. Jans Schwierigkeiten werden immer größer, auch seine Noten und Leistungen sacken ab. Der Hochbegabte hat in der achten Klasse einen Notenschnitt von vier. Seine Eltern starten einen neuen Versuch, Jan springen zu lassen. Doch die Schulleitung nimmt den Antrag erst gar nicht an, weil es nicht zulässig sei, innerhalb eines Jahres zweimal einen Antrag auf Überspringen zu stellen. »Das ist vollkommener Blödsinn«, erregt sich Jans Vater, Arnold Bertram, noch heute. »Es gibt überhaupt keine Rechtsgrundlage für solch eine formale Ablehnung.« Er macht Druck, schaltet die Bezirksregierung und das Kultusministerium in Nordrhein-Westfalen ein. Mit Erfolg: Die Schule gibt nach. Jan erhält die Zusage, daß er springen könne. Allerdings müsse er nach dem Springen am Ende des Schuljahres glatt drei stehen. Jan wechselt direkt von der achten in die neunte Klasse: Er muß Französisch ganz neu lernen, er muß auch in Latein, Englisch und Mathe einiges nachholen. Ohne daß die Lehrer ihm Hilfestellung leisten, kann sich Jan den neuen Stoff schnell aneignen. Am Ende des neunten Schuljahres hat er es geschafft: Er ist der zweitbeste Schüler der Klasse. Das Springen hat Jan geholfen, wieder mehr Spaß am Unterricht zu finden und auch mit seinen Mitschülern besser zurecht zu kommen. Dennoch urteilt sein Vater: »Das Überspringen ist nicht das Gelbe vom Ei, es ist eine Notlösung.«

Aber nicht einmal als Notlösung wird das Springen von den meisten direkt oder indirekt Betroffenen gesehen. Bei Schülern, Eltern, Lehrern und auch Schulpsychologen hat das Überspringen einen schlechten Ruf und wird ausgesprochen selten praktiziert. Annette Heinbokel hat in einer Studie ermittelt, daß es in Niedersachsen zwischen 1980 und 1989 an den Grundschulen (insgesamt 1842) gerade einmal 279 Springer gab. Ähnlich sah es an den 209 Gymnasien aus: Hier übersprangen 32 Schüler eine Klasse. Und an den 30 Gesamtschulen wurde gar nicht gesprungen. Heinbokel geht davon aus, daß eine Schule eigentlich nur dann von Erfahrungen mit dem Springen sprechen kann, wenn mindestens zwei Schüler in zehn Jahren gesprungen sind. Nach dieser Meßlatte haben lediglich 0,4 Prozent der Grundschulen und ein Prozent der Gymnasien Erfahrungen mit dem Springen sammeln können. Die Ergebnisse der Osnabrücker Pädagogin decken sich mit Untersuchungen in anderen Bundesländern. Im Saarland hat man das Springen zwischen 1975 und 1985 untersucht. Dabei gingen die Wissenschaftler von ca. zwei Prozent hochbegabter Schüler aus, von denen die Hälfte im Prinzip hätte springen können. Dies hätte für den Zeitraum jener zehn Jahre eine Zahl von 1650 springenden Schülern bedeutet. Doch die Realität sah anders aus: statt 1650 sind gerade mal 48 gesprungen.

In Hamburg startete die Schulbehörde Anfang der neunziger Jahre ein – wie es im Bürokratendeutsch heißt – »Modell zur Förderung besonders begabter Schüler durch Fördermaßnahmen zur Verkürzung der individuellen Schulzeit«. Mit anderen Worten: Man wollte besonders begabte Schüler ermuntern, eine Klasse zu überspringen. Doch auch hier Ernüchterung: Von 22 Schülern in der Jahrgangsstufe 6, denen die Schulen ein Überspringen empfohlen hatten, wagten lediglich sechs diesen Schritt; und in der zehnten Jahrgangsstufe setzen nur acht von 39 Schülern die Empfehlung um. Auch das bayerische Kultusministerium propagiert seit Jahren das Überspringen von Klassen. Die Gymnasien wurden vom Ministerium explizit aufgefordert, das Springen zu fördern. Das Staatsinstitut für Schulpädagogik und Bildungsforschung erarbeitete extra Handreichungen, und bis 1995 wurden sogar besondere Ferienkurse für Springer eingerichtet, um die Lücken schnell schließen zu können. Allerdings war das Interesse an diesen Kursen so gering, daß das Angebot wieder eingestellt wurde. Offensichtlich wollen viele Schüler trotz überdurchschnittlicher Leistungen lieber nicht springen.

Schüler, Eltern und Lehrer zögern lange, bevor man sich entscheidet, die Verweildauer auf der Schule um ein Jahr abzukürzen. Dabei ist das Springen in allen Bundesländern möglich, sogar zweimal pro Schulkarriere. Doch im Schnitt kommt das Springen an den meisten Schulen nur alle 20 bis 30 Jahre einmal vor. Das Ministerium für Bildung, Wissenschaft, Forschung und Kultur des Landes Schleswig-Holstein räumt in einem »Bericht zur Förderung von Kindern mit besonderen Begabungen« freimütig ein: Es sei »mit Sicherheit davon auszugehen, daß derzeit zu wenige Kinder springen, in Schleswig-Holstein wie in den anderen Ländern.«

Die Psychologin Christa Hartmann kritisiert, daß sich die meisten Schulleitungen immer noch sehr schwer tun mit einem eigentlich sehr einfachen Schritt. »Die Schulleiter sollten versuchen, die Probleme der Kinder aktuell zu lösen, und nicht von vornherein schon sagen, das wird problematisch. Wenn es dann in Zukunft schwierig werden sollte, dann kann man den nächsten Lösungsschritt angehen«, empfiehlt Christa Hartmann.

Wie sehr sich die Vorbehalte festgesetzt haben, zeigt ein Blick in das niedersächsische Schulgesetz. Obwohl das Kultusministerium in den vergangenen Jahren alle Schulen ermuntert hat, das Springen zu fördern, stieß Annette Heinbokel in ihren Untersuchungen auf folgenden Passus im Vorwort zum Schulgesetz: »Ein solcher Schritt ist pädagogisch und entwicklungspsychologisch meist nicht unproblematisch und sollte daher genau überlegt werden, zumal der erhoffte Vorteil nicht selten durch Wiederholen eines späteren Schuljahrgangs zunichte gemacht wird.« Eine Einschätzung, die jeglicher Grundlage entbehrt, denn das Wiederholen einer späteren Klasse durch einen Springer ist die große Ausnahme.

Doch warum tun sich alle mit dem Springen so schwer? Ein Grund sind die Noten. Silke Carl hat den Sprung schon in der Unterstufe gewagt: die siebte Klasse hat sie ausgelassen. Nach einem halben Jahr gehörte sie schon wieder zu den Besten der Klasse, und sie begann, sich wieder zu langweilen. Doch den Vorschlag der Schulleitung, von der 10. Klasse direkt ins Kurssystem der 12. Jahrgangsstufe zu springen, lehnt Silke ab. Sie will nicht, daß ihr Abiturdurchschnitt darunter leidet. Auf den entsprechenden Vorstoß des Direktors hat die 15jährige sogar äußerst gereizt reagiert. In einem Gespräch wirft sie ihm vor, er kapiere nicht, worum es ihr gehe. Sie wolle gar nicht schneller die Schule beenden, sondern die Zeit in der Schule sinnvoller nutzen. Obwohl sie in fast allen Fächern Eins steht, entdeckt sie immer noch Defizite an sich, die sie gern mit Hilfe ihrer Lehrer beheben möchte. Doch genau diese Förderung werde ihr vorenthalten, klagt sie dem Schulleiter.

In der Tat: Das Springen ist keine Hochbegabtenförderung, sondern mindert oft nur die qualvolle Langeweile, unter der die Schlauberger in der Schule leiden. Und Silke hat auch in einem anderen Punkt recht: Zumindest am Anfang wirkt sich das Springen auch negativ auf die Noten aus. So stellte die Hamburger Schulbehörde fest, daß im ersten Jahr nach dem Springen die Noten um 0,2 bis 0,8 Punkte sanken. Dieses leichte Absacken ist nur allzu verständlich, wenn man bedenkt, daß die Springer in manchen Fächern bei Null anfangen müssen, in denen ihre Mitschüler bereits seit einem Jahr unterrichtet werden. Doch die Probleme halten sich in Grenzen: Fast 80 Prozent der Jungen und 90 Prozent der Mädchen haben laut der Untersuchung von Heinbokel nach dem Springen keine Probleme in der neuen Klasse. Wenn es Schwierigkeiten gab, dann lagen die meist nicht im intellektuellen, sondern eher im sozial-emotionalen Bereich. Doch auch hier waren die Ergebnisse überwiegend positiv: Die Springer fanden in der neuen Klasse häufiger eine sehr gute Freundin oder einen Freund. Nach dem Springen hatten mehr als zwei Drittel der Eltern das Gefühl, ihr Kind sei in der richtigen Klasse; und rund 90 Prozent der Eltern waren der Ansicht, daß das Springen die richtige Entscheidung war. Auch in einer Untersuchung des Dezernates für Schule, Weiterbildung und Sport der Stadt Köln wurde beobachtet, daß sich die psychischen Probleme hochbegabter Kinder nach dem Springen meist sofort besserten oder sogar verschwanden. Die Psychologin Christa Hartmann betont ebenfalls den sozialen Aspekt des Springens: »Wenn Kinder in einer falschen Lernumgebung sind, in einem falschen Umfeld, dann haben sie dort in der Regel keine positiven sozialen Kontakte. Wenn das Umfeld nach dem Springen auf dieser intellektuellen Ebene wieder stimmt, dann können Kinder viel leichter soziale Kontakte knüpfen. Man empfiehlt das Überspringen von Klassen ja in erster Linie zur Persönlichkeitsförderung der Kinder, und nicht, um damit irgendwelche intellektuellen Förderprogramme anzubieten.«

Deshalb wollte der gebürtige Iraner Faramarz auch nie springen. Auf der Grundschule und auf dem Gymnasium haben ihm Lehrer geraten, eine Klasse zu überspringen. Lachend erzählt der heute 19jährige, daß seine Lehrer ihn auch gern loswerden wollten, »weil ich immer so viel Chaos gemacht habe«. Doch Faramarz weigerte sich zu springen, weil er vor dem Schritt Angst hatte: »Wenn jemand in meine Klasse hineingesprungen wäre, dann hätten wir den auch die ganze Zeit verarscht. Das gehört einfach dazu. Alles, was anders ist, wird erst einmal runtergemacht, bevor man sich auf den einzelnen einläßt«, meint Faramarz. Bei ihm habe außer der Langeweile kein Leidensdruck bestanden. »Ich bin lange Zeit ganz gut mit den Mitschülern zurechtgekommen.«

Noch immer denken viele Lehrer und Kultusbürokraten, die wichtigste Voraussetzung für das Springen seien gute Noten und soziales Angepaßtsein. In Niedersachsen muß mittlerweile die Klassenkonferenz über die Möglichkeit des Springens diskutieren, wenn die Noten eines Kindes besser als »gut« sind. Doch wenn Kinder sich sozial und emotional in ihrer Klasse wohlfühlen, besteht eigentlich keine Notwendigkeit zu springen – außer die Schulzeit abzukürzen. Wichtig wäre das Angebot des Springens vor allem für jene hochbegabten Kinder, die auch sozial große Probleme in der Klasse haben. Doch denen ist ihre besondere Begabung oft nicht anzumerken, und die Eltern haben meist wenig Chancen, wenn sie erreichen wollen, daß ihr Kind mit einem Notendurchschnitt von drei oder vier eine Klasse überspringen soll.

Auch die meisten Eltern tun sich mit dem Springen ihrer Kinder sehr schwer. Noch immer geraten diese Eltern leicht in den Verdacht, »überehrgeizige Sklaventreiber« zu sein. Doch die Kinder ehrgeiziger Eltern springen eher nicht, weil sie und ihre Eltern nämlich schlechtere Zensuren befürchten. Denn viele Schüler (und ihre Eltern) könnten es nicht ertragen, wenn sie in der neuen Klasse vielleicht nicht mehr Klassenbester wären. Annette Heinbokel ist der Ansicht, daß Springer eher Schüler seien, die mäßig ehrgeizig seien und deren Eltern die Noten nicht so wichtig seien wie das Wohlbefinden der Kinder.

Springen ist viel besser als sein Ruf, doch die psychischen Hemmnisse und Bedenken, die es bei allen Beteiligten dagegen gibt, sind anscheinend nur sehr schwierig aus dem Weg zu räumen. Es läßt sich im Prinzip einfach durchführen und kostet wenig (in einigen Bundesländern einige Förderstunden, allerdings »spart« man dafür ein ganzes Schuljahr). Zudem kann es Kindern Erleichterung verschaffen, weil man die quälende Langeweile verkürzt. Je öfter das Springen praktiziert wird, desto niedriger wird die Hemmschwelle für künftige Schüler. Zugleich muß jedoch betont werden, daß das Überspringen von Klassen keine wirkliche Begabtenförderung darstellt.

Die Förderung Hochbegabter in den Bundesländern

Wohlklingende Worte und eine ernüchternde Realität

Glaubt man den prosaischen Texten der Schulgesetze der einzelnen Bundesländer, könnte es um die Förderung hochbegabter Kinder nicht besser bestellt sein: »Jeder Schüler hat das Recht, eine seiner Befähigung und Leistung entsprechende schulische Bildung und Förderung zu erhalten; außergewöhnliche Begabungen werden in besonderer Weise gefördert«, heißt es beispielsweise im Schulgesetz Thüringens. Und bereits in der thüringischen Landesverfassung wird in Artikel 20 darauf hingewiesen: »Begabte, Behinderte und sozial Benachteiligte sind besonders zu fördern.« Und auch im Schulgesetz Mecklenburg-Vorpommerns steht geschrieben, daß der »Förderung von hochbegabten Jugendlichen der gleiche Stellenwert zuzumessen ist, der auch der Förderung von lernschwachen und gehandikapten Jugendlichen zuerkannt wird.« In Sachsen-Anhalt findet man im Schulgesetz von April 1996 folgenden Passus: »Insbesondere hat jeder junge Mensch ohne Rücksicht auf seine Herkunft oder wirtschaftliche Lage das Recht auf eine seine Begabungen, seine Fähigkeiten und seine Neigung fördernde Erziehung, Bildung und Ausbildung.« In einer Erläuterung fügt das sachsen-anhaltinische Kultusministerium an: Somit trage jede Lehrkraft auch »Verantwortung für die Identifizierung und Förderung begabter Kinder.« Mit ihrem Unterricht legten Lehrer auch »entscheidende Grundlagen für die Entwicklung einer förderungsfreundlichen Atmosphäre, in der jeder Leistungsfortschritt Anerkennung findet.«

Wohlklingende Worte. Da wollen die alten Bundesländer natürlich nicht nachstehen. In der Informationsschrift »Talent und Neigung – Individuelle Förderung von Kindern und Jugendlichen« des Ministeriums für Schule und Weiterbildung in Nordrhein-Westfalen kann man folgendes lesen: »Die Individualität der Schülerinnen und Schüler, ihre unterschiedlichen Lernmöglichkeiten sowie ihre Lernentwicklung erfordern eine differenzierte Förderung.« Und etwas später heißt es: »Es gilt vielmehr, bei allen Schülerinnen und Schülern Neigungen und Begabungen zu fördern.« Und wie sieht diese Förderung aus? Vielleicht besondere Schulen für Hochbegabte oder besondere Klassen? Vielleicht D-Zug-Klassen zur Verkürzung der Schulzeit? Nein, Fehlanzeige.

Das Zauberwort heißt »innere Differenzierung«. In der Grundschule würden »durch Maßnahmen der inneren Differenzierung und Individualisierung die unterschiedlichen Lernvoraussetzungen und Begabungen der Schülerinnen und Schüler berücksichtigt.« Eine Differenzierung umfasse »zusätzliche Lernangebote, die besondere Begabungen und Neigungen entwickeln« helfen. Und einige Zeilen darunter heißt es in der Informationsschrift: »Ein Unterricht, der selbsttätiges, entdeckendes Lernen ermöglicht, indem Schülerinnen und Schüler ermutigt werden, ihre eigenen Lern- und Lösungswege zu gehen, Wege und Lerntempo selbst zu bestimmen, fördert die Motivation und entfaltet am besten Interessen und Neigungen.« Das stimmt zweifellos, doch zwischen Theorie und Praxis klafft eine große Lücke. Nach Beispielen befragt konnte der zuständige Mitarbeiter im Kultusministerium nur darauf verweisen, daß es wohl Pädagogen gäbe, die diese Form des Unterrichts praktizieren würden.

Um kein Mißverständnis entstehen zu lassen: Ein differenzierter Unterricht, in dem die Schüler über freie Arbeit, Projekt- oder Wochenplan-Arbeit ihren Lernprozeß weitgehend selbständig gestalten können, kann sowohl lernschwache als auch hochbegabte Kinder fördern. Doch der schnelle Hinweis auf eine Binnendifferenzierung im Unterricht entläßt häufig die Bildungspolitiker und die Kultusbürokratie aus der Verantwortung; die Last wird auf die Schultern der einzelnen Pädagogen verlagert, die in schwierigen Zeiten einen Unterricht entwickeln und erteilen sollen, der »selbsttätiges, entdeckendes Lernen ermöglicht«. Doch an den personellen und materiellen Voraussetzungen für einen derartigen Unterricht mangelt es dann meist.

In einigen Bundesländern wird mittlerweile allerdings darüber diskutiert, ob man sogenannte D-Zug-Klassen einrichten sollte, damit leistungsstärkere Schüler ein Gymnasium schneller durchlaufen können. Das schleswig-holsteinische Ministerium für Bildung, Wissenschaft, Forschung und Kultur spricht sich jedoch explizit gegen die Einführung solcher D-Zug-Klassen aus: Statt dessen setze man auf einen integrativen Ansatz, auf das gemeinsame Lernen und auf die Wahrung der Chancengerechtigkeit. Doch welches der beste Weg in Richtung Chancengerechtigkeit ist, das ist noch eine offene Frage. In Schleswig-Holstein setzt man vor allem auf die Entwicklung von offenen Unterrichtsformen, die besonders Begabten sehr entgegenkommen: ein »konsequent durchgeführter Projektunterricht« trage unterschiedlichen intellektuellen Kapazitäten am besten Rechnung. Auch hier setzt man vor allem auf die Fähigkeiten der Pädagogen: Erweiterte Fragestellungen zur selbständigen Bearbeitung, die Möglichkeit zur Anfertigung einer Facharbeit, Referate mit besonders anspruchsvollen Themen, die in den Unterricht eingebaut werden, dies alles gehöre zum Angebotsrepertoire aller Lehrkräfte an den Gymnasien und Gesamtschulen, um besonders begabte Kinder entsprechend zu fördern.

Und auch die Bayern setzen – besonders in den Grundschulen – in zunehmendem Maße auf Unterrichtsmethoden der Reformpädagogik wie zum Beispiel eine offenere Unterrichtsgestaltung, Phasen der Freiarbeit und projektbezogenen Unterricht. Jahrgangsübergreifende Lerngruppen – wie dies in den ersten drei Schuljahren in Schleswig-Holstein und Baden-Württemberg praktiziert wird – findet man in Bayern allerdings nicht im Pflichtunterricht, sondern nur im Wahlbereich und in Arbeitsgemeinschaften.

Das sächsische Kultusministerium verweist darauf, daß an allen Schulen in den Jahrgangsstufen 5 und 6 die Stunden für den Förderunterricht auch für besonders begabte Kinder genutzt werden können, und in den Klassen 7 bis 10 Arbeitsgemeinschaften zur Begabtenförderung eingerichtet werden können. Auch das Saarland äußert sich skeptisch über die Einrichtung spezieller Klassen für Hochbegabte: statt dessen wolle man die Methodenvielfalt und die innere Differenzierung im Regelunterricht weiterentwickeln sowie stärkere Sensibilisierung der Lehrkräfte für die Problematik der Hochbegabung erreichen.

Eine Möglichkeit, die an allen Schulen viel zu selten erprobt und zugelassen wird, ist der Teil-Unterricht in höheren Klassen. Was spricht dagegen, daß vor allem Schüler, die in bestimmten Bereichen besondere Begabungen besitzen, in diesen Fächern zeitweise höhere Klassen besuchen? Ohne großen Aufwand würde der entsprechende Schüler in seinen Stärken gefördert, könnte aber den sozialen Kontakt zu seiner alten Klasse behalten. Doch solch individuelle Lösungen scheinen immer noch im Schulalltag unterzugehen, wo es meist um ein ganz oder gar nicht geht (zum Beispiel Schulwechsel, Springen). Falls Schüler am Unterricht höherer Klassen teilnehmen, dann geschieht dies meist weniger aus Gründen der Hochbegabung, sondern hängt beispielsweise mit Problemen der Kursbelegung in der Oberstufe zusammen. So teilte das brandenburgische Ministerium für Bildung, Jugend und Sport mit, daß Schüler am Unterricht in der höheren Jahrgangsstufe in solchen Fällen teilnehmen können, »wo es um die Erfüllung der Belegverpflichtungen in Fächern geht, die nicht durchgängig in der Qualifikationsphase belegt werden müssen.«

Das Land Thüringen macht sich für die Förderung Begabter stark, allerdings vermitteln die Schriften des Thüringer Instituts für Lehrerfortbildung, Lehrplanentwicklung und Medien (Thillm) den Eindruck eines einseitig leistungsbezogenen Ansatzes der Begabtenförderung: Nicht so sehr der Schüler als Mensch scheint hier im Mittelpunkt zu stehen, sondern das Interesse, die Leistungen der Schüler zu erhöhen. Fast bedauernd klingt der Hinweis des Thüringer Instituts, daß mittlerweile 30 bis 40 Prozent eines Schülerjahrganges ein Gymnasium besuchen würden. Die Konsequenz sei, daß »das deutsche Gymnasium keine Schule der Begabtenförderung mehr« sei. Daraus ergebe sich die Folgerung: »Da aber die innere

Differenzierung eher die Ausnahme im pädagogischen Alltag der Schule darstellt, wird die äußere Differenzierung favorisiert«: das bedeutet eine Förderung in speziellen Klassen und Schulen. Damit knüpft Thüringen – wie auch die anderen neuen Bundesländer – in mancher Hinsicht an das Erbe der DDR-Schullandschaft an.

In Thüringen gibt es zur Zeit drei Gymnasien mit Spezialklassen mathematisch-naturwissenschaftlicher Richtung, zwei Musik- und drei Sportgymnasien. Die Spezialklassen haben maximal 20 Schüler und streben eine enge Zusammenarbeit mit wissenschaftlichen Einrichtungen an. Teilweise erfolgt eine Teilung der Klassen in den Naturwissenschaften, um eine höhere Effektivität zu erreichen. Um das wissenschaftliche Arbeiten zu erlernen, muß ab der neunten Klasse pro Schuljahr eine Hausarbeit erstellt werden. Die Schulen verfügen über ein Internat, um auch auswärtigen Schülern den Schulbesuch zu ermöglichen. »Der besondere Charakter der Spezialklassenausbildung erwächst primär aus der Tiefe, dem theoretischen Anspruch und der geistigen Aktivität der Schüler«, heißt es in der Begabungsbroschüre des Thüringer Instituts für Lehrerfortbildung.

In Sachsen gibt es nach Angaben des Kultusministeriums an 20 Gymnasien Klassen »mit vertiefter Ausbildung« (mathematisch-naturwissenschaftlich, musisch, sportlich, sprachlich). Der Zugang erfolgt nach Empfehlung der alten Schule und nach einem besonderen Aufnahmeverfahren.

Ähnlich wie in Sachsen gibt es auch in Sachsen-Anhalt und Brandenburg Schulen mit inhaltlichen Schwerpunkten. Auch hier erfolgt die Auswahl über ein gesondertes Aufnahmeverfahren. Entscheidende Kriterien sind die letzten Noten, die Ergebnisse einer schriftlichen Klausur und ein kognitiver Test. Die Schulen bekommen zusätzliche Lehrerwochenstunden zugeteilt, um die Klassengröße möglichst niedrig zu halten. Die Schulen haben in ihrem jeweiligen Schwerpunktbereich eine höhere Stundenzahl, außerdem einen zusätzlichen wahlobligatorischen Unterricht sowie Arbeitsgemeinschaften.

Schulen mit inhaltlichen Schwerpunkten stehen zum Teil in der

Tradition der ehemaligen Spezialklassen in der DDR; es sind aber keine »Sonderschulen« für hochbegabte Kinder. Versuche, zumindest besondere Klassen für diese Kinder einzurichten, gibt es in Bayern. Hier hat das Kultusministerium bereits zwei vergebliche Anläufe unternommen, Klassen nur für hochbegabte Kinder einzurichten. Nach Angaben des Kultusministeriums war die Zahl der Bewerber zu gering bzw. die Voraussetzungen zu unterschiedlich, so daß keine Klassen zustande gekommen sind.

Einen besonderen Weg gehen die Länder Baden-Württemberg und Rheinland-Pfalz mit den D-Zug-Klassen, die die Schüler in acht gymnasialen Jahren zum Abitur führen sollen. In Rheinland-Pfalz nennt sich dieses Modell »Begys«: »Begabtenförderung am Gymnasium mit Verkürzung der Schulzeit«. Die Klassen, die ein Jahr früher zum Abitur zugelassen werden, wenden sich aber nicht speziell an Hochbegabte, sondern an »besonders befähigte, motivierte und engagierte Schülerinnen und Schüler«. Dabei geht das Ministerium für Bildung, Wissenschaft und Weiterbildung in Mainz von der Erwartung aus, daß diese Schüler die »vorgeschriebenen Inhalte schneller aufnehmen, daß sie selbständiger arbeiten können und weniger Übungs- und Wiederholungsphasen benötigen«. In »Begys« werden keine Inhalte aus den geltenden Lehrplänen gestrichen. Durch Straffung der Inhalte wird ein Jahr Schulzeit eingespart. Die Verkürzung vollzieht sich während der Mittelstufe: »Begys« beginnt ab Klassenstufe 7, und die ganze Klasse überspringt die 9. Jahrgangsstufe. (In Baden-Württemberg startet der D-Zug in der 5. Klasse; hier wird die sechste übersprungen.) In der Oberstufe wird dann der normale Unterricht erteilt: »Auf diese Weise wird gewährleistet, daß die Anforderungen zum Erwerb der allgemeinen Hochschulreife nach 12 bzw. 13 Jahren identisch sind.« Nach der Projektphase (1985–97) in Rheinland-Pfalz notierten die wissenschaftlichen Gutachter, daß die Schüler der Projektklassen die Schulsituation wesentlich entspannter erlebt hätten als vorher. Außerdem sei der Unterricht weniger langatmig, die Schüler würden wegen ihrer Leistungsbereitschaft weniger von Mitschülern gehänselt und attackiert. Selbst die Hausaufgaben- und Freizeitsituation wurde als entspannter eingeschätzt: »Begys«-Schüler hatten deutlich mehr Spaß an den Hausaufgaben als Regelklassen-Schüler. Auch eine andere Befürchtung, die häufig im Zusammenhang mit der Bildung sogenannter D-Zug-Klassen geäußert wird, traf offensichtlich nicht ein: Die Regelklassen sind – nach den Ergebnissen der wissenschaftlichen Auswertung – leistungsmäßig nicht ausgeblutet und stellten somit nicht die befürchteten Restklassen dar. Allerdings blieben auch einige sehr gute Schüler aus eigenem Antrieb in den Regelklassen. Außerdem wurden die Lücken durch neue Leistungsträger gefüllt, die vorher von ihren Noten eher im Mittelfeld lagen. In einigen Fächern wie Religion oder Sport gab es weiterhin gemeinsamen Unterricht. Der Entschluß zum Besuch einer Projektklasse ging meist von den Schülern aus. Die oft geäußerte Befürchtung, daß Eltern aus Prestigegründen ihre Kinder in die Projektklasse hieven wollten, bewahrheitete sich nicht. An den ausgewählten Projektschulen konnten so 20 bis 25 Prozent eines Jahrgangs nach 12 Jahren ihr Abitur machen. Nach Abschluß der Projektphase steht ab dem Schuljahr 97/98 allen Gymnasien die Möglichkeit offen, »Begys«-Projektklassen zu eröffnen. Sieben Schulen in Rheinland-Pfalz haben damit begonnen, 22 weitere Schulen wollen in den kommenden Jahren ebenfalls starten. In Baden-Württemberg sind es mittlerweile 40 Gymnasien, die D-Zug-Klassen anbieten. Demnächst soll der achtjährige Weg zum Abitur zum Regelangebot gehören.

Baden-Württemberg setzte in der Vergangenheit bei der Begabtenförderung neben Schulversuchen mit D-Zug-Klassen vor allem auf die Einrichtung zahlreicher, jahrgangsübergreifender Arbeitsgemeinschaften. An den 500 Arbeitsgemeinschaften nehmen rund 4500 Schüler teil. Die Themen liegen im mathematisch-naturwissenschaftlichen, im sprachlichen und gesellschaftswissenschaftlichen Bereich. In den Arbeitsgemeinschaften werden Inhalte behandelt, die im Unterricht nicht auftauchen. Daneben verweist Baden-Württemberg – wie alle anderen Länder auch – auf die Möglichkeit von Wettbewerben (u.a. *Jugend forscht, Schülerakademie*, verschiedene fachspezifische Schülerolympiaden).

Ähnlich wie in Baden-Württemberg können auch in Bayern seit 1987 an allen Gymnasien bis zu zwei zusätzliche Kurse mit je zwei Wochenstunden für begabte Schüler eingerichtet werden. Die Zahl dieser sogenannten Pluskurse ist in den vergangenen Jahren stetig gewachsen: 1996 waren es 348 Pluskurse an 209 Gymnasien.

In den neuen Bundesländern haben die Arbeitsgemeinschaften und die Korrespondentenzirkel eine längere Tradition. In allen 24 Kreisen des Landes Sachsen-Anhalt bestehen Kreisarbeitsgemeinschaften für interessierte Schüler. Die Kreisarbeitsgemeinschaften finden einmal wöchentlich für zwei Stunden statt. Im Schuljahr 96/97 arbeiteten ca. 240 Kreisarbeitsgemeinschaften mit über 2500 Schülern.

Über die meist mathematischen und naturwissenschaftlichen Korrespondentenzirkel werden mindestens sechsmal jährlich Aufgabenreihen versandt, die die Schüler selbständig lösen und an die Leiter der Zirkel zurückschicken müssen. Mit den neuen Aufgaben erhalten die Schüler die Bewertung der alten Aufgaben. Mindestens einmal pro Schuljahr treffen sich die Schüler mit dem Leiter des Zirkels. Im Schuljahr 96/97 arbeiteten 20 Korrespondentenzirkel mit über 600 Teilnehmern. Besonders viele Kinder aus den Schuljahren drei und vier beteiligten sich an dem mathematischen Korrespondentenzirkel. Außerdem gibt es in Sachsen-Anhalt noch sogenannte Spezialistenlager und künstlerische Werkstätten. Hier treffen sich vor allem in der Ferienzeit besonders ausgewählte Schüler (meist Preisträger oder von den Schulen vorgeschlagene Kinder und Jugendliche) für gut eine Woche, um ihr Fachgebiet in einem täglich mindestens sechsstündigen »Trainingsprogramm« zu beackern.

Die verschiedenen Bundesländer bieten die unterschiedlichsten Möglichkeiten, die hochbegabte Kinder in Anspruch nehmen können. Doch richten sich fast alle Angebote nicht spezifisch an besonders begabte Kinder, sondern in der Regel wie die D-Zug-Klassen oder die verschiedenen Arbeitsgemeinschaften an besonders motivierte und interessierte Kinder. Für hochbegabte Schüler, die ohnehin gute Noten schreiben und deren Problem vor allem in der großen Langeweile besteht, können diese Angebote eine gewisse Entspannung bringen: zum Beispiel, daß man per D-Zug die Schule ein Jahr früher hinter sich lassen kann. Doch für jene Hälfte der Hochbegabten, deren besondere Fähigkeiten unentdeckt bleiben oder schon in den ersten Klassen verschüttet werden, nutzen die meisten Zusatzangebote relativ wenig. Nur die frühe Förderung in der Grundschule kann diesen Kindern einen Weg ebnen, daß ihre Begabungen nicht verloren gehen oder einfach übersehen werden. Doch diese frühe Förderung setzt nicht nur einen binnendifferenzierten Unterricht voraus, wie er ja mittlerweile von fast allen Kultusministerien propagiert wird, sondern auch einen geschärften Blick der Pädagogen in Richtung potentiell hochbegabter Kinder. Doch dieser Blick fehlt häufig, zumal das Thema Hochbegabung in der Lehrerausbildung ja keine und in der Lehrerfortbildung kaum eine Rolle spielt. Und auch in den Kultusministerien hat sich noch immer nicht herumgesprochen, daß hochbegabte Kinder häufig mehr brauchen als nur ein höheres Leistungsniveau. Paradigmatisch mag eine Antwort des brandenburgischen Ministeriums für Bildung, Jugend und Sport sein. Auf die Frage nach speziellen Beratungsstellen für hochbegabte Kinder nennt das Ministerium lediglich den Brandenburgischen Landesverein zur Förderung mathematisch-naturwissenschaftlich-technisch interessierter Schüler. Auf diesen Aspekt verengt sich dann häufig die Hochbegabtenförderung.

Beratungsstellen für Hochbegabte

a. Deutsche Gesellschaft für das hochbegabte Kind

Im Schulalter ist es oft schon zu spät

Bei Heide Thomas klingelt das Telefon. Eine Lehrerin ruft an. Sie vermutet, daß sie ein hochbegabtes Kind in ihrer Klasse hat; doch sie ist unschlüssig, wie sie mit dem Schüler umgehen soll. Heide Thomas fragt genau nach, gibt einige Hinweise über Fördermöglichkeiten und nennt der Lehrerin Literatur zum Thema Hochbegabung. Die Lehrerin ist eine von rund 200 Anrufern, die sich jährlich bei der Hamburger Beratungsstelle der Deutschen Gesellschaft für das hochbegabte Kind (DGhK) melden. In rund einem Viertel der Fälle kommt es zu einer Folgeberatung.

»Die Eltern, meist die Mütter, rufen an, weil sie mit der Situation nicht mehr fertig werden. Die Mütter gehen auf dem Zahnfleisch«, berichtet Heide Thomas. Oft fragen Eltern von Kindergartenkindern irritiert, ob sie ihrem Kind schon das Lesen und Rechnen erlauben dürfen. Für Heide Thomas ist die Antwort ganz eindeutig: »Eltern müssen es erlauben, denn wenn das Kind Hunger hat, bekommt es ja auch etwas zu essen. Und wenn es eben geistigen Hunger hat, dann braucht es geistige Nahrung.« Allerdings weist die ehrenamtliche Beraterin der DGhK auch darauf hin, daß Eltern möglichst versuchen sollten, nicht den Schulstoff vorwegzunehmen.

Viele Eltern rufen auch an, wenn das Kind in der Grundschule ist, und die hohen Erwartungen an die Schule so bitter enttäuscht wurden. Obwohl es für sie noch mehr Beratungsarbeit bedeuten würde, wünscht sich Heide Thomas oft, daß Eltern anrufen würden, wenn ihre Töchter und Söhne noch jünger sind. »Das wäre so wichtig, ist aber relativ selten. Wenn die Kinder erst einmal im Schulalter sind, dann ist schon manches Kind in den Brunnen gefallen«, erläutert die DGhK-Frau. Doch Heide Thomas weiß, daß das leicht gesagt ist. Denn viele Eltern erfahren einfach viel zu spät vom Thema Hochbegabung und kommen gar nicht auf die Idee, daß ihr Kind außergewöhnliche Begabungen haben könnte.

In Hamburg gibt es einen von mittlerweile 16 Regionalverbänden der DGhK. Die Mitgliederentwicklung boomt: im Frühjahr 1998 hatte der Verein rund 3300 Mitglieder, mehr als doppelt so viele wie drei Jahre zuvor. Die Entwicklung der Mitgliederzahlen zeigt, daß das Thema Hochbegabung immer offener diskutiert wird und daß die Zeiten einer Tabuisierung langsam zu Ende gehen.

Die Deutsche Gesellschaft für das hochbegabte Kind wurde 1978 in Hamburg gegründet, als einige Pädagogen, Wissenschaftler und Eltern erkannten, daß hochbegabte Kinder über keine Lobby in Deutschland verfügten. Vorbild für die DGhK war die englische National Association for Gifted Children. Die DGhK ist ein gemeinnütziger Verein. Alle Mitglieder, und das sind vor allem betroffene Familien, aber auch Wissenschaftler und Lehrer, arbeiten ehrenamtlich mit. Die Selbsthilfegruppe versteht sich als Beraterin und als Sprachrohr der betroffenen Familien. Viermal im Jahr erscheint die Zeitschrift *Labyrinth*.

Der Schwerpunkt liegt eindeutig in der Beratungsarbeit vor Ort. Oft sind Eltern zunächst sehr vorsichtig und zurückhaltend, weil sie befürchten, schnell als Angeber abgestempelt zu werden, wenn sie vermuten, ihr Kind könnte hochbegabt sein. Viele Eltern erkundigen sich nach den Möglichkeiten einer Begabungsdiagnose, wo und wie man einen Intelligenztest machen kann. Oft geht es auch um rechtliche und pädagogische Hilfe bei einer vorzeitigen Einschulung, beim Überspringen einer Klasse oder allgemein um schulische Förderungsmöglichkeiten für Hochbegabte. Nicht selten melden sich Eltern erst, wenn Kinder bereits massive Probleme haben. Dann steht meist die soziale Beratung im Vordergrund.

Darüber hinaus bietet die DGhK auch Förderprogramme an zu verschiedenen Wissensgebieten (Feriencamps, Kurse, Einzelveranstaltungen), die möglichst nicht mit dem Schulstoff kollidieren. Dabei ist es auch durchaus gewollt, daß die Kinder einmal »unter sich« sind. »Es gibt viele Beispiele, daß Hochbegabte seelisch gesunden, wenn sie unter ihresgleichen sind. Auch das soziale Verhalten verbessert sich enorm, wenn sie unter anderen hochbegabten Kindern und Jugendlichen sind«, berichtet Reiner Thomas, Sprecher des Hamburger Regionalverbandes.

Warum Eltern sich an die DGhK wenden

»Eltern wenden sich an uns, weil sie Anregungen wünschen, wie sie ihr Kind in der Freizeit fördern können, weil sie verunsichert sind durch Bemerkungen über dieses ›unkindliche‹ Kind, weil ihr Kind in der Schule Schwierigkeiten hat oder weil es im Gegenteil ohne Anstrengung hervorragende Zeugnisse heimbringt, weil sie große Freude mit ihrem aufgeweckten Kleinkind haben und einfach ›alles richtig‹ machen wollen, weil aktuell dringend etwas erreicht werden muß (Unterrichtsbefreiung, Springen) und sie sich vor dem Gang zu den Schulbehörden Informationen und Argumentationshilfen beschaffen wollen, weil sie über einen Test Bestätigung für die vermutete Hochbegabung ihres Kindes suchen, weil sie Hilfen im Umgang mit Lehrern, mit Familien normalbegabter Kinder oder mit den normalbegabten Geschwistern brauchen, weil der Wissensdurst in der Schule nicht gestillt wird, weil sie niemanden haben, mit dem sie sich über ihr Kind freuen können, weil sie sich mit anderen Betroffenen aussprechen möchten und der Wunsch immer mächtiger wird, nicht allein dazustehen.«
(*aus der Broschüre »Leben mit hochbegabten Kindern« der DGhK*)

Kritik an der DGhK kommt von der Konkurrenz. Jutta Billhardt, ehemalige Vorsitzende der DGhK und heute Vorsitzende der »Hochbegabtenförderung e. V.«, wirft ihrem altem Verein vor, sich zu wenig von den Normalbegabten abzugrenzen. Weil die DGhK von den Eltern nicht verlange, zunächst das Ergebnis eines Intelligenztests vorzuweisen, könne niemand kontrollieren, ob die Mitglieder nun hochbegabte oder normalbegabte Kinder hätten. Nach Ansicht von Jutta Billhardt seien viele Eltern nur dem Verein beigetreten, um sich anschließend im Bekanntenkreis damit rühmen zu können, Mitglied in einer Gesellschaft für hochbegabte Kinder zu sein. Viele Mitglieder seien lediglich ehrgeizige Eltern, die nur glaubten, ihr Kind sei hochbegabt. Doch mit ihrer Forderung, Eltern müßten erst einmal das Resultat des Intelligenztests vorweisen, bevor man sie beraten würde, konnte sich Jutta Billhardt im Verein nicht durchsetzen. Mittlerweile hält sie der DGhK auch Unprofessionalität vor: Mit seinem ehrenamtlichen Engagement habe es der Verein 13 Jahre lang fast ohne nennenswerten Erfolg versucht, das Leiden hochbegabter Kinder in der Öffentlichkeit bewußt zu machen.

Das sieht die Deutsche Gesellschaft natürlich anders, und die zunehmende Diskussion über das Thema Hochbegabung in den vergangenen Jahren dürfte ihr wohl recht geben. Auch die Fixierung auf einen Intelligenztest lehnt die DGhK nach wie vor ab. »Ob ein Kind einen IQ von 125 oder von 135 hat, das ist für uns nicht so entscheidend«, meint Heide Thomas. »Das Verhalten des Kindes ist wichtiger.« Der Test sei eher eine ultima ratio, um Klarheit in Konfliktsituationen zu schaffen. Den Intelligenztest zur Voraussetzung einer Beratung zu machen, das würde nur bedeuten, die Hemmschwelle einer Kontaktaufnahme zu erhöhen. Denn gerade Eltern, die sehr unsicher sind, was mit ihrem Kind los ist, würden dann noch größere Hemmungen haben, bei der DGhK anzurufen, nicht zuletzt auch, weil der Test mit einigen Kosten verbunden ist.

b. Hochbegabtenförderung e. V.

Keine Beratung unter 120

Neben der Deutschen Gesellschaft für das hochbegabte Kind (DGhK) hat sich in den vergangenen Jahren auch die »Hochbegabtenförderung e. V.« auf die Betreuung hochbegabter Kinder konzentriert. Schwerpunkt dieses Vereins ist – wie der Name schon sagt – die Förderung dieser Kinder in Nachmittags- und Wochenendkursen. Die Beratung bei sozialen oder psychischen Problemen steht nicht so sehr im Vordergrund.

Voraussetzung einer Betreuung und Beratung durch die Hochbegabtenförderung ist die Vorlage eines Intelligenztestes. Die Gründerin und Vereinsvorsitzende Jutta Billhardt erklärt eindeutig, eine Förderung ohne Test wäre fatal. »Wir fördern erst ab IQ 120.« Auch eine Beratung ohne Testergebnis hält die Mutter zweier hochbegabter Söhne für Scharlatanerie. »Ich kann keine Eltern beraten, wenn ich nicht weiß, wo das Kind geistig steht.« Die ehemalige Vorsitzende der DGhK war dort mit ihrem Vorhaben gescheitert, Beratung und Förderung vom Ergebnis des Intelligenztests abhängig zu machen; in ihrem neuen Verein hat sie ihn festgeschrieben: »Zwingende Voraussetzung für die Aufnahme in die Förderung ist ein vorgeschalteter Begabungstest, der neben der Messung des allgemeinen Intelligenzquotienten vor allem die Entwicklung eines sehr differenzierten individuellen Begabungsprofils ermöglicht.« Die Testergebnisse gelten als Voraussetzung, die Kinder in Gruppen der hochbegabten und der überdurchschnittlich intelligenten Kinder zu differenzieren.

Nach eigenen Angaben bietet die Hochbegabtenförderung mittlerweile Kurse für rund 700 Kinder an. Der regionale Schwerpunkt liegt in Bochum, zugleich Sitz der Organisation. Inhaltlich bietet der Verein verschiedene Sprach- und Computerkurse an. Außerdem stehen Biologie, Philosophie, Mathematik, Technik, Kreatives Schreiben und anderes auf dem Kursplan. Die Kurse, die in der Regel alle 14 Tage stattfinden und dreieinviertel Stunden dauern, kosten 130 DM pro Monat. Ein Kurs erstreckt sich über drei Monate; kündigen die Eltern den Kurs nicht, nehmen die Kinder automatisch am nächsten teil. Organisiert wird das gesamte Kursangebot vor allem von den beiden hauptamtlichen Mitarbeiterinnen Jutta Billhardt und Susanne Matz. Jutta Billhardt legt großen Wert auf die Feststellung, daß ihr Verein gemeinnützig arbeitet. »Wir sind kein kommerzielles Unternehmen, und wenn die DGhK noch einmal behauptet, wir seien ein kommerzielles Unternehmen, dann bekommt sie eine Konventionalstrafe.« Solche Bemerkungen dokumentieren, wie gespannt das Verhältnis der ehemaligen DGhK-Vorsitzenden zu ihrem alten Verein noch ist.

Wichtig ist die Auswahl der Kurslehrer. »Die Referentensuche ist das schwierigste. Wir verzichten meist auf Pädagogen, denn jede Pädagogisierung und Psychologisierung schlägt unsere Kinder in die Flucht.« Die Referenten sollten möglichst wenig erklären, aber dafür in der Lage sein, viele Fragen zu beantworten, und sie müßten auch Gedankensprünge auffangen können. Nach Möglichkeit sollten auch die Lehrer hochbegabt sein. Das fordert Jutta Billhardt auf jeden Fall von Lehrerinnen und Lehrern, die speziell – wie auf der Christophorusschule in Braunschweig – hochbegabte Kinder unterrichten. »Diese Lehrer müßten vorher einen Intelligenztest machen. Sonst können sie den Kindern gar nicht folgen. Die Lehrer können die Schüler nicht einmal verstehen, weil sie oft den abstrakt-logischen Denkprozeß nicht nachvollziehen können. Die meisten Lehrer können gar nicht abstrakt-logisch denken; die glauben nur das, was sie sehen«, meint die Vereinsvorsitzende, deren Söhne auf der Braunschweiger Schule ihr Abitur gemacht haben. Auf der Christophorusschule werden solche Vorhaltungen nur mit einem amüsierten Kopfschütteln quittiert und nicht weiter ernstgenommen.

Nach ihren Problemen mit der DGhK begann Jutta Billhardt zunächst mit dem kommerziellen »Studienkreis« zusammenzuarbeiten, um innerhalb dieses Unternehmens die Förderung hochbegabter Kinder aufzubauen. Doch als der »Studienkreis« nicht bereit war, spezielle und besser bezahlte Lehrer für Hochbegabtenkurse einzustellen, verließ Jutta Billhardt nach einem kurzen Zwischenspiel wieder das Unternehmen.

Die »Hochbegabtenförderung e. V.« richtete sie dann von Anfang an nach ihren Vorstellungen aus. Die Vereinsstruktur kennt einen Vorstand, einen Aufsichtsrat und nur wenige stimmberechtigte Mitglieder, die im Verein das Sagen haben. Stimmberechtigtes Mitglied kann bei der Hochbegabtenförderung nur werden, wer mindestens drei Jahre praktische Arbeit im Bereich Hochbegabung geleistet hat. Die Vereinsvorsitzende will verhindern, daß da »einfach jemand so ankommt« und mitbestimmen will: »Wir wollen nicht ständig durch Querelen gestört werden.« Die »ungefähr acht stimmberechtigten Mitglieder« (Billhardt) wählen den vierköpfigen Aufsichtsrat, der wiederum bestimmt den hauptamtlichen Vorstand, der aus Jutta Billhardt (Bundesvorsitzende) und Susanne Matz (Geschäftsstelle Nord) besteht. Neben den stimmberechtigten verfügt der Verein nach eigenen Angaben über 800 weitere Mitglieder, Eltern von nachgewiesen hochbegabten Kindern. »Wir sind nicht für jeden da«, bekennt Jutta Billhardt unverblümt. Andererseits wirbt sie aber um ehrenamtliche Helfer, die vor Ort benötigt werden u. a. für den Aufbau und die Betreuung der Kontaktgruppen, für die Organisation von Elternabenden, für Eltern- und Lehrerberatungen, Unterstützung der Geschäftsleitung und Vertretung des Vereins. Mitglieder dürfen diese Ehrenamtlichen dann natürlich werden, allerdings zunächst ohne Stimmrecht und Einfluß!

c. Der Studienkreis

Kommerzielle Hilfe für Hochbegabte

Auf kommerzieller Basis bietet der Studienkreis, eine Organisation, die in der Vergangenheit vor allem durch professionellen Nachhilfeunterricht aufgefallen ist, auch Kurse für hochbegabte Kinder an. Allerdings ist der Studienkreis von seinem ursprünglichen Konzept abgerückt. In ihrer »einzigartigen neuen Lerninitiative«, die sie 1993 in einer Broschüre unter dem Titel »Auch hochbegabte Kinder brauchen Hilfe« angekündigt hatte, wird noch die Forderung nach einem verpflichtenden Intelligenztest erhoben. Neben der Rostocker und der Braunschweiger Jugenddorf Christophorusschule sei der Studienkreis »die einzige Einrichtung in der Bundesrepublik, die einen anerkannten und differenzierten Begabungstest zur Voraussetzung für den Einstieg in die Förderungsmaßnahmen macht.« Doch nach dem Ausscheiden der Mitinitiatorin Jutta Billhardt änderte der Studienkreis seine Sicht der Dinge schnell: Ein Intelligenztest wird nicht mehr für die Teilnahme an den Kursen vorausgesetzt. Zwar steht auch der Studienkreis einem IQ-Test durchaus positiv gegenüber, da er in bestimmten Situationen Klarheit bringen und weiterhelfen könne. Doch in den Kursen für die besonders begabten Kinder habe man festgestellt – so der zuständige Projektleiter Günter Habdank –, daß pfiffige Kinder, die hochmotiviert sind, zum Beispiel im Computerkurs mit Hochbegabten wunderbar kooperieren könnten. Auch habe sich die Befürchtung nicht bestätigt, daß überehrgeizige Eltern ihre Kinder für die »Hochbegabten-Kurse« anmelden, um damit möglicherweise prahlen zu können. Die Eltern würden meist schon sehr genau wissen, was ihre Töchter und Söhne leisten können und was nicht. »Manche Kinder haben einfach spezielle Begabungen und können in *einem* Kurs auf einem hohen Niveau mithalten, aber hochbegabte Kinder schaffen dieses Niveau in zwei, drei oder vier verschiedenen Themenbereichen«, erklärt der promovierte Mathematiker.

Die Kurse, die der Studienkreis für hochbegabte Kinder anbietet, sind allerdings bislang nicht auf eine allzu große Resonanz gestoßen. Während die Organisation mit den Nachhilfekursen mittlerweile in rund 950 Standorten in Deutschland aktiv ist, werden die speziellen Kurse für hochbegabte Schüler lediglich an 15 Orten, meist in größeren Städten angeboten. Diese Kurse sind von ihrer Konzeption her fächerübergreifend angelegt und sollen dem Schulstoff nicht vorgreifen. Zu den Kursinhalten gehören zum Beispiel Japanisch oder Chinesisch, wobei es nicht nur um die Vermittlung der Sprache geht, sondern zum Beispiel auch um die Geschichte und Bedeutung der Schriftzeichen. Daneben werden Philosophie-, Biologie- oder Chemiekurse angeboten.

Die Lehrenden für diese Kurse müssen selbst keine Hochbegabten sein, sondern sie müssen neben einem soliden Fachwissen vor allem über Phantasie und Flexibilität verfügen, erläutert Günter Habdank. »Die Lehrer müssen in der Lage sein, mit den Schülern richtig zu arbeiten. Wir brauchen hier keinen Zampano, der vor den Kindern herumturnt. Das kennen die Kinder schon aus den Schulen. Wir brauchen eher jemanden, der auch einmal sagt: ›Das weiß ich jetzt auch nicht, aber da gehen wir einfach in die Universitätsbibliothek, und dort zeige ich euch, wie man das herausfinden kann.‹ Das ist dann eine konkrete Vermittlung von Lerntechniken, und gerade das ist für die Kinder ja sehr wichtig.«

Die in der Regel 90minütigen Kurse erstrecken sich über zwei bis fünf Monate, je nach Fachgebiet. Die Teilnehmerzahl differiert zwischen vier und neun Kindern. Ein Kurs kostet 160 DM pro Monat. Auch der Studienkreis betont, daß ein wesentlicher Zweck dieser Hochbegabtenkurse darin liege, daß sich die Kinder untereinander kennenlernen und durch die Kurse möglichst neue Freundschaften entstehen können. Und dieser Zweck habe sich häufig erfüllt. In

Kassel ist aus den Kursen sogar eine neue Gruppe hervorgegangen: *Synapse* ist eine Art Selbsthilfegruppe von Eltern hochbegabter Kinder, die sich vor Ort intensiv mit dem Thema beschäftigt und vor allem die Öffentlichkeit über die Probleme der Kinder aufklären will.

d. Beratungsstelle besondere Begabungen

Der Konsens ist das gemeinsame Interesse am Kind

Die elfjährige Silke ist im Februar von der fünften in die sechste Klasse des Gymnasiums gesprungen. In den ersten Wochen läuft alles sehr gut: die Noten sind in Ordnung, und Silke kommt auch in ihrer Klasse klar. Doch dann – nach einigen Wochen – beginnen die Probleme mit ihren Mitschülern: Sie fühlt sich gehänselt und gestichelt. Und auch ihre Leistungen sacken ab. Silke ist verzweifelt; sie weint zu Hause, wenn der alltägliche Gang zur Schule morgens wieder ansteht: Sie will nicht mehr zur Schule. Sie möchte gern wechseln; an einer anderen Schule einen Neuanfang versuchen, doch ihre Klassenlehrerin ist dagegen. Sie möchte, daß Silke erst einmal versucht, in ihrer jetzigen Klasse zurechtzukommen. In dieser Situation, drei Monate nach dem Springen, ruft die Mutter in der Hamburger Beratungsstelle besondere Begabungen (BbB) an. Einen Monat später kommt es dann in der Beratungsstelle zu einem Gespräch zwischen der Mutter, der Klassenlehrerin und der Schulleiterin. Die Mitarbeiter der BbB fungieren vor allem als Moderatoren. Zuvor ist bereits geklärt worden, daß es in dem Gespräch um die Modalitäten eines Schulwechsels geht, und nicht um die grundsätzliche Diskussion, ob das Mädchen überhaupt wechseln soll. Nachdem jede Seite ihre Sichtweise der Dinge noch einmal darlegt (nur Verständnisfragen sind erlaubt), kann man sich schnell dem Wie eines Schulwechsels widmen. Es gibt zwar keinen Konsens in dieser Frage – die Schule ist weiterhin dagegen –, doch wirkt die Schulleiterin konstruktiv bei der Suche nach einer neuen Schule mit. Sie bietet Silkes Mutter an, mit ihr zur neuen Schule zu gehen. Helmut Quitmann, Leiter der Beratungsstelle, hält sich in solchen Gesprächen mit seiner eigenen Meinung meist zurück. Er ist vor allem für die gelingende Gesprächsführung zuständig. Als Silkes Mutter ihn nach seiner Einschätzung fragt, sagt er schon deutlich, daß auch er dafür plädieren würde, daß Silke auf der alten Schule bleibe. »Ich habe vor allem die Gefahr gesehen, daß Silke lernt, immer wenn es Schwierigkeiten gibt, die Rahmenbedingungen zu ändern. Und wenn sich dieser Eindruck bei ihr festsetzt, dann begreift sie nicht, daß sie auch selbst etwas tun muß«, meint Helmut Quitmann. Doch die Entscheidung der Mutter für einen Schulwechsel wird akzeptiert.

Das Gespräch erweist sich als Erfolg: Bei der routinemäßigen Nachfrage nach drei Monaten erfährt die BbB, daß Silke sich auf der neuen Schule sehr wohl fühlt. Sie hat guten Kontakt zu ihren neuen Mitschülern, und auch ihre Leistungen liegen wieder im oberen Bereich. »Das hört sich etwas bilderbuchmäßig an, aber das ist wirklich oft so«, meint Helmut Quitmann.

Die Hamburger Beratungsstelle besondere Begabungen (BbB) ist in ihrer Konzeption einmalig in Deutschland; sie ist die einzige von einer Schulverwaltung betriebene Beratungsstelle für Hochbegabte. Die Einrichtung der BbB läßt sich als eine Konsequenz des neuen Hamburger Schulgesetzes verstehen, in dem es u. a. heißt, daß Schülerinnen und Schüler »in ihren individuellen Fähigkeiten und Begabungen, Interessen und Neigungen gestärkt und bis zur vollen Entfaltung ihrer Leistungsfähigkeit gefördert und gefordert werden« sollen. Die Schulbehörde hat die Beratungsstelle im August 1996 bewußt vor dem Hintergrund eingerichtet, daß die »verbreitete Annahme, diese Kinder und Jugendlichen würden sich auch ohne eine besondere Förderung durchsetzen«, keineswegs immer zuträfe.

Neben der Einzelfallberatung und der Begabungsdiagnostik konzentriert sich die Beratungsstelle vor allem auf die Kooperation zwischen Eltern und Lehrern. »Experten sind die Eltern und die Lehrer, und nicht wir«, erklärt der Leiter der Beratungsstelle Helmut Quitmann. »Wir wollen Kooperation stiften. Das ist die halbe Miete.«

Nach den bisherigen Gesprächen haben die Berater Helmut Quitmann und Wilfried Manke die Erfahrung gemacht, daß erstens Eltern häufiger anrufen als Lehrer, zweitens Mütter häufiger als Väter, und drittens Mütter sich häufiger wegen ihrer Söhne als wegen ihrer Töchter melden. In einem ersten Telefongespräch versuchen die Mitarbeiter der Beratungsstelle zu klären, worum es den Eltern geht, wo die Probleme liegen und wie es mit der Kommunikation zwischen Eltern und Lehrern bestellt ist. Denn häufig findet sich hier schon der Knackpunkt. Oft stößt die BbB auf das Problem, daß Eltern vermuten, ihr Kind sei hochbegabt, während der Lehrer diese Einschätzung ablehnt. Von dem Lehrer komme dann oft das »Argument«, von solchen Schülern habe er zehn in der Klasse sitzen, berichtet Wilfried Manke. »Dahinter steht bei Lehrern ganz viel Angst und die empörte Frage: ›Was soll ich denn noch alles machen?‹ Viele haben noch nichts davon gehört, und wenn sie dann gefordert werden, bekommen sie erst einmal einen Schrecken; danach folgen oft Distanzierungen bis hin zum Widerstand.«

Helmut Quitmann sieht die Aufgabe der BbB vor allem im Prozeßmanagement. »Wir sind keine Abfertigungseinrichtung, was man ja sonst bei Behörden oft hat. Da gibt es so eine Erledigungsmentalität. Wir versuchen dagegen, unsere Kunden für den nächsten Schritt zu qualifizieren und sie gleichzeitig in die Verantwortung zu nehmen.« Die BbB trifft feste Verabredungen mit Eltern und Lehrern über die nächsten Schritte, die unternommen werden sollen, und sie hakt nach, ob diese Schritte auch erfolgt sind. Lassen sich die Probleme nicht im direkten Gespräch zwischen Eltern und Lehrern klären, organisiert die BbB einen Dialog am Runden Tisch zwischen Eltern, Klassenlehrer und Schulleitung. »Wir machen dann zuerst eine Bestandsaufnahme und versuchen gemeinsam – auch bei unterschiedlichen Sichtweisen –, die Konsensmöglichkeiten zu ermitteln: Die gibt es immer, weil es ein gemeinsames Interesse am Schüler gibt.« Die Erfahrung zeigt, daß in den Gesprächen meist die gegenseitigen Vorurteile und Ängste zwischen Lehrerinnen und Lehrern sowie Eltern abgebaut werden können.

In 95 Prozent aller Fälle sehen die Mitarbeiter der BbB die betroffenen Kinder gar nicht. »Dann sind die Leute immer völlig irritiert und fragen nach, wie man denn beraten könne, wenn man die Kinder gar nicht sähe«, berichtet Helmut Quitmann. »Doch die Kompetenz liegt bei Eltern und Lehrern – diese sind die Experten für das Kind, allerdings nicht unbedingt Experten für die Frage, wie man kooperiert und welche Fördermaßnahmen vorbereitet werden können.« Hier bietet die BbB gezielt ihre Unterstützung an.

Die Palette der Lösungsmöglichkeiten sieht in Hamburg nicht viel anders aus als in anderen Städten: Eine frühe Einschulung oder das Springen als Verkürzung der Schulzeit, Gastunterricht in höheren Klassen, der Schülerzirkel Mathematik an der Universität Hamburg oder Kurse zum Kreativen Schreiben. Bei den Möglichkeiten der inneren Differenzierung gerät Wilfried Manke ins Schwärmen. »Im Idealfall definiert eine Lehrerin mit dem Kind ein Projekt, was es lernen will und kann. Das Kind erhält die Materialien, die es braucht, und erarbeitet sich den Lernstoff selbständig. Aber«, schränkt der Berater sofort wieder ein, »vom Idealfall sind wir leider noch weit entfernt. Die Lehrer sind dafür noch nicht ausreichend qualifiziert.«

Wenn die Beratungsstelle die Gespräche mit den Betroffenen abgeschlossen hat, dann entläßt sie die Beteiligten nicht aus der Verantwortung. Immer wieder wird nachgehakt, ob etwas passiert ist und ob die verabredeten Maßnahmen durchgeführt wurden. Dieser Teil eines intensiven Prozeßmanagements bezeichnet die BbB als Controlling mit Follow up-Gesprächen: »Nach dem Ende der ersten Beratung rufen wir drei Monate, sechs Monate und ein Jahr später noch einmal die Kunden an und fragen nach den Folgen des Beratungsgesprächs«, erläutert Wilfried Manke die Arbeitsweise der Beratungsstelle. Eltern und Lehrer reagieren sehr positiv darauf, daß sie an der kurzen Leine geführt werden, weil sie dadurch nicht aus der Verantwortung entlassen werden. Und auch für die Beratenden hat die Mehrarbeit einen positiven Aspekt: Sie gewinnen einen Überblick über die Resultate der Beratungsarbeit.

Die BbB bietet auch die Möglichkeit an, einen Intelligenztest machen zu lassen. »Allerdings«, so Reinhilde Böhm, Sonderpädagogin und zuständig für die Testdiagnostik in der BbB, »führen wir Tests nur dann durch, wenn Eltern, Lehrer und die BbB gemeinsam der Meinung sind, daß dies sinnvoll ist.« Die BbB versucht durch eintägige Fortbildungsveranstaltungen, Eltern und Lehrer für die besonderen Belange ihrer Kinder zu sensibilisieren, doch das große Manko ist nach wie vor, daß das Thema Hochbegabung in der Ausbildung der Lehrer keine Rolle spielt. Aber Helmut Quitmann ist voller Hoffnung, daß sich das in naher Zukunft ändern wird. Das Thema Hochbegabung werde enttabuisiert, meint der Psychologe, der sich früher intensiv um die Integration behinderter Kinder gekümmert hat. »Eigentlich ist das nur die konsequente Fortsetzung der Integrationspädagogik, daß man nun auch das andere Ende der Normalverteilung bedient.« Doch bis zur Umsetzung dieser »konsequenten Fortsetzung der Integrationspädagogik« ist es noch ein weiter Weg.

Anhang

Adressen und Kontakte

Deutsche Gesellschaft für das hochbegabte Kind e. V.
Bundesgeschäftsstelle
c / o Dorothea Karcher
Sondershauser Str.80
12249 Berlin
Tel. 030 / 7117718
(Selbsthilfegruppe: Elternberatung, Kurse, Gesprächskreise, Freizeiten)

Hochbegabtenförderung e. V.
Am Pappelbusch 45
44803 Bochum
Tel. 0234 / 935670
(Kursangebote, Elternberatung, Gesprächskreise)

Bildung und Begabung e. V.
Wissenschaftszentrum
Postfach 201448
53144 Bonn
Tel. 0228 / 302–266
(Informationsdienst In- und Ausland, Schülerwettbewerbe)

Jugenddorf-Christophorusschule
Georg-Westermann-Allee 76
38104 Braunschweig
Tel. 0531 / 70780
(Gymnasium mit Förderzweig für Hochbegabte; schulpsychologische Beratung; Tests)

Jugenddorf-Christophorusschule
Gross Schwasser Weg 11
18057 Rostock
Tel. 0381 / 80710
(Gymnasium mit Förderzweig für Hochbegabte; schulpsychologische Beratung; Tests)

Jugenddorf-Christophorusschule
Cleethorpeser Platz 12
53639 Königswinter
Tel. 02223/92220
(Gymnasium mit integrierter Förderung Hochbegabter, schulpsychologische Beratung)

Jugenddorf Hannover
Betreuungs- und Begegnungsstätte der Karg-Stiftung
Gundelachweg 7
30519 Hannover
Tel. 0511 / 878390
(Kindergarten für besonders Begabte, psychologische Beratung, Testdiagnostik)

Studienkreis
Universitätsstraße 104
44799 Bochum
Tel. 0234 / 976001
(kommerzielle Nachhilfeschulen und Hochbegabtenförderung)

Bundesministerium für Bildung, Wissenschaft, Forschung und Technologie
53170 Bonn
Tel. 0228 / 572098
(Informationen zur schulischen Förderung)

Psychologisches Institut der Universität Tübingen
Dr. Aiga Stapf
Friedrichstr. 21
72072 Tübingen
Tel 07071 / 296424
(Beratung)

Münsteraner Zentrum für Begabungsförderung
c / o Zimet, Kolarz, Fischer
Coerdestr. 53
48147 Münster
Tel. 0251 / 295163
(Beratung, auch bei Lese-Rechtschreibe-Schwäche)

Beratungsstelle besondere Begabungen (BbB)
Hammer Steindamm 42
22089 Hamburg
Tel. 040 / 20989490
(Beratungsstelle der Schulbehörde für Eltern, Schüler und Lehrer)

William-Stern-Gesellschaft
für Begabungsforschung und Begabtenförderung
Postfach 130387
20103 Hamburg
Tel 040 / 4123–5464
(Beratungsstelle an der Universität Hamburg, »Talentförderung Mathematik«, Forschung)

Begabungspsychologische Beratungsstelle am Institut für Pädagogische Psychologie der Universität München
Leopoldstr. 13
80802 München
Tel 089 / 2180–6333
(Beratung)

Institut für Begabungsforschung und Begabungsförderung in der Musik
Bahnhofstr. 64
33102 Paderborn
Tel. 05251 / 300111

Mensa in Deutschland
Münzstr. 6
51063 Köln
(Vereinigung hochbegabter Menschen)

Initiative zur Förderung Hochbegabter Kinder
Hindenburgstr. 42
70825 Korntal-Münchingen
Tel 0711 / 833569

Synapse Gemeinnütziger Verein zur Förderung besonders begabter Kinder und Jugendlicher
c / o Eva Seelhof
Kirchweg 86
34119 Kassel
Tel 0561 / 711908

Stiftung zur Förderung körperbehinderter Hochbegabter
Buchenweg 1
FL-9490 Vaduz
Tel 004175 / 2328424

Freizeitprojekte:

Projekt Frei-Schreib-Zeit
Lisa Krämer
Faulensiek 2
32689 Kalletal
Tel. 05264 / 5497
(Kurse und Förderprogramm für besonders befähigte schreibende Schüler)

Universitäre Sommercamps
c / o Prof. Karl-J. Kluge
Ninive 59
41747 Viersen
Tel. 02162 / 30290
(Sommercamps für besonders Begabte und Hochmotivierte)

Deutsche SchülerAkademie
Kennedyallee 62–70
53175 Bonn
Tel. 0228 / 9591540
(Akademien für besonders Begabte während der Ferien)

Till Jürgens Consulting
Anglo Public Schools Agency
Heidstr. 7
42781 Haan
Tel. 02129 / 959861
(Informationen und Vermittlung über einen Schulbesuch in England)

Österreich:

Österreichischer Verein für hochbegabte Kinder
c / o Dr. Roswitha Bergsmann
Rudolf Plebanstr. 15
A-3021 Preßbaum-Pfalzau
Tel. 00432233 / 2724

Verein zur Förderung hochbegabter Schüler in Salzburg
Mozartplatz 10
A-5010 Salzburg

Kontaktstelle für Begabtenförderung
am Pädagogischen Institut
Erzabt-Klotz-Str. 11
A-5020 Salzburg
Tel. 0043 662 / 84032236

Schweiz:

Elternverein hochbegabter Kinder
Wolfgang Stern
Emil-Frey-Str. 117
CH-4142 Münchenstein
Tel. 004161 / 4115629

Schule für kognitiv begabte Kinder
c / o Xaver Heer
Eichenweg 6
CH-5036 Oberentfelden
Tel. 004162 / 7231746

Literatur

Beispiele 1/96. Themenheft »Hochbegabung« (Hg. vom Niedersächsischen Kultusministerium).

Billhardt, Jutta: *Hochbegabte. Die verkannte Minderheit.* Würzburg: Lexika 1996.

Bundesministerium für Bildung, Wissenschaft, Forschung und Technologie (Hg.): *Begabte Kinder finden und fördern. Ein Ratgeber für Eltern und Lehrer.* Bonn 1996.

Bundesministerium für Unterricht und kulturelle Angelegenheiten (Hg.): *Begabungen unserer Kinder. Wie können wir sie erkennen und fördern.* Wien.

Deutsche Gesellschaft für das hochbegabte Kind (Hg.): *Leben mit hochbegabten Kindern.* Berlin 1995.

Drewelow, H./Urban, K. K. (Hg.): *Besondere Begabungen – spezielle Schulen.* Rostock 1992.

Feger, Barbara: *Hochbegabung. Chancen und Probleme.* Göttingen: Hans Huber 1988.

Gardner, Howard: *Abschied vom IQ. Die Rahmentheorie der vielfachen Intelligenzen.* Stuttgart: Klett-Cotta 1991.

Grobel, Anna: *Hochbegabung in Familien. Eine Untersuchung über Beziehungen zwischen Eltern und ihren hochbegabten Kindern.* München 1990.

Grundschule, 5/1996, Themenheft »Besondere Begabungen«.

Hany, E. A./Nickel, H. (Hg.): *Begabung und Hochbegabung. Theoretische Konzepte. Empirische Befunde. Praktische Konsequenzen.* Göttingen: Hans Huber 1992.

Heinbokel, Annette: *Hochbegabte. Erkennen, Probleme, Lösungswege.* Münster: Lit Verlag 1996.

dies.: *Überspringen von Klassen.* Münster: Lit Verlag 1996.

Heller, K. A. (Hg.): *Hochbegabung im Kindes- und Jugendalter.* Göttingen: Hogrefe 1992.

Labyrinth. *Zeitschrift der Deutschen Gesellschaft für das hochbegabte Kind.* Berlin

Meissner, Toni: *Wunderkinder. Schicksal und Chance Hochbegabter.* München: dtv 1993.

Mönks, Franz J./Ypenburg, Irene H.: *Unser Kind ist hochbegabt. Ein Leitfaden für Eltern und Lehrer.* München: Reinhardt 1993.

Rost, Detlef H. (Hg.): *Lebensumweltanalyse hochbegabter Kinder. Das Marburger Hochbegabtenprojekt.* Göttingen: Hogrefe 1993.

Spahn, Christine: *Wenn die Schule versagt. Vom Leidensweg hochbegabter Kinder.* Asendorf: Mut Verlag 1997.

Stapf, Aiga: »Hochbegabte Mädchen. Entwicklung, Identifikation und Beratung, insbesondere im Vorschulalter« in: Wieczerkowski, Wilhelm/Prado, Tania M.: *Mädchen und Hochbegabung.* Hamburg 1990.

Tettenborn, Annette: *Familien mit hochbegabten Kindern.* Münster: Lit Verlag 1996.

Thomas, Werner: *Mein Kind ist hochbegabt. Außergewöhnliche Begabung erkennen und fördern.* Düsseldorf: Econ 1997.

Urban, Klaus K. (Hg.): *Begabungen entwickeln, erkennen und fördern.* Hannover 1992.

Wagner, Harald (Hg.): *Begabtenförderung in der Schule. Pädagogische Modelle in der Diskussion.* Bad Honnef 1990.

ders.: *Begabungsforschung und Begabtenförderung in Deutschland 1980–1990–2000.* Bad Honnef 1990.

Webb, James T./Meckstroth, Elisabeth A./Tolan, Stephanie S.: *Hochbegabte Kinder, ihre Eltern, ihre Lehrer. Ein Ratgeber.* Göttingen: Hans Huber 1997.

Winner, Ellen: *Hochbegabt. Mythen und Realitäten von außergewöhnlichen Kindern.* Stuttgart: Klett Cotta 1998.

Ratgeber für Frauen

Cor Anneese / Tino Pol
Wege aus der Phobie
Band 11883

George R. Bach/ Peter Wyden
Streiten verbindet
Band 3321

Edward W. Beal/ Gloria Hochman
Wenn Scheidungskinder erwachsen sind
Band 12271

Claudia Bepko/ Jo-Ann Krestan
Das Superfrauen-Syndrom
Band 12268

Anja Borstelmann/ Brigitte Huber
Frauen gehen vor Gericht
Band 13465

Harriet Braiker
Giftige Beziehungen
Wenn andere uns krank machen
band 12947

Steven Carter/ Julia Sokol
Nah und doch so fern
Bindungsangst und ihre Folgen
Band 13830

Deborah Clarke
Betrifft: Beruf
Überlebensstrategien für Frauen
Band 13201

Rebecca Cutter
Wenn Gegensätze sich anziehen
Chaoten und Pedanten in einer glücklichen Beziehung. Band 14082

Elizabeth Davis
Muster der Sinnlichkeit
Die Zyklen weiblicher Sexualität
Band 13200

Herbert Freudenberger/ Gail North
Burn-out bei Frauen
Über das Gefühl des Ausgebranntseins
Band 12272

Celia Green
Charles McCreery
Träume bewußt steuern
Band 14078

Jürgen Hesse/ Hans Chr. Schrader
Erfolgreiche Bewerbungsstrategien für Frauen
Band 12371

Fischer Taschenbuch Verlag

fi 1/6 a